客房质量管理

客房清洁保养

洗衣房与布草房的运行与管理

认识客房及客房部

客房成本管理

客房对客服务

公共区域清洁保养

TOURISM

（2006－2010）教育部高等学校高职高专餐旅管理与服务类专业教学指导委员会推荐教材
全国高等学校高职高专旅游类立体化示范教材

TOURISM

酒店客房实务

第2版

本教材编写委员会
主编　曹艳芬
副主编　吴亚娟　罗朝霞　刘　勇
参编者　邵晓莉　梅　倩　张　萍

南京师范大学出版社
NANJING NORMAL UNIVERSITY PRESS

图书在版编目(CIP)数据

酒店客房实务 / 曹艳芬主编. — 2版. — 南京 ：
南京师范大学出版社,2019.1
(全国高等学校高职高专旅游类立体化示范教材 / 黄震方总主编)
ISBN 978-7-5651-3874-4

Ⅰ.①酒… Ⅱ.①曹… Ⅲ.①饭店—客房—商业管理—高等学校—教材 Ⅳ.①F719.2

中国版本图书馆 CIP 数据核字(2018)第 239351 号

丛 书 名	全国高等学校高职高专旅游类立体化示范教材
书 名	酒店客房实务
本册主编	曹艳芬
责任编辑	李丛竹
出版发行	南京师范大学出版社
地 址	江苏省南京市玄武区后宰门西村 9 号(邮编:210016)
电 话	(025)83598919(总编办) 83598412(营销部) 83598297(邮购部)
网 址	http://www.njnup.com
电子信箱	nspzbb@163.com
印 刷	盐城市华光印刷厂
开 本	787 毫米×1092 毫米 1/16
印 张	14
字 数	279 千
版 次	2012 年 5 月第 1 版 2019 年 1 月第 2 版 2019 年 1 月第 1 次印刷
书 号	ISBN 978-7-5651-3874-4
定 价	45.00 元

出 版 人 彭志斌

第 2 版出版说明

本教材自 2012 年出版以来，受到广大师生的欢迎。为进一步适应经济全球化、时代发展对酒店从业人员的要求，我们对教材作了进一步修订和完善。

本次修订，修改了一些不适应时代发展要求的表述和内容，更新了酒店业最新的行业规范和标准，并为教材特别配备了更多教学辅助资源，如课件、案例题库、酒店局部场景音视频文件等，以供广大师生下载使用。

南京师范大学出版社

2019 年 1 月

总 序

近年来，我国高等职业教育主动适应社会经济发展的需要，以培养生产、建设、服务、管理第一线的高素质技能型专门人才为主要任务，坚持以服务为宗旨、以就业为导向，走产学研结合发展道路，通过不断深化教育教学改革，推进体制机制和办学模式创新，办学思路日益明确，教育规模不断扩大，人才培养质量显著提升，为经济社会的发展提供了强大的人才支撑和智力支持。

现阶段是我国高等职业教育稳步发展和全面提升的关键时期，是办学活力明显增强、办学水平整体提升、服务能力显著提高的重要时期，是高等职业教育深化改革、创新发展的攻坚时期。这一时期，也是我国文化和旅游业大发展、大繁荣的黄金机遇期。高等职业旅游教育面临着巨大的行业人才需求，也肩负着深化教育教学改革、全面提高教育质量、培养高素质技能型旅游专门人才的历史重任。

教材是实现教育目的的主要载体，是教学的基本依据，是培养高质量优秀人才的基本保证。伴随着我国高等职业旅游教育的发展，教材建设也取得了明显的成果，教材种类大量增多，教材内容不断丰富，对促进高等职业旅游教育发展起到了积极的作用。但是，现有的高职旅游教材还存在一些不足，主要表现在：一是高职教育特色不强，仍然没有完全摆脱本科压缩型的教材模式；二是教材内容与生产实践结合不紧，实践性内容相对不足，没有充分体现行业生产实践和职业技能鉴定规范的要求；三是教材低水平重复建设现象比较严重；四是教材内容比较单调、陈旧，难以适应现代技术、行业发展和教学改革要求。

高职旅游教材的编写是一项研究课题，需要变革和创新。应根据高职培养目标准确进行教材定位，按照应用导向设计教材内容结构，将“做中学”“用中学”“工学结合”等现代性、实用性观念融入教材，带入课堂教学。必须面向广大学生，研究专业的职业特点及培养目标的业务规格，突破传统教材框架，探索易于高职学生接受的编写模式和内容体系，编写体现高职院校自身特色的专业教材，使教材真正成为实现旅游教学与职业紧密对接的现代教学媒体。

高职旅游示范教材的编写更是一项系统工程，需要多领域高水平协同研发。南京师范大学出版社在全国范围内精心组织编审、编写团队，其研发历经三年多时间。从深入一线课堂进行调研，听取相关领域众多师生的意见；到向全国不同教学层次学者、行业专家征求高职旅游课程建设与教材改革、行业发展新建议、新要求，在全国多所骨干、示范性高职院校旅游类重点建设专业和精品课程负责人中遴选作者；再到多次召开调研会、编委会、组稿会、统稿会、评审会……其目的在于让教材跟上时代步伐、体现高职旅游类课程改革最新成果、彰显示范性。

本套教材结合高职旅游专业的特点，围绕工作过程（任务）系统化的课程要求，在遵循科学性、职业性、实用性、创新性、示范性的编写原则的同时，在现代职业教育理念与教材有机融合、体现课程改革与高职教材特点、教材框架体系与教材内容选择、教材编写队伍与编写方式、教材立体化开发和呈现形式等方面，体现出较好的示范作用。

本系列教材基本涵盖了当前高职高专院校旅游管理、酒店管理专业基础课、专业核心课程。编写体例分两个版本：A版偏重理论知识的课程体例，提倡以案例化、能力活动化形式展现；B版偏重实践操作的课程体例，提倡以情境化、实操化形式展现。无论是A版还是B版，其基本体例都包括“目标—过程—评价”。为了让学生在学习的过程中能够了解并熟悉行业要求，我们在体例设置上把“目标”进一步细化，分为“行业要求”和“学习目标”（或“终极目标”）；为了把“知识和技能”融进学习任务或工作任务中，在每个教学任务下分设了“任务目标”“案例聚焦”“任务执行”“任务拓展”“任务反馈”栏目（另外，有些教材在栏目的增减或措辞上稍有差异，以适应相关课程的具体发展要求），加强了任务与任务、项目或模块与任务之间的条理性和系统性，突出了每个栏目下内容都是科学设置、合理设计的特点；为了使得学习过程和教学过程更加完整，我们在“模块评价”（或“项目评价”）栏目下分设了“知识/技能评价”“能力应变”（或“实训演练”）和“模块链接”（或“项目链接”）三个小栏目，与行业动态、实训内容等相联系，使得学生在过程评价或实践演练中培养素质、积累经验、提高技能。

本套教材凝聚了国内多位高职旅游院校优秀教师和行业精英的智慧和经验，体现了现代旅游职业教育的特点和教育教学改革的成果，是高职旅游专业教材改革创新的一次有益尝试，对提高旅游专业教材质量、推进专业教材建设具有积极意义。

期待这套教材的出版，能在我国旅游人才的培养中发挥重要的作用，为促进高等职业旅游教育的发展做出更大的贡献。

（2006—2010）教育部高等学校高职高专餐旅管理与

服务类专业教学指导委员会　主任委员

南京师范大学旅游系主任、教授、博士生导师　黄震方

前　言

本教材以教育部关于高职课程改革的具体要求为指导思想，与行业相关人员合作，根据技术领域和职业岗位（群）的任职要求，参照相关职业资格标准改革教学内容，以突出职业能力培养的编写理念进行教材开发设计。

从内容设计和结构设计来看，本教材的体系具有如下特点：

在内容设计上，本教材以酒店客房服务与管理职业能力培养为核心，结合行业前沿性、拓展性知识要点和管理技能，遵循学生职业能力培养的基本规律，按照"项目—任务"的结构，精心编排各部分内容。全书设计为岗位认知、岗位体验、岗位提升三大递级提升模块。随着学生学习任务的深入，技术复杂难度和学生学习难度逐渐增加，学生的能力也得到递级提升，体现了学习的可迁移性和成长性。

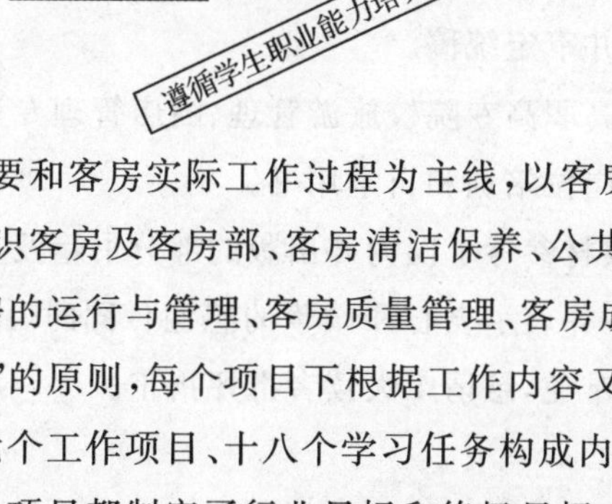

教材以酒店发展需要和客房实际工作过程为主线，以客房真实服务为项目载体，将三大模块又分解为认识客房及客房部、客房清洁保养、公共区域清洁保养、客房对客服务、洗衣房与布草房的运行与管理、客房质量管理、客房成本管理这七大项目，本着"项目导向、任务驱动"的原则，每个项目下根据工作内容又设置了若干学习任务。本教材以这三大模块、七个工作项目、十八个学习任务构成内容体系。

在结构设计上，每个项目都制定了行业目标和终极目标，从完成工作项目的角度出发，综合从事岗位操作必须掌握的知识、技能、态度，设置教学效果的检查与评估项目，即项目评价和项目链接。每个学习任务根据行动导向教学模式进行编排，内容包括任务目标、案例聚焦、任务执行、任务拓展、任务反馈，实现理论与实践相结合，教学做一体化。

本教材的特色主要反映在如下三个方面：

一是体现专业技能训练与管理能力培养相统一的教学理念。在强调服务知识和操作技能的同时，书中也系统地介绍了客房管理方面的专业知识。

二是体现内容的先进、精简和实用性。遵循科学性、实用性、先进性、规范性四项原则，本教材以项目和任务的形式，通过情境设计、案例引入、任务实施、任务拓展、任务反馈等环节，强化学生职业能力培养和职业素养养成，充分体现高职高专教育的特色。

三是体现教材的形象性。本教材从结构选择、内容编排、教学方式选择等方面作大胆改革，强调整体结构体例新颖，知识脉络简明、清晰、流畅，尽可能多使用图片、实物照片或表格等将各个知识要点形象、生动地表现出来，大大增强教材的可读性与形象性。

"酒店客房实务"是旅游管理、酒店管理专业的专业主干课程。通过本教材的学习，运用丰富的教学模式，学生可掌握客房服务与管理的基本理论知识，熟悉酒店客房部运行与管理的基本程序和方法，具有熟练的客房服务技能，初步具备客房部主要区域业务领班的素质和管理能力。

为了充分利用社会资源，加强校企深度融合，本书由酒店行业专家和教育理论教师组成编写团队。编写任务具体分工是：项目一由湖北职业技术学院曹艳芬编写；项目二、四由湖北职业技术学院吴亚娟编写；项目三、五由湖北职业技术学院邵晓莉编写；项目六由十堰职业技术学院刘勇编写；项目七由扬州职业大学罗朝霞编写；教材部分行业资料、案例、图片等资料由厦门磐基皇冠假日酒店客房部高级主管梅倩、湖北孝感楚粤汇大酒店总经理张萍提供，湖北职业技术学院旅游与酒店管理学院院长张树坤、十堰职业技术学院旅游与涉外事务系系主任吴明清也对本教材作出了指导。全书由曹艳芬拟定题纲并审定统稿。

本教材主要定位为高职高专院校旅游管理、酒店管理专业的教材，也可以作为酒店客房服务管理人员的岗位培训和自学用书。

在编写过程中，本教材参考了国内外出版的部分书籍及文献资料，还得到了许多业内人士的帮助，在此一并表示衷心和诚挚的感谢！同时，由于作者水平所限，书中疏漏和错误之处恐在所难免，恳请广大读者批评指正。

曹艳芬

目 录

岗位提升

岗位认知

项目一　认识客房及客房部

◆项目目标

【行业要求】

能够正确介绍客房类型及客房设施的功能布局;熟悉客房设施设备及用品的种类、用途和标准,并能根据酒店的实际情况为客房选择配备设备及用品。

【终极目标】

使学生对客房部有初步的了解,能够正确认识和评价客房部在现代酒店中的作用,明确客房部业务运行的特点和工作任务,从而能够站在酒店整体的高度对客房部管理进行把握。

◆项目任务

客房是客人入住酒店时的投宿场所。客房部作为客房服务的管理机构,不论是在酒店经营收入的构成中,还是在整个酒店的服务质量和运行产生的影响上,都占有非常重要的地位。

任务一　认识客房——我工作的"家"

【任务目标】

能够正确区分各种客房类型及客房的功能布局;掌握客房设备用品的配备。

【案例聚焦】

提供给客人不合格的产品

9月10日早晨8:25左右,前台通知客房服务中心6106抢房(抢先整理客房),当时楼层服务员正在开会。客房服务中心还没来得及告诉服务员抢房,前台又通知6110退房。这时楼层服务员开完会了,客房服务中心通知服务员,先查6110后马上抢6106。当服务员查完6110,去工作间拿床单被套时,前台通知说带客人把行李放入房间。服务员认为不妥,脏房是不可以面客的,可前台说只放行李,于是服务员便同意了。当时6106房间已基本整理完毕,只少床单被套了,还有一个麻将桌没有搬出来。可客人一进门就对服务员说:"你们半个多小时整理不出一间房。"

【任务执行】

"客人是最高明的老师。"当客人投诉或抱怨时,所有酒店从业人员不能简单地认为是客人刁蛮或挑剔。客人也许不知道酒店服务与管理的原理与要求,但他们知道什么能令其方便与舒适。目前不少酒店存在如沐浴液、洗发液远离浴缸,香皂远离洗脸盆,淋浴间无搁架等情况。这些充分说明许多酒店在"隐含服务"方面的欠缺,也说明酒店追求的只是设施设备的拥有,而不在乎设施设备是否方便客人使用。这种没有充分考虑客人需要的服务肯定难以令客人满意。

一、客房类型

(一) 床的种类

床是酒店为客人提供休息和睡眠的主要设备，也是客房分类的重要依据。床的种类和规格要根据酒店的等级和客房面积而定，没有统一的标准，一般有以下几种(见表 1-1)。

表 1-1 床的种类

名 称	规 格	备 注
单人床(single bed)	1.2 米×2 米	客房内主要配置
双人床(double-size bed)	1.6 米×2 米	一般配置在单人间
大号双人床(queen-size bed)	1.8 米×2 米	又称皇后床
特大号双人床(king-size bed)	2 米×2 米	又称皇帝床
折叠床(folding bed)	0.8 米×1.9 米	主要用于加床
婴儿床(baby cot)	0.6 米×1.2 米	方便携带婴儿的客人使用

此外还有沙发床(studio bed)、隐壁床(murphy bed)和水床(water bed)等。随着宾客对床舒适度要求的不断提高，现代酒店对床的长、宽、高的尺寸也不断进行调整，床的种类也不断增加。

(二) 客房种类

随着市场经济的变化和酒店之间竞争的加剧，酒店为吸引不同消费层次、不同消费需求的客人，客房的种类也日趋多样化。

1. 按房间结构分类

(1) 单间客房。由一间客房所构成的“客房出租单元”，称为单间客房。根据客房内床的配置状况，又可细分为以下几种：

①单床房(single room)，又称单人间。(如表 1-2)

表 1-2 单床房

房间配置	受众群体	客房特点	温馨提示
配置一张单人床	从事商务旅行的单身客人，消费较低的商务客人等	舒适度有所欠缺，但私密性强，不受其他客人影响	这是较早出现的一种房间类型。由于这种客房舒适度不及大床房，经济性不及标准间，这类客房数量逐渐呈下降趋势。目前在我国高星级酒店中这样的房间比较少，但在国际上仍有不少需求

②大床房(double room)。(如表 1-3)

表 1-3　大床房

配置一张双人床(如图 1-1)	对舒适度有要求的商务散客和结对出行的家庭旅行者	这种房间在一些酒店又称为"鸳鸯房""蜜月客房"或"夫妻房"。舒适度较高,大众化	近年来,随着商务客人的日益增多,高档商务客人很喜欢大床房的宽敞舒适。目前高星级酒店设置的商务单人间,就是以配备大床并增设先进办公通信设备如宽带和无线上网设备、传真机、打印机、办公桌椅等为特色的

③双床房(twin room)。(如表 1-4)

表 1-4　双床房

房间配置	受众群体	客房特点	温馨提示
两张单人床,中间用床头柜隔开	旅游团队、会议客人、普通散客	这类客房在酒店中占极大部分,通常称为"标准间"。价格比较便宜,可供两位客人居住,不足之处就是如两位客人非同行者,会彼此影响	为提高出租率和方便客人,在大床居供不应求时,将两张床合并为大床,即可作为大床居出租(注意和客人提前沟通,征得同意)
两张双人床。这种客房称为双人床双床房(double-double room)(如图 1-2)	两位单身旅行者,夫妇或家庭旅行客人	显示高规格客房设计和独特的经营方式,客房的面积比普通标准间大,客人住得更为舒适	—
配备一张双人床、一张单人床,或配备一张大号双人床、一张普通双人床	家庭旅行客人	方便、舒适	—

图 1-1　配置一张双人床的大床房

图 1-2　配置两张双人床的双床房

④三床房(triple room)。(如表 1 - 5)

表 1 - 5　三床房

房间配置	三张单人床,属于经济型客房
受众群体	较低档的旅游团队、会议接待,消费水平较低的家庭旅行客人
客房特点	价格便宜,会受到同房间其他客人影响
温馨提示	中高档酒店这种类型的客房数量极少,有的甚至不设。当客人需要三人同住一间时,往往采用在标准间加一张折叠床的办法。目前,所有星级酒店都提供"加床"服务

(2) 套房。由两间或两间以上客房构成的"客房出租单元"称为套房,根据其使用功能和室内装修标准又可细分为下列几种:

①标准套房。标准套房又称普通套房,是由中间有门连通的两间单间客房组成,一间为起居室即会客室,另一间为卧室。这类客房将会客区域与卧室分开,比较适合有朋友来访或几个朋友一起出游的客人,因为它有一个单独的商谈区域,也可做一个小型会议室,会议团的会务组特别喜爱此类房间。(如图 1 - 3)

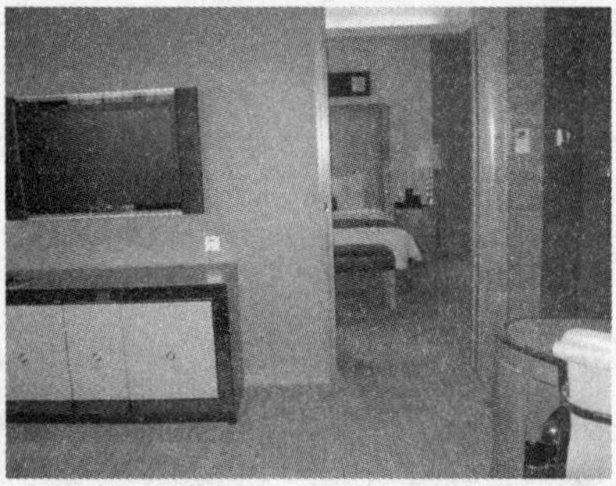

图 1 - 3　标准套房

②豪华套房。豪华套房的特点在于重视客房装饰布置、房间氛围及用品配备,以呈现豪华气派。通常配备大号双人床或特大号双人床。此类套间可以是双套间,也可以是三至五间,按功能可分为卧室、客厅、书房、娱乐室、餐室或酒吧等。(如图 1 - 4)

图 1 - 4　豪华套房

③商务套房。商务套房是专为商务活动的客人设计布置的。这类客房在办公设施、室内家具、用品的配备和布置等方面充分考虑到商务客人的需要,直通电话、收发传真、上网等服务项目也很周全。商务客房以快捷周到、方便舒适赢得越来越多客人的青睐,近年来特别在高星级酒店已成迅猛上升之势,因此,商务套房在客房中所占的比例也越来越高。(如图 1 - 5)

图 1-5　商务套房

④复式套房。复式套房也称为立体套间，是一种两层楼套间，由楼上、楼下两层组成。其布置为起居室在楼下，卧室在楼上。

⑤连接套房。连接套房也称组合套间，是一种根据经营需要专门设计的房间形式，两间相连的客房用隔音性能好、均安装门锁的两扇双重隔门连接起来，并配有卫生间。需要时，既可作为两间独立的单间客房出租，也可作为套间出租，灵活性较大。这类客房特别适合家庭出游或亲朋好友出游使用。（如图 1-6）

图 1-6　连接套房

⑥总统套房。总统套房又称特套房，通常由五间以上的房间构成，多者达二十间。设有客厅、书房、娱乐室、会议室、随员室、餐室或酒吧间以及厨房等，还有的设室内花园。房间内装饰布置极其考究，设备用品富丽豪华。因房价昂贵，出租率低，通常在豪华酒店才设置此类套房。总统套间并非总统才能住，它已成为一种档次的象征，标志该酒店已具备接待总统的条件和档次。（如图 1-7、图 1-8）

图 1-7　总统套房客厅

图 1-8　总统套房餐厅

2. 按客房所处的位置划分

（1）外景房。房间的窗户朝向外部景观，如大海、湖泊、公园、景区景点、街道，视野开阔，景色迷人。

（2）内景房。客房的窗户朝向酒店内庭院。

（3）角房。位于走廊过道尽头或拐角处的客房。

3. 按客房档次划分

客房可分为普通房和豪华房。

4. 按客房价格划分

客房又可分为经济间、标准间、豪华

间三种类型。

二、客房功能布局

客房是客人在酒店逗留期间的生活场所。它应该是一个私密的、令人放松并舒适的空间,是一个浓缩了休息、私人办公、娱乐等诸多使用要求的功能性空间。根据功能的特点,客房可以分为五个功能区域,即睡眠区域、办公书写区域、起居区域、储存区域、盥洗区域。下面以标准间为例来进行说明。

(一) 睡眠区域

睡眠区域是客房最基本的空间,也是整个客房中面积最大的功能区域。这个区域的主要设备是床和床头柜。(如图1-9)

图1-9 睡眠区域

(1) 床是睡眠区域最主要的家具,其质量直接影响客人的睡眠。

床的质量要求是床垫与底座有合适的弹性,牢度好,使用时不发出响声;要有优美的造型、软硬适中且方便移动;床的高度要求考虑美观、协调及便于操作等因素。

(2) 床头柜也是这个空间的重要家具。

床头柜可设立在床两侧,或在两张床的中间。床头柜可供客人放置物品,放有一部电话、便笺纸和一支削好的铅笔,为客人通信联络提供便利。现代酒店床头柜的功能可满足客人在就寝期间的各种基本需要,例如,电视机开关、音响选频及音量调节开关、各种电灯控制等。

(二) 办公书写区域

标准间的办公书写区域以书写台为中心,一般设在床的对面,也有设在窗前的。在这个空间里,一般沿墙设计一张长条形的多功能柜桌,台面上有台灯、电话机、文件夹(文件夹里面有一些简单的办公用品,如纸、笔、信封等)、服务指南等。(如图1-10)

图1-10 办公书写区域

(三) 起居区域

起居区域通常在靠近房间窗户处,供客人休息、饮食、会客、看电视之用。主要配备有沙发椅、茶几、小餐桌、落地灯等。随着时代的发展,越来越多的客人把客房视为私人的、完全随意的空间,将来访客人带进房间有诸多不便,所以,标准客房起居区域的会客功能呈现弱化的趋势。这一转变为客房向着更舒适、多样功能的方向发展创造了空间条件。设计中可将阅读、欣赏音乐等功能增加进去,从而改变以往客人在房间就只能躺在床上看电视的单一局

面。(如图 1－11)

图 1－11　起居区域

（四）储存区域

储存空间多采用壁柜形式，通常设置在房门进出过道的侧面，主要设施设备包括壁橱、行李架、小酒柜、小冰箱、保险箱、穿衣镜等。壁橱可存放衣帽、箱子、客房备用的枕头、毛毯、被子等，内装有照明灯，由柜门的开合自动控制。柜子下面设置洗衣袋和洗衣单。有的客房在衣柜靠近行李柜的方向设有小吧台，吧台上有免费赠送的即食咖啡或茶叶包，吧台下有迷你冰箱，冰箱内放有饮料和小食品。行李柜是搁放客人行李的地方，所以一般比较矮小。如果客房面积较大，可以在入口处设计一个更衣间，集更衣、衣橱、行李存放等功能于一体。(如图 1－12)

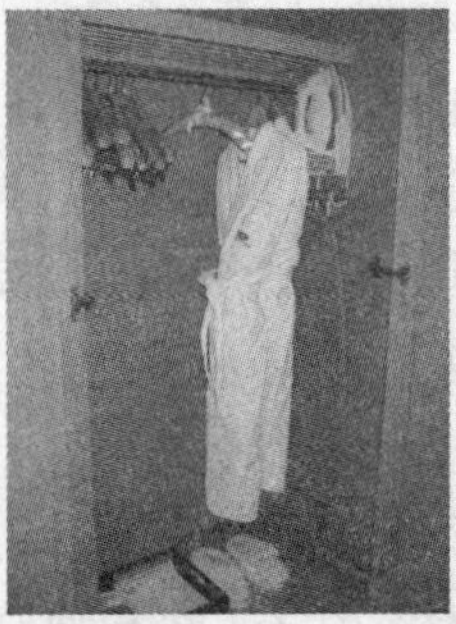

图 1－12　储存区域(衣柜)

（五）盥洗区域

盥洗区域是指客房的卫生间。卫生间的功能是满足客人盥洗、洗浴和如厕的需求。出于方便工程维修保养的考虑，一般把卫生间安排在进门的左侧或右侧。卫生间空间独立，设备多，面积小，主要有浴缸、恭桶与洗脸台三大卫生设备。现在不少高星级酒店在三大件的基础上，还增配了淋浴房、妇洗器等。

1. 面盆区

面盆区主要由台面、洗脸盆、水龙头、墙面大玻璃镜(梳妆镜)、电源插座等组成。台面上要摆设各种洗漱用品，云台一侧的墙面上设置电源插座，供客人使用吹风机、电动剃须刀等。墙面大玻璃镜通常为客人化妆或剃须之用，为消除镜面上的水蒸气，一般可在镜子后面装有除水雾装置，并且镜面要大，因为卫生间一般比较小，所以可以利用镜面反射原理，使空间在视觉上和心理上显得宽敞。(如图 1－13)

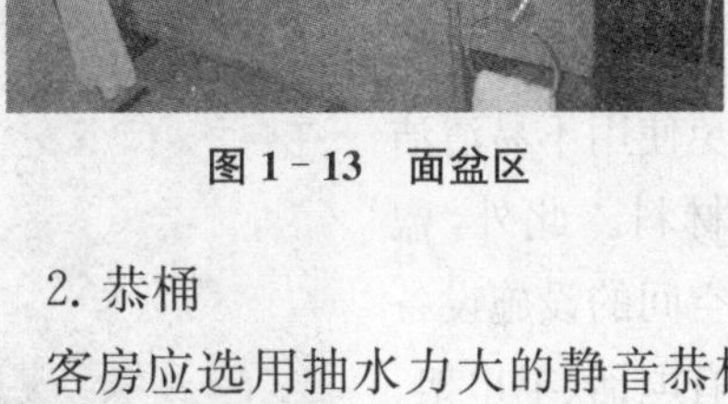

图 1－13　面盆区

2. 恭桶

客房应选用抽水力大的静音恭桶，一些豪华酒店会配备带有可预热坐圈、便后可调节水温冲洗和吹风功能的自动恭桶。厕纸要避免安装在坐厕后的墙壁上，应设在恭桶一侧；卫生间电话则应安放在恭桶与浴缸之间，以方便客人在泡澡时接听电话，同时还可以避免因话机远离浴缸而造成接听时滑倒的危险。（如图 1-14）

图 1-14 恭桶

3. 洗浴区

洗浴的设施不要选用太复杂的，而要选用客人常用的和易于操作的，避免因为太复杂或太新奇，客人不会使用或使用不当而造成伤害。例如，近来流行的冲浪式浴缸四周设有喷头，当喷射水流冲击人体肌肤时可起到按摩作用，使用效果很好，但酒店需考虑到大多数客人不愿意使用浴缸，浴缸本身也带来荷载加重、投入增大、清扫客房时间延长等诸多不利因素。近年来，不少酒店用精致的淋浴间代替浴缸，以节省空间，减少投入。无论是否使用浴缸，洗浴区的墙面都要避免使用不易清洁的材料。此外，盥洗空间的设施设备还有电话、毛巾架、卷纸架、晾衣绳、排风扇等。（如图 1-15、图 1-16）

图 1-15 淋浴区

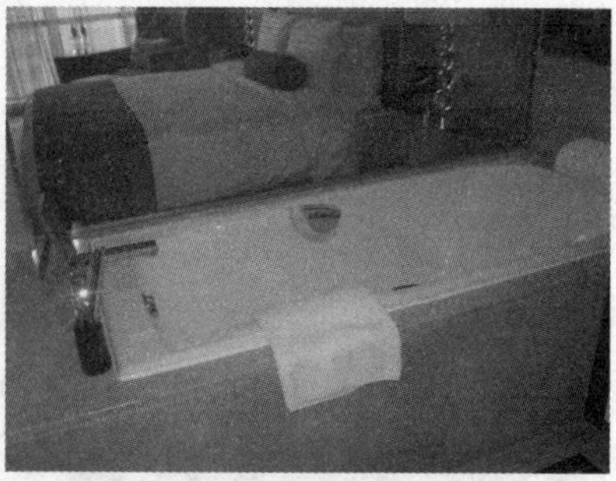

图 1-16 浴缸

三、客房设施设备和用品

客房设施设备和用品是体现酒店等级水平的重要方面，是做好酒店客房服务的必要条件和物品基础，也是客房产品质量的重要组成部分。

不同档次的酒店对设施设备和用品的要求不同。高档酒店应显示出名贵豪华；中档酒店则要求美观、舒适、方便、安全；低档酒店应以方便、经济、安全为原则。同一酒店的不同类型、不同档次的房间对设施设备和用品的要求也是不相同的。但是，任何档次的酒店提供宾客使用的设施设备和用品必须完好齐全。下面以标准间客房的配备来讲述。

（一）客房设施设备

根据用途，客房设施设备分为电器类、家具类、卫生洁具类、安全装置类、地毯等。

1. 电器类

客房内配备的电器设备主要有空调、电视机、电话、取电器、灯具、“请勿打扰”指示灯、冰箱、吹风机、自动烫衣板、保险箱、换气扇、热水器、门铃、电脑等。

2. 家具类

客房内家具主要配有床、床头柜、写字台、靠背椅、沙发（沙发躺椅）、电视机柜、行李柜（活动行李架）、衣橱等家具。

3. 卫生洁具类

客房卫生洁具主要有浴缸、淋浴间、坐便器、梳妆台(配备面盆、梳妆镜和必要的盥洗用品),高档客房内还装有净身器。

4. 安全装置类

为了保证客人和酒店的安全,客房内必须配备安全装置,如烟感器、温感器及自动喷淋等消防报警装置,其他安全装置还有防毒面罩、门镜、防盗链、电子保险箱、紧急呼救按钮等。

5. 地毯

地毯具有保暖、隔音、装饰、舒适等作用,星级酒店通常将地毯作为客房地面的主要装饰材料。

(二) 客房用品

客房内所配置的客房用品,要以客房的类别和档次为依据,在品种、数量、规格、质量以及摆放要求等各方面都有统一的标准。客房用品的品种较多,通常分为两大类:客用固定用品和客用消耗品。

1. 客用固定用品

客用固定用品,是指客房内配置的可连续多次供客人使用、正常情况下短期内不会损坏或消耗的物品。这类用品仅供客人在住店期间使用,不可毁损,也不能在离店时带走,如各类布草、杯具、衣架、文具夹等。(如图 1-17)

图 1-17　客用固定用品

2. 客用消耗品

客用消耗品,是指供客人在住店期间使用消耗,也可在离店时带走的物品。此类物品价格相对较低、容易消耗,所以也称为一次性消耗品,如火柴、茶叶、信封、信笺、肥皂、牙膏、牙刷等。(如图 1-18)

图 1-18　客用消耗品

表 1-6、表 1-7 所列客房设备用品,只是标准间的设备用品配备,如果是套房,还要附设其他设施,如会议室、会客室、餐室、厨房、工作室和娱乐室等。

客房用品配备原则是体现礼遇规格、体现整体配套性、摆放具有协调性、具有广告推销作用。每一件物品都应充分发挥它的效用,不能有浪费或过剩现象,造成客人或酒店的损失,造成社会资源的浪费。

表 1-6　卧室客用品的配备

摆放位置	物品名称	数量	摆放要求	备注
门后把手	"请勿打扰"牌	1 张	挂在门把上	做夜床时，可将"请勿打扰"牌放在床头柜上
	"请即清扫"牌	1 张		
壁橱	防毒面具	2 个	各种用品摆放要整齐有序，方便客人取用	高档客房配有浴袍或浴衣
	备用被子	2 条		
	备用枕头	2 个		
	衣架	8～12 个		
	鞋篮	1 只		
	拖鞋	2 双		
	擦鞋布(擦鞋器)	2 块(2 个)		
	鞋拔	1 个		
	衣刷	1 把		
	洗衣袋	2 个		
	洗衣单	2 份		
吧台或茶具柜	酒杯	若干个		
	杯垫	每杯 1 张		
	调酒棒	2 根		
	开瓶器	1 只		
	酒篮或酒盘	1 只		
	酒水	若干种		
	餐巾纸	若干张		
	冰桶	1 个		
	冰桶夹	1 把		
	食品	若干种		
	小酒吧账单	2 份		
	小酒吧立卡	1 张		
茶具柜	电热水瓶	1 个	柜面整洁	高档客房还可配袋装咖啡 服务指南可放在文具夹内或抽屉内
	茶盘	1 个		
	茶杯	2 个		
	茶叶盅	1 个		
	红、绿茶叶	各 2 包		
	台灯	1 个		

续表

摆放位置	物品名称	数量	摆放要求	备注
茶具柜	服务指南	1本	—	—
	烟灰缸	1个		
	火柴	1盒		
写字台抽屉内	文具夹	1个	各种用品要分类摆放，整齐有序，方便客人取用	为摆放整齐，大部分的文具用品可放在文具夹内
	酒店介绍	1本		
	安全须知	1本		
	早餐牌	1张		
	信纸	5张		
	服务指南	1份		
	电话指南	1份		
	房内用餐菜单	1份		
	航空信纸、普通信纸	各5张		
	明信片	2～5张		
	电传、电报、传真纸	各2张		
	行李箱标贴	2张		
	宾客意见书	2份		
	针线包	2个		
	圆珠笔	1支		
	礼品袋	2个		
	游览图	1张		
写字台旁	垃圾桶	1个（配垃圾袋）	—	—
电视机柜	电视机节目单	1份	放置在电视机上	做夜床时，将遥控器放在床头柜上
	遥控器	1个		
床上	被子	1条	床上用品须按床铺整理要求和规格布置	要重视色彩、花样的选择，需要与周围的环境相协调，并注意其规格、质量与酒店的等级相称
	被套	1条		
	枕芯	1对（大床2对）		
	枕套	1对（大床2对）		

续表

摆放位置	物品名称	数量	摆放要求	备注
床上	床单	1条	—	—
	褥垫	1条		
	床裙	1条		
床头柜	便笺夹	1个	—	非无烟房，床头柜可放烟缸
	便笺纸	5张		
	笔（多为铅笔）	1支		
	电话机	1个		
	常用电话号码卡	1张		
	“请勿卧床吸烟卡”	1个		
冰箱	冰水杯	1只	—	—
	水杯	2只		
	饮料、食品	若干种		
装饰用品	窗帘、遮光帘、沙发套、椅套、花边垫布、床围和靠垫等	—	—	如果选用得好，能起到美化作用；如果配色不协调，则会影响整个室内的整洁美观

表1-7　卫生间客用品的配备

摆放位置	物品名称	数量	摆放要求	备注
洗脸台上	漱口杯	2个	各种用品摆放需整齐有序，摆放位置要顾及大多数客人的使用习惯	为避免用品占据台面过多的位置，卫生间六小件（牙刷、牙膏、香皂、浴液、拖鞋、梳子）最好放在专用的盛器内或专用抽屉内
	小香皂	2块		
	肥皂碟	1个		
	小方巾	2条		
	牙膏、牙刷	2套		
	沐浴液	2瓶	—	—
	洗发液	2瓶		
	浴帽	2个		
	梳子	2把		
	棉签	2盒		
	润肤露	2瓶		
	剃须刀	2把		
	面巾纸	1盒		

续表

摆放位置	物品名称	数量	摆放要求	备注
洗脸台下	垃圾桶	1个	垃圾桶要靠近恭桶	—
	体重秤	1个		
毛巾架(洗脸台旁)	洗脸巾	2条	洗脸巾、小浴巾悬挂端正，大浴巾、地巾折叠并对称摆放，店标图案完整、朝外，按规定位置摆放，美观大方	面巾和浴巾要整洁、柔软、舒适、卫生
毛巾架(浴缸上方)	小浴巾	2条		
	大浴巾	2条		
浴缸上沿	地巾	1条		
恭桶(旁)	备用手纸	1卷	—	—
	卫生袋	2个		
	手纸架	1个		
	手纸	1卷		
浴帘杆	浴帘	1条	—	—

四、客房特色发展

酒店产品发展到今天，顾客已明显感觉“标准间”那种整齐划一、千店一面的乏味。对客人而言，他们更希望在客房内有一些新奇的享受和经历、一些与众不同的收获和感受。因此，一些有远见、有创新意识的酒店已经开始营造自己的特色，并尽力通过自己所特有的细分使市场上的客人满意。于是，主题客房以其鲜明的独特性、浓郁的文化气息和产品与服务的针对性，成为客人的新宠，成为酒店竞相展示文化魅力的舞台。

主题客房就是运用多种艺术手段，通过空间、平面布局、光线、色彩、多种陈设与装饰等要素的设计与布置，烘托出某种独特的文化氛围，突出表现某种主题的客房。它是为特殊客人消费，或满足客人特殊消费需求的不同于一般标准间的客房。主题客房有很多种类型，比如以客人年龄、性别和职业为主题，可分为老年人客房、女子客房、蜜月客房、儿童客房等；以某种时尚、兴趣爱好为主题，可分为汽车客房、足球客房、邮票客房、电影客房等；以挖掘不同的地域文化为主题，开发各类“民俗客房”，如民俗风情客房、乡村风格客房、世界风情客房等；还有以某种特定环境为主题的客房，如监狱客房、海底世界客房、太空客房等。

（一）特色楼层

1. 商务楼层

商务楼层又叫行政楼层，是酒店利用客房楼层某层的全部或一部分集中设置面向从事商务、公务活动高消费客人的豪华客房群。

商务楼层主要有四个特点：一是强大的客房商务功能，在房间里配备大量实用的商务设备和办公用品，为客人收发传真，为客人复印资料、文件等，处处体现着商务特色。二是整个楼层全部是商务客房，根据客人需求，商务楼层一般设有专门的大厅，入口处设有接待吧台，由专职服务人员负责登记开房、结账退房、信息咨询、侍从陪护等服务业务，为这些商务客人提供一个相对独立于其他客房的环境，使客人免受干扰。三是在商务楼层公共区域处处透着商务气息，设有小型商务中心、会议室、咖啡厅、茶座等服务设施，提供茶点服务、鸡尾酒服务，各种饮料和点心、冷盘，方便商务客人在该楼层就可以进行商务活动。四是这类客房的家具、日用品都比较高档，室内装饰也极其豪华，设施非常完善。

在北京、上海、广州等经济发达的大城市，商务楼层的设立已经成为酒店经营中的一种习惯思维。酒店为博取商务客人的“欢心”，不惜花费高成本来满足他们的需求，可见商务客人在酒店经营中的重要性。

2. 女士楼层

女士楼层由众多的女士客房构成。所谓女士客房是指根据女士的心理和生理、审美观等专门为女士设计的完全满足女性宾客要求的客房。客房的室内装饰要富有浪漫情调，室内气氛更为温馨雅致，悉心考虑女性的心理特点，充满女性气息；提供适合女士的房间用品，如女性专用毛巾、梳子、梳妆台、试衣镜、香皂、睡衣及适合女性使用的吹风机、电熨斗、磅秤、女性杂志等，并且提供美容美发服务及各种保健咨询，提供出游最佳方案等。另外，女士楼层禁止男士随便进入，很好地保护了女性客人的隐私。酒店可根据市场需求情况设置几间女士客房，也可设置女士楼层。

3. 无烟楼层

无烟楼层是专供非吸烟客人入住并为客人提供严格的无烟环境的客房楼层。无烟楼层不仅是指房间里没有烟灰缸，楼层有明显的无烟标志，而且还包括进入该楼层的工作人员和其他人员均是非吸烟者。“无烟楼层”概念的提出主要是因为不吸烟客人在酒店的客源中占有越来越重要的位置，同时，这也是酒店实践绿色环保理念和人文关怀的一个重要措施。北京长城饭店客房部负责人估算，他们的每十位外宾中，至少有七位选无烟楼层。因此，很多酒店都进行了无烟楼层的尝试。

（二）特殊客房

1. 高级行政房

高级行政房不同于一般的商务用房，主要的服务对象是企业高级管理人员、高级官员等。跨国企业中的高级管理人员出差都有较高的住宿标准，并规定了最低消费金额和最低酒店星级以维护公司形象，长期外派的则有高额的住房补贴，因此他们有很强的消费能力和需求，更加看重服务品质、时间效率。这类客房的房型、用品、环境等标准和品质的设计较普通标准间要求更高。

2. 残疾人客房

它是专为残疾人提供的客房，一切设施设备都以方便客人出入、休息和使用为目的而设置。其特殊性的设计有：选用合适的坐便器，旁边设置扶手架；卫生间紧急呼叫的选用，要保证安全；卫生间电话、手纸盒位置确定以方便客人取用为原则，可放在前方或侧前方；开关、电梯和电话按钮数字要凸起；设置高低不同的盥洗面台，水龙头变正前方为侧方；卫生间与就寝区的地坪应变垂直为斜坡。一般建议残疾人客房取消地毯，改为铺设防滑木质地板，方便轮椅行走。

3. 时权客房

它是指酒店一次性销售客房特定年限内一周或数周的时段使用权。换言之，消费者或个人投资者买断了该酒店在每年某一特定时间里的若干年使用权。典型的时权酒店是具有类似于公寓式的房间，提供传统度假村所需的餐饮、休闲、娱乐等设施，以及与之相应的服务。

4. 公寓式客房

公寓式客房是将睡觉、做饭、就餐、洗澡、工作集中于一室。与传统的客房相比，公寓式客房在硬件配套设施上更胜一筹，除了提供传统酒店的各项服务项目外，更重要的是向住客提供家庭式的居住布局和家居式的服务，比传统的酒店更多了家的味道，真正实现宾至如归的感觉。由于它吸收了传统酒店与传统公寓的长处，因此备受商务人士的青睐。

5. 高科技客房

进入21世纪，高科技在客房服务和管理中得到广泛的应用。比如客房内可为客人提供网络浏览、E-mail收发、FTP文件下载、Telnet远程登录、网络游戏、智能家居、远程会议等多项服务，甚至为客人提供更个性化的服务。

6. 老年人客房

老年人客房的设计、装饰要注重传统的民族风格，配以字画、摆设；其色调以暖色为主，多用调和色；绿化布置上，可多用观赏盆景和常绿植物、鲜花。健康、方便是老年人客房的考虑重点。例如，在卫生间设置防滑把手，门把和开关位置要适宜。设置多个召唤铃，方便老人不用移动太远，就可询问自己需要的服务。卫生间用防滑玻璃纤维修造，并设有软垫长椅，在那里可以安全洗浴。经常举办各种适合老人的娱乐活动。但有一点必须特别指出，这里接待的不是病人，而是需要关怀、照顾的老年客人。

7. 绿色客房

绿色客房是指运用环保、健康、安全的理念，倡导绿色消费，保护生态和合理使用资源的客房，其核心是为顾客提供舒适、安全、有利于人体健康要求的客房，并且在生产经营过程中加强对环境的保护和资源的合理利用。如客房内的设施设备要节能、环保，客房物品要可回收、可降解，要设置绿色告示和绿色环境的宣传资料等。发展绿色客房，并不是简单地把大量的花草树木放进客房中。国外新概念绿色客房的重点是空气清新、水质洁净，让宾客身心健康感受得更实在。

8. 儿童、家庭客房

随着收入水平的提高和消费观念的更新，尤其是带薪休假逐步落实，越来越多的家庭走进了酒店，从而使得儿童市场及家庭市场成为酒店业促销的新目标。面向儿童与家庭的客房应注重设施设备的针对性及完整性，并注意营造温馨的家庭氛围。

9. 个性化客房

新一轮酒店业态的转变，不一定需要星级，不一定追求奢华无比，不一定拥有庞大客房规模，但一定要够特别、有个性，让住客终生难忘。

(1) 睡得香客房。希尔顿集团在美国洛杉矶富豪区的比华利山酒店推出了自己的特色概念房——“睡得香客房”。客房中有加厚的床垫、高雅而又不透光的艺术窗帘，闹钟铃响时台灯自动开启，按各人生活习惯设置的生物钟可调灯箱等。之后，希尔顿又推出两个新概念客房，即“健身客房”和“精神放松客房”。客房内增设了按摩椅、放松泉池、瑜伽教学录像带等。

(2) 以书为主题的客房。它可以使客人畅游在书的海洋中，客人可以根据客房内的书单，向服务中心借阅心仪的书，补充精神食粮。

(3) 以电影为主题的客房。在以电影为主题的客房中，贴有精美的电影海报并摆放着各类影视杂志，设有点播系统，客人可以选择自己喜爱的影片，享受一个惬意的夜晚。

(4) 体育人士客房。体育人士客房可满足体育专业人士、体育爱好者、球迷的需求。整体上来说，空间要比标准间大，房顶要适当高一些，用具要简化些、结实些。设计要考虑到床能让高个子的人直腿仰卧，要为高尔夫爱好者设置专用架放置杆具。可设计供球迷个人或熟人一起看球用的两间套房，如在中间隔断上设置可360度旋转的大屏幕高清晰电视，在会客区多设置沙发等，使得球迷既能在会客区也能在就寝区看球。

(5) 梦幻主题客房。它营造出一种如梦似幻的境界，通过空间、色彩、光线的艺术处理，让客人在此可以随意畅想，犹如身处梦幻之中。

(6) 海底世界主题客房。这种主题客房以海底世界的特殊氛围吸引着客人，以海蓝色为主要色彩基调，并在客房中陈放巨大的透明玻璃鱼缸，各种色彩与形状的观赏鱼在随意地游动，形成一组美丽奇异的景观。

(7) 太空主题客房。太空世界的神秘也是大多数人所向往的，太空主题客房形似太空船，整体的布置效果使人感到像是乘着飞船在太空中翱翔。

(8) 足球主题客房。足球主题客房中张贴一些球员、球队的照片，摆放一些足球赛事预告以及有关足球的报刊，房间内用足球图案进行修饰。

(9) 宗教客房。随着改革开放和世界多元文化的交流和融合，高星级酒店要设计可满足各类宗教人士、有特殊习惯的民族人员要求的专用房，以体现和尊重他们的文化、观念、习俗等。如设立祷告台、专用毯、方向标志等，并要仔细研究其颜色、用品、饰物的设计和选择等方面。

在酒店的发展过程中，酒店管理者越来越重视客人的需要，可以说市场上有多少客房类型的需求，酒店就有多少类型的特殊客房。这是现代酒店在经营过程中走个性化服务的一个重要手段，也是市场发展的必然规律。

【任务拓展】

①学生利用课外时间，实地考察地方两至三家酒店或上网查找，熟悉各种客房类型的特点，并通过文图等进行详细的描述和汇报。

②随着科学技术的不断提高，各种现代化、智能化的设施设备和管理技术越来越多地应用在酒店的经营当中，为酒店开展人性化、个性化的服务提供了完善、周到、可靠、先进的技术支持。请以三至五人为一组，分组讨论未来的酒店客房会是什么样，并设计一间主题客房，以作业的形式上交。

【任务反馈】

进入21世纪，现代酒店越来越向多功能方向发展，酒店产品多功能化成为客人的需求，也为酒店创收增加了多种渠道。但是，不管市场如何变化，满足客人住宿要求仍是酒店最基本、最重要的功能，客房仍是其不可或缺的基本设施。

怎样的客房产品才算完整、合格呢？

释疑：完整的客房产品要求客房的布置要高雅美观，设施设备要完备舒适耐用，日用品方便安全，客房环境清洁卫生，客人财物和人身安全有保障，服务项目全面周到，总之，要为客人提供清洁、美观、舒适、安全的暂住空间。

任务二　认识客房部
——实现梦想的舞台

【任务目标】

①了解客房部在酒店中所处的重要地位和作用，明确客房部的主要工作任务和业务运行特点。

②了解客房部的组织机构；明确客房部的业务分工；熟悉客房部各岗位的职责。

③认识客房部与其他部门协作的重要性。

【案例聚焦】

沟通失误——标准间的"大床"

5月10日晚9点，当某电视台著名主持人一行走进预订的908、909等几间房时，908和909标准间却变成了大床房（预订的是两张单人床的标间）。客人和接待处对这事意见较大，要求立即向有关人员道歉，并安排服务员以最快速度将908和909改成标准间。事后，通过调查，了解到造成这一错误的经过是这样的：5月10日早上，前厅部下了内部通知，通知客房部在5月11日中午12点前将908和909改造成大床房，当值主管考虑第二天客情较旺，人手不够，于是当天就将908和909改成了大床房，但改好后，没通知前厅。另外，总台于当日上午将主持人一行当晚将入住908和909的消息通知了客房服务中心，中心服务员没及时将这一情况告知当值主管，致使主管过早将这两个房间改成大床房，最后造成这一失误。

【任务执行】

客人投宿于酒店，客房就成为客人暂时的"家"，客房部要通过一系列管理手段和技巧，组织员工服务好这个"家"，管理好这个"家"，使客人真切地感受到"家"的温暖。

一、客房部的地位、作用与任务

（一）客房部的地位、作用

客房部又称房务部或管家部，是管理有关客房事务、向客人提供住宿服务的部门。客房部是酒店的一个重要职能部门，它在酒店的经营管理活动中具有十分重要的作用。

1. 客房是酒店的基本设施和主体部分

客房是酒店的主体部分，是酒店向客人提供住宿、休息、工作和社交活动的基本设施，是酒店存在的基础。人们外出旅行，无论是度假还是商务，首先必须有地方休息、住宿，这是旅游活动能够持续进行的基本条件。酒店客房正是向客人提供住宿的物质承担者。同时，从建筑面积看，客房面积一般占酒店总面积的70%左右，如果加上客房产品营销活动所必需的前厅、洗衣房、布草房、会议室等部门，这一比例超过80%。此外，在酒店的固定资产中，客房部配备的设备物资无论种类、数量、价值都在酒店物资总量中占有较高比重。所以说，客房是酒店最基本、最重要的设施。

2. 客房是衡量酒店等级和接待能力的重要标志

我国星级酒店的评定标准对客房有一定的规定，如房间数量、房间面积和房内设施等。酒店的规模大小一般由客房数量来决定。同样，酒店的接待能力也是以客房数量来衡量的，客房数量越多，接待能力越强；酒店综合服务设施的数量一般也由客房数量决定，盲目配置将造成闲置浪费。另外，从整个酒店的人力资源配备来看，酒店的人员编制也是以客房数量为依据的，客房数量多，整个酒店人员的编制就大；反之，酒店人员的编制则小。由此可以看出，客房是酒店规模、接待能力及接待水平的重要标志。

3. 客房服务质量是酒店服务质量的重要组成部分

客人住店期间，除进餐、娱乐、外出活动外，绝大多数时间是逗留在房间里的，客人对客房会有"家"的感觉，对客房的感受会最敏锐，印象最深刻。客人在客房产生的体验和评价，如客房清洁卫生、装饰布置、服务人员的服务态度与效率等，往往成为其衡量酒店服务质量的重要指标。另外，酒店前厅、洗手间、电梯、商场、花园等公共区域的清洁保养由客房部酒店保洁组的员工所完成，这些场所的环境质量、设施设备的完好程度及清洁保养的有效性，也是住店客人关注的焦点，他们同样希望这些场所清洁、舒适、优雅，并能够提供优质的服务。非住店客人对于酒店的印象更是主要来自这些公共区域的设施和服务。由此可见，客房服务是酒店服务质量的重要组成部分，客房服务质量和管理水平，在很大程度上也代表着酒店的整体水平。

4. 客房收入是酒店经济收入的重要来源

酒店的经济收入主要有三个来源：一是客房收入；二是餐饮收入；三是娱乐、租赁等其他综合服务设施收入。其中，客房收入是酒店收入的主要来源，一般占酒店总收入的 50%～60%。从利润来分析，客房耐用性强，可反复使用，客房消耗低，经营成本较小，收入较其他部门收入更加稳定，因此，客房创利较高，客房利润通常可占酒店总利润的 60%～70%，是酒店利润的主要来源。

5. 客房是带动一切酒店经济活动的枢纽

酒店作为一种现代化食宿购物场所，只有当客人住进酒店并保持较高的住房率，酒店其他各种设施才能充分发挥作用，组织机构才能运转，从而带动整个酒店的经营活动。比如客人住进客房，要到前台办手续、交房费；要到餐饮部用餐、宴请；要到商务中心进行商务活动，还要健身、购物、娱乐，因此，客房是带动其他部门经营活动的枢纽，能够给酒店带来更多的经济效益。

6. 客房管理与服务是连接市场销售和客人消费的纽带和桥梁

这种作用主要表现在三个方面：第一，客房管理要开发市场，组织客源，必然和市场发生广泛联系，如外出推销、广告推销、预订推销、拜访客户、签订合同及协议等，从而也有利于掌握市场动向、特点、发展趋势和客人需求变化；第二，客房服务过程与客人的消费过程同时发生，以面对面服务为主，其质量高低必然对客人的心理产生影响，而提供高质量、高效率和带有人情味的服务，可以充分发挥客人"活广告"的作用，从而增加客源，引导消费；第三，客房服务与酒店各部门服务是互相联系、互相依存的，加强客房服务与餐饮、娱乐、商品等部门服务的协调与配合，又会提高整体服务质量，吸引客源，提高酒店设施的利用率。

7. 客房部的管理直接影响酒店的运行管理

客房部负责整个酒店环境、设施的维护和保养，为酒店全体员工保管、修补、发放制服，为餐饮、娱乐等部门洗烫、保管各类布草，所以，客房部的工作内容涉及整个酒店的角角落落，为其他各个部门的正常运行创造了良好的环境和物质条件。另外，从员工角度讲，客房部员工数量占酒店员工总数的比例很大，其培训管理水平对酒店员工队伍整体素质的提高和服务质量的改善有着很重要的意义。因此，客房部的管理会直接影响酒店的运行和管理。

（二）客房部的工作任务

根据其特殊的工作环境与工作方式，客房部的工作任务主要包括以下七个方面。

1. 提供整洁、舒适、安全的客房产品

客房部是为客人提供服务的主要部门之一，其主要任务就是“生产”清洁、卫生、舒适的客房产品。没有客房部对客房的清扫整理及装饰布置，酒店就没有可以出租的客房；没有客房部为住客提供的住宿综合服务，客房的价值就不完整。因此，客房部最基本的任务就是为客人提供清洁、美观、舒适、安全的暂住空间。

2. 做好酒店的清洁保养工作，为客人提供清洁、优雅、舒适的环境

客房部负责酒店所有客房及公共区域的清洁卫生工作。酒店公共区域的园林绿化布置以及设施设备的维修保养等工作，也是客房部的重要工作内容。客房部使酒店时刻处于清洁、美观、舒适、优雅、常新的状态，让酒店各处都能给宾客留下美好印象。

3. 向客人提供优质的专业服务

客房是客人酒店生活的主要场所和停留时间最长的地方，也是客人接受服务项目最多的地方。客房部为客人提供有房间清扫服务、小酒吧服务、会客服务、托婴服务、洗衣服务、擦鞋服务、夜床服务等等。切实做好客房接待服务，是客房部工作的又一项重要内容。

4. 认真管好设备用品，加强成本费用控制，降低经营成本，获得良好经济效益

客房使用的物品不但种类繁多，而且需求量也比较大，管理好客房的设备用品，是客房管理的重要内容之一。

5. 为酒店各部门提供洁净美观的棉织品，并负责客衣服务以及员工制服、布草的洗涤保管工作

酒店棉织品的选购、洗涤、收发、保管、缝补和熨烫，都由客房部所属的洗衣房负责。客房部每天还要负责客衣的洗熨、全店员工制服的洗熨、客房及其他布草的洗熨等。

6. 保障酒店及客人生命和财产的安全

安全是客人最基本的需求之一。保障酒店及员工生命与财产安全，也是客房部的重要工作之一。如果安全工作做不好，那么客房清洁卫生与服务都将没有任何意义。客房部每一位员工都必须具有强烈的安全意识，从多种渠道防止不安全的因素发生，保证酒店及客人生命和财产的安全，为客人提供一个安全的环境。

7. 做好与其他部门的协调配合工作，保证对客服务质量

客房服务的质量，不仅与客房部内

部管理有关，而且还受到其他部门的影响，如前厅、餐饮、工程、采购、财务、保安等部门。这些部门的工作能否跟得上，质量是否过硬，对客房服务质量会产生很大的影响。所以，客房部要有整体利益的观念和长远的战略眼光，积极、主动地与有关部门沟通协调，使他们掌握客房服务过程中的各种需求环节，做好协调配合工作，为保证和提高客房部服务质量创造良好的条件。这既是客房部经营所必备的，也是酒店总体经营所必需的。

（三）客房部业务运行的特点

现代酒店客房工作内容广泛，已形成了自己的特点。

1. 随机性强

客房的服务对象是来自世界各地的千差万别的客人。不同客人的身份地位不同，生活习惯相异，文化修养与个人爱好也各有差异，所以对客房服务的要求也是多方面的。要使他们在住店的短暂时间内保持满意，难度相当大，这就导致了对客服务过程中很大的不可控制性，使客房部业务具有很强的随机性和差异性。

2. 复杂性强

客房部的工作范围广，涉及内容复杂，除了要保持客房的清洁安全外，还要对整个酒店的环境卫生、装饰绿化、设备保养、布草制服的洗涤保管及式样设计负责。而且客房的卫生与服务工作也比较琐碎，包括客房的整理、物品补充、查房、设施设备的日常维修保养以及各项客房服务等，还有客房部拥有的员工数量、管理的物质设备，开支的成本费也比酒店其他部门高，因此管理起来也相当复杂。

3. 私密性与安全性要求高

客房是客人在酒店的私人领域，客房业务对私密性与安全性的要求很高。服务人员未经客人同意不能随意进入客房，要做到尽量少打扰客人；而且服务人员在客房内不能随意移动、翻看客人物品，必须绝对尊重客人的隐私权。

4. 不易控制，独立作业性强

客房部管辖的人、财、物及工作岗位之多，在酒店是位居首位的，而且客户部还是一个全天候运转的部门。首先，大多数工作人员的工作环境具有相对的独立性，很多工作均为一个人完成，不利于管理人员的督察；其次，客房物资用品皆为日常生活用品，如果管理不善，极易流失，所以客房部加强对员工素质和自我管理的培训尤为重要。

5. 要求严格，协作性强

如果把酒店比作一个运转的大机器，那么，客房部就是这个机器中一个重要的部件。机器要正常运行，要靠这个机器各个部件的正常运转；同样，客房部这个部件又是由一些齿轮和零件组成的，即客房服务中心、楼层客房、洗衣房、公共卫生组等机构。没有这些齿轮和零件的相互协作、正常运行，客房部这个部件也不可能正常地运转。

二、客房部的组织机构与业务分工

客房管理工作是通过设置组织机构、制定并落实岗位职责来完成的。客房部的机构设置合理、组织严密，是客房部搞好管理、运转、服务等各项工作的重要保证。客房部的组织机构应是一个统一指挥、专职分工、层次分明、沟通顺畅的有机整体。

（一）设置组织机构的原则

1. 精简高效

客房部组织机构要力求精简、因工设岗、因需定编，而不能因人设事、因人设岗。应严格控制客房部分支机构的数量，精简人员编制，发挥员工的主观能动性，提高工作效率。值得注意的是，机构精简并不意味着机构的过分简单化，一旦出现职能空缺现象，就会造成服务质量降低。

2. 层次分明、分工明确，职权制度化

专业分工是将客房部的全部工作按需要划分为若干个较小的部分，分配给具体的岗位或个人去操作，每一个岗位的人员应有明确的职责和明确的上下级隶属关系。分工能够提高工作效率，但只有分工没有协作的机构不可能成为一个有效的组织，因此各岗位之间还要加强协作。酒店规模越大，专业化分工就越细，各岗位的协作也变得越来越重要。

3. 科学化、合理化、效率最大化

客房部组织机构的设置要求从实际出发，要考虑酒店的档次、性质、规模、客源结构和层次、服务模式、建筑设计、内部功能布局、员工素质等各种因素，而不能简单地生搬硬套。应以低成本的投入达到最好的工作效率与经济效益，做到科学化、合理化、效率最大化。

（二）客房部组织机构的设置

1. 大中型酒店客房部组织机构

大中型酒店客房部的业务范围较大，其组织机构的规模也较大，其基本特点是分支机构多、工种岗位全、职责分工互连、用工数量大。（如图1－19）

考虑到酒店前厅部与客房部的联系极为密切，一些酒店将前厅部和客房部合二为一，称为“房务部”。也有少数酒店考虑到前厅部的销售功能，将前厅部划归酒店的公关销售部，而将客房部设置为独立的部门。

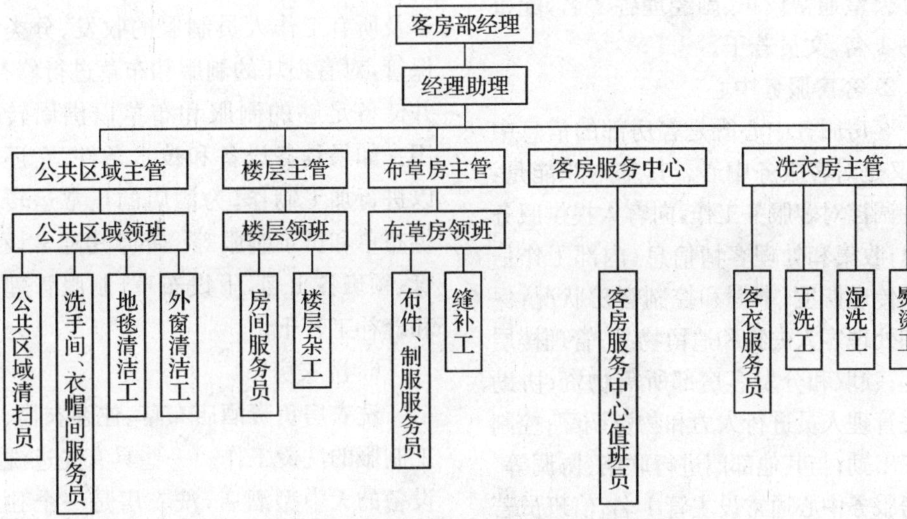

图1－19　大中型酒店客房部组织机构图

2. 小型酒店客房部组织机构

在规模较小的酒店里，由于设施较少，客房部的管理范围也较小，因此，客房部组织机构的层次和分支机构也较少，各岗位工种之间往往是分工不分家，大多数岗位的职责要求都是一专多能。其中某些业务，如特别的专项清洁保养工作、布件洗烫等，都由社会上的专业公司来承担。（如

图1-20）

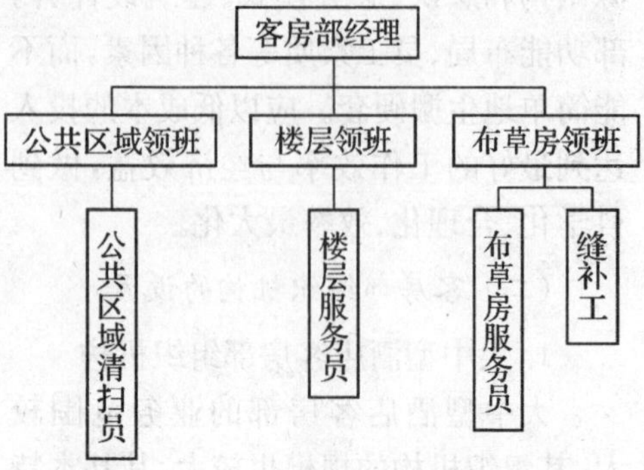

图1-20 小型酒店客房部组织机构图

（三）客房部的业务分工

下面以大中型酒店客房部组织机构设置为例来说明客房部的几大分支部门。

1. 经理办公室

客房部经理办公室主要负责处理客房部的日常事务，负责文件和档案管理以及与其他部门的沟通协调等事宜。经理办公室通常设正、副经理各1名，配备秘书1名，文员若干。

2. 客房服务中心

客房服务中心既是客房部的信息中心，又是对客服务中心。其基本职能是：统一调控对客服务工作，向客人提供服务信息；收集和处理客情信息；内部工作信息的传递调度；掌握和控制客房状况；保管和处理客人失物和遗留物品；管理楼层钥匙；领取和分发客房部所需物资；协助有关管理人员进行人力和物资调配；控制员工出勤；与其他部门进行联络、协调等。客房服务中心通常设主管1名，值班员若干，下设早、中、夜三个班次。

3. 客房楼层服务组

客房楼层服务组的职能是：负责客房及客房公共区域的清洁保养和接待服务工作；管理客房及楼层的设施、设备；负责客房日用品的替换、设备的简易维修和保养，并为住客和来访客人提供必要的服务。大型酒店客房楼层服务组往往下设卫生组和服务班。客房楼层服务组通常设主管1名，早、中、夜班领班若干名。

4. 公共区域服务组

此公共区域指酒店公众共享的区域场所，包括大厅、前台、餐厅、洗手间、内部超市或商场、楼梯、电梯、庭院、会议室、停车场等。公共区域服务组的职能是负责酒店公共区域的清洁卫生工作以及酒店的一些专业性、技术性较强的协调运营工作。目前，一些大中型酒店的公共区域管理已交予专业清洁公司和保安公司，而各区域的具体协调运营也都安排了专职负责人员。公共区域服务组通常设主管1名，早、中、夜班领班各1名。

5. 布草房

布草房的基本职能是负责全酒店布草及所有工作人员制服的收发、分类和保管，对有损坏的制服和布草进行修补，并储备足够的制服和布草以供周转使用。如果具备设备和技术条件，它还可以进行加工制作，为酒店的正常运转提供布草和员工制服等。布草房通常设主管、领班各1名，下设布草、制服管理员和缝补工若干。

6. 洗衣房

洗衣房负责酒店布草、住客衣物、员工制服的洗烫工作。一些具有先进洗烫设备的大中型酒店，洗衣房是一个独立的部门，除完成店内洗涤任务外，还可承接店外洗熨业务，在经济上实行独立核算。还有一些酒店的洗衣房业务是由社会上的洗衣公司专门负责。洗衣房通常设主管1名，早、中班领班若干，下设客衣组、水洗组、干洗组、熨衣组。

三、客房部岗位职责和素质要求

(一) 客房部岗位职责

岗位职责通常由岗位名称、管理层级关系、基本职责等内容组成。由于各酒店客房部的规模和管理体制不同,岗位设置也略有不同。这里只介绍主要岗位的基本职责。

1. 客房部行政(如表 1-8)

表 1-8 客房部行政岗位职责说明

岗位名称	管理层级关系	基本职责
客房部经理	直接上级:分管客房的高级经理或房务总监 直接下级:客房部副经理、客房部经理助理、客房楼层主管	(1) 向总经理或房务总监负责,负责客房部的全面管理工作,严格执行、贯彻酒店总经理的指示,策划部门人力、物力的安排,开源节流,确保客房部的正常运转和各项计划指标的完成 (2) 履行业务管理职能,监督客房服务和公共区域卫生清洁、绿化情况,控制洗衣房的经营管理,监督客衣、布草和制服的洗涤熨烫服务 (3) 沟通协调部门之间及店外有关方面的业务关系,建立客房部完整的工作体系,保证客房部工作顺利完成,实现酒店整体利益最大化 (4) 负责制定本部门的岗位职责、管理规章制度、工作操作流程、服务质量标准、运转表格、工作考评、安全保障措施,并组织和推动各项计划落实
客房部副经理	直接上级:客房部经理 直接下级:客房部主管	(1) 协助客房部经理制订部门工作计划和工作目标 (2) 主持客房部的日常运转 (3) 参与制定岗位职责、工作程序和质量标准 (4) 参与员工招聘工作,督导客房部的员工培训 (5) 巡视检查,确保员工处于正常的工作状态,确保清洁保养和服务的质量标准

2. 客房楼层(如表 1-9)

表 1-9 客房楼层岗位职责说明

岗位名称	管理层级关系	基本职责
楼层主管	直接上级:客房部经理 直接下级:客房楼层领班	(1) 接受客房部经理指挥,监督、指导、协调所分管楼层的客房管理工作,为住客提供优质的客房服务 (2) 对下属员工进行不定期的业务操作培训,不断提高员工的业务水平和操作技能 (3) 参与受理客人投诉,协助部门经理解决酒店和员工的投诉,处理部门下属员工违纪问题和一般性问题 (4) 与前厅部、工程部、销售部及有关部门密切合作,随时注意核对房态,提供准确的客房状况 (5) 负责所管辖区域的成本费用控制,定期核算各种物品的消耗量,严格控制日常用品的损耗,减少浪费

续表

岗位名称	管理层级关系	基本职责
楼层领班	直接上级： 客房楼层主管 直接下级： 楼层服务员	(1) 负责班组员工的工作安排与调配，合理安排人力，组织和指挥员工严格按照工作规范和质量要求工作 (2) 负责班组员工的考勤管理、业务培训、考评工作，不断提高服务工作质量 (3) 负责所辖楼层的财产管理，掌握所辖楼层的物品存贮及消耗情况，加强成本费用控制，做好物料用品的管理领用和发放 (4) 掌握所辖楼层的客情、团体批量、人数、抵店时间、重点客人的人数、标准及时间等 (5) 填写领班工作日志，做好交接记录
楼层服务员（客房服务员）	直接上级： 楼层领班	(1) 按照操作规程和质量标准，负责客房清洁保养工作，确保客房清洁保养的质量标准 (2) 检查及报告客房设备设施的使用及保养、物品遗失损坏情况 (3) 做好客房消耗品及棉织品的消耗记录，协助楼层服务员管理好楼层物资 (4) 为住客提供日常接待服务和委托代办服务 (5) 负责退客房的检查和报账工作 (6) 做好当班工作记录和交接班工作 (7) 认真完成上级布置的其他各项任务
中班服务员	直接上级： 楼层领班	(1) 按照客房服务规范和质量标准，做好客房整理和做夜床等各项服务工作 (2) 负责区域通道、酒店楼梯、大理石踢脚线、通道楼梯扶手、护栏、窗台等的卫生，及地下室电梯间卫生 (3) 完成上级临时指派的其他工作
夜班服务员	直接上级： 楼层领班	(1) 负责公共区域，服务中心地面的清洁与卫生 (2) 与中班服务员坚持 24 小时值班制，全天候为客人提供高效优质的服务 (3) 及时提供各种小服务，如提供送报纸等服务，切实做好客人服务工作 (4) 负责检查夜间安全工作 (5) 做好当班工作记录和交接班工作

3. 公共区域部(如表1－10)

表1－10　公共区域部岗位职责说明

岗位名称	管理层级关系	基本职责
公共区域主管	直接上级：客房部经理 直接下级：公共区域领班	(1) 主管酒店所有公共区域的清洁卫生、绿化美化工作 (2) 指导检查地毯保养，虫害防治、外窗清洁、庭园绿化等专业性工作 (3) 加强费用开支控制，控制清洁物料的耗用，督导员工正确使用各种设备和节约物料用品 (4) 坚持服务现场的管理，负责对班组工作的考核，员工考勤和业务培训 (5) 与相关部门协调，做好有关场所及某些专项清洁工作 (6) 完成公共区域的工作日志
公共区域领班	直接上级：公共区域主管 直接下级：公共区域清洁员、保洁员	(1) 在客房部公共区域主管领导下，负责安排本区域的清洁卫生工作 (2) 制订工作计划，负责监督和落实各工种的岗位责任制 (3) 巡视所辖区域，督导下属员工工作，检查所辖区域清洁保养及服务质量 (4) 负责本班有关清洁剂和清洁设备的领用、分配和保管；认真填写领料单，控制损耗 (5) 填写领班工作日志，做好交接工作记录
公共区域清洁员	直接上级：公共区域领班	(1) 负责清洗地毯，擦洗铜器、玻璃，换窗帘，保持公众区装饰物、花草、沙发、茶几等器物的整洁 (2) 负责清洁酒店外围、上下车道、商场区、酒店行政办公区、大厅、餐厅、客用楼梯、电梯、洗手间、员工走道等公共区域 (3) 检查责任区内各种设备设施和家具的完好情况，发现有损毁、残缺或不正常的情况，及时报修 (4) 在力所能及的范围内为客人提供相关的服务 (5) 完成上级布置的其他工作任务
外窗清洁员	直接上级：公共区域领班	(1) 负责清洁酒店的外墙、外窗 (2) 负责酒店高、难、险处的清洁保养工作 (3) 从事店外营业性或操作性的清洁保养工作 (4) 完成上级安排的其他工作
园艺员	直接上级：公共区域领班	(1) 负责养护酒店所种植的花卉草木 (2) 提供布置客房及环境的花卉、盆景等

4. 客房服务中心(如表 1-11)

表 1-11　客房服务中心岗位职责说明

岗位名称	管理层级关系	基本职责
客房服务中心主管(领班)	直接上级：客房部经理 直接下级：客房服务中心服务员	(1) 随时掌握客房状态的变化,向前厅部、财务部提供准确的房态资料 (2) 填写服务中心物品需求领货单,并到库房领取;对服务中心的物品、设备进行编号建档,定期核对;检查为客人提供特殊服务的物品数量和完好率 (3) 编制本部门员工排班表,记录考勤。培训员工,定期进行业务考核,督导员工为住店客人提供各项服务 (4) 联系工程部,解决客房维修事项,建立工程维修档案,向客房楼层主管和工程部提供每日修房的房号 (5) 定期召开班组会,传达店内、部门内的指示和文件 (6) 填写工作日志,记录特殊事项和交接工作,办理物品外借手续
客房服务中心服务员	直接上级：客房服务中心主管(领班)	(1) 受理住客电话提出的咨询和服务要求,及时向有关方面传递相关信息,并安排落实,做好记录 (2) 记录酒水使用情况,接受楼层的客房消耗酒水报账,转报总台收银处入账,并与餐饮部联系补充事宜 (3) 负责对客借用物品(如熨斗、熨板、电器插座、变压器等)的保管、借还和保养 (4) 保持与其他部门的联系,传达有关表格、信息和报告 (5) 每日做好 24 小时维修记录,及时更改和填写维修房情况和客房回床显示记录 (6) 保管各种设备、用具和用品,并编写建档,定期清点 (7) 负责做好各种记录,填写统计报表 (8) 完成主管和部门经理临时安排的其他工作

5. 洗衣房(如表 1-12)

表 1-12　洗衣房岗位职责说明

岗位名称	管理层级关系	基本职责
洗衣房主管	直接上级：客房部经理 直接下级：洗衣房领班	(1) 制订洗衣房的工作计划、工作程序、规章制度和质量标准 (2) 负责洗衣房员工的工作安排、培训和考核 (3) 负责洗衣房财产和设备的使用管理,督导员工做好日常的维护保养和清洁卫生工作,做到账物相符

续表

岗位名称	管理层级关系	基本职责
洗衣房主管	直接上级： 客房部经理 直接下级： 洗衣房领班	(4) 控制洗衣房的成本费用 (5) 接洽对外经营及协作业务 (6) 保证洗衣房的正常运转 (7) 负责洗衣房的安全，严防事故发生 (8) 完成上级安排的其他工作
洗衣房领班	直接上级： 洗衣房主管 直接下级： 客衣服务员、干洗工、湿洗工、熨烫工	(1) 督导员工做好各类布草和工作服的质量检查和收调保管工作 (2) 督导洗涤组员工严格按照洗涤、熨烫工作流程，做好各类布草、客衣及工作服的洗涤、熨烫工作，确保质量标准 (3) 坚持服务现场的管理，负责对各班组日常工作安排、工作考核、员工考勤以及业务培训和新员工带教工作 (4) 沟通与各使用部门的联系协调工作 (5) 搞好消防保卫工作，确保员工人身和酒店财产安全 (6) 处理客人各类投诉、需求和咨询情况
洗衣房服务员	直接上级： 洗衣房领班	(1) 负责住店客人洗衣的收取、点数、打码、核对、包装、送回服务 (2) 确保贵宾房及有特殊服务要求的客衣按时、保质完成 (3) 熟悉长住客的特殊要求，严格按规定的操作程序进行操作 (4) 做好环境卫生，定期清理打码设备

6. 布草房（如表 1-13）

表 1-13　布草房岗位职责说明

岗位名称	管理层级关系	基本职责
布草房主管	直接上级： 客房部经理 直接下级： 布草、制服服务员，缝补工，布草保管员	(1) 主管酒店一切布草及员工制服事宜 (2) 控制布草和制服的运转、储存、缝补和再利用，制定保管领用制度，监察盘点工作 (3) 加强成本费用控制，掌握各类布草和工作服的使用、损耗情况，定期报告布草、制服损耗量，提出补充或更新计划，并督促落实 (4) 与客房楼面、餐饮部及洗衣房密切联系协作，保证工作任务顺利完成 (5) 负责布草房的安全和设备用品管理 (6) 完成上级安排的其他工作

续表

岗位名称	管理层级关系	基本职责
布草、制服服务员	直接上级：布草房主管	(1) 负责布草、制服的换洗、收发、缝补和保管等工作 (2) 负责搬运及储存布草和制服 (3) 对洗烫完毕的布草和制服进行检查，发现问题及时报告
缝补工	直接上级：布草房主管	(1) 负责修补布草、制服、窗帘、软垫套等 (2) 负责客衣的小修小补 (3) 将报废的布草、制服改制成其他有用的物品

(二) 客房服务人员的素质要求

1. 品行端正，具有良好的职业道德

由于其所在岗位的特点，客房部的员工，尤其是楼层服务员会经常出入客人的房间，有机会接触到客人的行李物品，其中当然也包括一些贵重的钱物。如果没有良好的道德品质，见财起邪念，利用工作之便顺手牵羊拿走客人的物品，就会给酒店的形象与名誉带来不可估量的损失。

2. 工作态度好，踏实认真，性格沉稳

很多从事酒店工作的员工在思想上存在着一个误区，认为客房工作不但辛苦，而且单调、无味，还没有成就感。要想做一名合格的客房服务员，首先要端正工作态度，敬重自己所从事的工作，认认真真地做好每一件事；还必须具有沉稳、能耐得住寂寞、甘于默默奉献而不张扬的性格。

3. 身体素质好，能吃苦耐劳

客房部许多岗位的工作，没有强健的体质是无法胜任的。例如，一位专职客房卫生清洁员，每天的卫生定额通常为客房 10～14 间，而且每天除了清扫额定数量的客房以外，不少酒店还规定清洁员需负责楼层环境卫生和计划卫生等工作，遇到住店高峰时，还需要加班加点。因此，强壮的身体和不怕脏、任劳任怨、吃苦耐劳的精神就变得非常重要。

4. 具备较强的卫生意识和服务意识

既然客房部的主要工作是搞清洁卫生，那么，为了做好这项工作，服务员就必须具有强烈的卫生意识、服务意识，不然就无法将客房部的工作做好，为客人提供满意的服务。

5. 掌握基本的设施设备维修保养知识

酒店客房内一般都有很多的设备设施，虽然这些设备设施按照酒店的规定都应该由酒店的工程人员专门负责，但平时的保养工作则应该由客房部负责。而且，一些小的维修项目，比如换保险丝、换电源插座、换灯泡等，一般也都是由客房部来负责。由此可见，客房部的服务员要具备一定的设备设施方面的维修常识。

6. 有广博的知识

掌握客房日常外语会话，能在对客服务中与外国客人进行有效沟通；了解音乐和美学常识，能在酒店背景音乐、客房布置、客房用品的色彩搭配方面，有一定鉴赏眼光和艺术感觉；熟悉当地的基本情况和旅游景点，能为住店客人提供旅游建议；了解不同国家和地区的民风民俗，能为客人提供多元服务；能够运用服务心理学知识，通过细心地观察和思考，了解客人需求，为客人提供个性化服务。

四、客房部与其他部门的协作关系

酒店是由多个部门组成的一个有机整体，其运行与管理的整体性、系统性和协作性很强。客房部作为酒店中重要的组成部分，需要和其他各部门发生联系，密切配合。因此，客房部在运行管理中，必须高度重视与各部门的关系。

（一）客房部与前厅部的关系

酒店的客房部和前厅部是两个业务联系最多、关系最密切的部门。从经营角度来讲，二者是生产与销售的关系，客房部是客房产品的生产部门，前厅部是客房产品的销售部门。两个部门之间能否密切配合，直接影响酒店客房的生产与销售。在一些规模不太大的酒店里，已不再设客房部和前厅部，而是将这两个部门组成房务部，以便于统一管理，加强协作，减少矛盾。

1. 客房部为前厅部提供保质保量的客房产品

客房部只有提供保质保量的客房产品，前厅部才能够更好地销售客房。如果没有高品质的客房产品，即使前厅部员工做得再好，工作再努力，也无法维持一个忠诚的顾客群。

2. 相互通报和核对客房状况

前厅部为入住客人安排客房，必须准确地了解每一间客房当时的实际状况，否则就会出现差错。对于客房部来说，要合理安排客房清扫整理工作、保证对客服务的质量，也必须准确地了解每间客房的状况。为此，前厅部和客房部要适时地通报和核对客房状况，保证客房状况的一致性和准确性。

3. 相互通报客情信息

前厅部向客房部通报的信息主要包括当日客房出租率、次日及未来某一时期的客房预订情况、酒店重大接待活动及重要接待任务、客人进离店的情况、客人的个人资料及对客房的特殊要求等。客房部可根据这些信息合理安排人力、物力，设计和调整对客服务方案，以加强工作的计划性和服务的针对性，有效控制人力、物力消耗，保证服务质量。

另外，由于客房部要为住店客人提供很多具体服务，有与客人直接接触的机会，对客人的具体情况及要求了解得比较全面、准确，因此，客房部不仅应在自己的工作中很好地利用这些信息，而且还应把这些信息及时地通报给前厅部，前厅部根据这些信息为住客提供针对性服务，并把这些信息记入客史档案。

4. 客房部协助前厅部对客服务

客房部协助前厅部所做的工作包括行李服务、留言服务、邮件服务、叫醒服务等。例如，当前厅部总机自动叫醒客房无应答时，客房部楼层服务员可以到房间进行敲门叫醒，避免耽误住店客人的事宜。

5. 部门之间员工交叉培训

在前厅部和客房部之间进行的员工交叉培训，不但可以使员工之间相互了解和熟悉对方的业务，以达到加强沟通、增进理解、便于合作的目的，而且可以全面提高员工的业务能力，在营业旺季时，可在部门之间进行临时性人员的调配，从而为酒店的劳动力控制起到一定的推动作用。

（二）客房部与餐饮部的关系

客房部与餐饮部在业务内容及范围

上有很大差异，但两个部门之间也有很多业务联系。

1. 客房部为餐饮部的经营场所提供清洁保养服务

餐饮场所的清洁保养工作通常由客房部统一负责。客房部PA组不仅负责客房楼层清洁、公共场所的清洁，同时还负责各餐厅、宴会厅的清洁和维护工作。

2. 客房部为餐饮部洗烫、修补布件及员工制服

一是客房部洗衣房与布草房要负责餐饮部所使用的布草与员工制服的洗涤、熨烫、缝补及保管等工作。二是客房部应及时与餐饮部取得联系，了解各餐厅的用餐情况和时间安排、宴会的规模及布置，保障各餐厅棉织品的供应及餐后清洁工作。三是客房部还应根据每月棉织品盘点情况与餐饮部召开协调会，指出棉织品使用中出现的问题，尽量减少不必要的浪费节约开支。餐饮部也应根据运营情况对各餐厅的清洁卫生和棉织品发放中出现的问题、员工制服问题与客房部协调，使问题尽快解决。

3. 为酒店的大型接待活动做好配合工作

酒店的一些重要接待任务和大型活动须由多个部门共同承担、共同参与，其中，餐饮部和客房部常常作为主要部门而承担大部分接待服务工作。因此，两部门须密切配合，在事前、事中、事后全过程相互支持，才能够保证大型接待任务的顺利完成。例如，冬季召开大型宴会，宴席餐饮部分自然主要由餐饮部负责，但客房部也要考虑来宾存衣问题，存衣室是否能够存足够的衣物，衣架是否够，标号是否齐全，如何排号，从员如何安排等，都要事先做好准备，这就需要部门之间的良好协作。

4. 配合做好客房小酒吧的管理、贵宾房的布置、房内送餐服务等工作

(1) 客房小酒吧的管理。客房小酒吧经营属于餐饮部的业务范畴，而一般由客房部负责管理。餐饮部负责调换即将过期的饮料、食品，而客房部为有关人员检查、补充小酒吧提供方便和协助。

(2) 贵宾房的布置。按酒店的一般做法，贵宾房需配备水果拼盘和小点心，以显示对贵宾的重视，这些水果、点心通常由餐饮部负责提供，并按一定的标准在客房内布置摆放。

(3) 房内送餐服务。房内送餐服务由餐饮部负责，但客房部也要做好协调配合工作。如在客房内摆放订餐牌和菜单、收拾餐具餐车等。

5. 部门之间员工交叉培训

客房部和餐饮部之间也有必要进行人员的交叉培训，通过交叉培训可达到以下目的：增进相互了解；扩大员工的产品业务知识，便于酒店开展全员推销；必要时为跨部门员工调配创造条件。

(三) 客房部与工程部的关系

客房部和工程部的关系十分密切，相互之间的矛盾也比较多。两部门能否很好地协调与配合，对于酒店的运行会产生很大的影响。客房部和工程部之间的业务关系主要包括以下内容。

1. 相互配合，共同做好有关维修保养工作

(1) 客房部负责对其所辖区域和所管的设施设备进行日常检查保养，发现问题尽可能自己解决，不能解决时，须及时按规定程序和方式向工程部报告。工程部接到客房部的报告后，须及时安排维修，并确保质量和效率，严格控制费用。当工程维修人员进场维修时，客房

部的有关人员应尽力协助和配合，如维修后及时清洁房间等，并对质量进行检查验收。

(2) 工程部根据日常维修，对常发生的故障和问题进行定期检查，除此以外，每年在淡季或客房出租率情况许可下，客房部向工程部提供客情预报，以便工程部安排客房大修计划。工程部对酒店客房及公共区域逐步进行全面检修和维护保养，保证设备处于正常完好的状态。

(3) 共同制定有关维修保养的制度和程序，明确规定双方的责任、权利和奖惩措施。

2. 共同审核有关维修保养的费用

目前，很多酒店都实行内部核算和费用包干制度。维修保养必然要发生费用，这些费用由谁承担，是否合理，相关部门之间须共同审核。

3. 部门之间员工交叉培训

(1) 工程部对客房部员工进行维修保养方面的专门培训，使他们能够正确使用有关设施、设备，并能对设施、设备进行检查和简单的保养与维修。

(2) 客房部对工程部有关员工进行客房部运行与管理业务的培训，使他们对客房部的运行规律和基本业务有所了解，从而提高协作配合的自觉性和责任感。

(四) 客房部与财务部的关系

1. 财务部监督客房部开支

财务部有责任指导和帮助客房部制定出房务预算，并监控客房部预算的执行情况。

2. 财务部指导客房部物资管理

财务部指导、协助并监督客房部做好物资管理工作。如布草和其他物料用品的盘点。

3. 客房部协助财务部对客结账

客房部协助财务部做好客房有关账单的收结、固定资产的清点和员工薪金支付等工作。

(五) 客房部与公关销售部的关系

客房部与公关销售部之间也是生产与销售的关系。公关销售部和前厅部一样，在酒店中也承担着客房产品的销售任务，如果说前厅部是客房产品的门市零售的话，那么公关销售部则是客房产品的批发销售。

1. 客房部配合公关销售部进行广告宣传

客房部要积极配合公关销售部的促销宣传活动，在客房内放置酒店宣传卡，宣传推销客房和酒店其他设施和服务，不断挖掘本部门优质服务的新亮点，向公关销售部提供客房部“生产”与服务的相关信息。同时，客房部还应积极参与公关销售部策划的市场调研及内外促销活动。

2. 客房部接受公关销售部信息反馈，进一步提高质量

客房部与公关销售部之间的生产与销售是一个循环体系，客房部只有生产出高质量的客房产品，公关销售部才能够更好地销售；同样，公关销售部收集到的住店客人的反馈信息，也为客房部提高客房产品及服务质量提供指导和帮助。

3. 部门之间员工交叉培训

公关销售部对客房部员工进行酒店公关营销的专项培训，以提高其公关营销能力；客房部对公关销售部人员进行客房产品知识的培训，使其对客房设施、设备及客房服务有全面的了解。

(六) 客房部与人力资源部的关系

(1) 人力资源部审核客房部的人员编制。

(2) 双方相互配合做好客房部的员工招聘计划。

(3) 人力资源部指导、帮助、监督客房部做好员工培训工作。

(4) 人力资源部对客房部的劳动人事管理有监督权。

(5) 人力资源部负责审核客房部的薪金发放方案。

(6) 人力资源部协助客房部进行临时性人力调配。

(七) 客房部与保安部的关系

保安部是负责酒店安全保卫的职能部门,但做好安全保卫工作是各部门和每个员工应尽的责任和义务。在安全保卫工作中,客房部与保安部必须通力协作。

1. 客房部配合保安部做好安全工作

(1) 客房部应积极协助保安部对酒店公共区域及客房楼层进行检查,做好防火、防盗等安全工作,并向保安部提供必要的住客资料和信息,提供可疑住客和访客的情况,并在必要时协助公安局、保安部打开客房门等。

(2) 客房部积极参与和配合保安部组织的消防演习等安保活动。

(3) 客房部和保安部相互配合做好客房安全事故的预防与处理工作。

2. 保安部为客房部做好安全服务工作

(1) 保安部指导、帮助客房部制订安全计划和安全保卫工作制度。

(2) 保安部要监督客房部员工的行为,如规定员工上下班打卡,走员工通道等。

(3) 保安部对客房部员工进行安全保卫知识培训,包括消防教育、防盗防骗教育以及各种形式的安全教育,包括通报本地区域范围内发生的一些案例,提高员工警惕性,防止坏人作案给酒店和宾客造成恶劣的影响。

(八) 客房部与采购部的关系

酒店各部门所需的物资通常都由采购部统一采购,因此,客房部与采购部的关系主要集中在物资的采购与供应方面。

1. 客房部提出物资申购报告

客房部要了解本部门所需各项物资的现存量,预测未来一段时期的需求量,以及目前酒店货仓的盘存量,并根据这些情况提出未来某一时期的物资申购报告。申购报告包括所需设备物资的规格、数量、质量要求、价格范围、到货时间等,然后将报告送财务部等部门审核,再由酒店有关领导审批。另外,在客房更新改造前,客房部应提出切合实际的采购建议;为控制客房成本,客房部也应对价格问题提出建议。

2. 采购部经办物资采购事宜

根据经审批的物资申购报告,采购部经办落实具体的采购事宜,采购美观适用、价格合理的设备物资,并保证及时、足额供应。

3. 两部门相互通报市场及产品信息,密切配合

客房部可以主动了解客房所需物资在市场上的供求信息,并和采购部互通有无,把自己掌握的市场信息提供给采购部,协助采购部做好客房所需物资的采购工作。同时,客房部有权利监督采购部的物资采购过程,参与对购进物资的检查验收,把好质量和价格关,以保证

选购的物品价廉物美。

总而言之，要做好对客的各项服务工作，客房部必须与其他部门进行沟通协调，而且，客房部与其他部门的员工之间也应该相互体谅，相互支持，要明白部门之间是合作关系，而非竞争关系。

【任务拓展】

组织学生考察本市高、中、低三个不同档次酒店的客房部，对它们的组织结构、产品特点及经营特点进行比较、分析，指出其优点和不足之处，并写出调查报告。

【任务反馈】

科罗拉多州斯普林斯市著名的布罗德莫酒店的董事长兼总经理卡尔·埃托尔认为："酒店高水平的标志就是高质量的客房管理。"客房部要管理好酒店所有的客房及其设施、设备，组织好对客接待工作，让顾客留下美好的住宿经历。

客房部除了做好清洁保养和服务质量管理外，还应处理好哪些动态管理因素？

释疑：除了以上所阐述外，客房的动态管理非常重要。这些动态的因素包含客房的微小环境，如客房的气味、温度、噪音、湿度、客房的水质和水压、客房的灯光等，还有更重要的服务和清洁度。

◆项目评价

【知识/技能评价】

①你入住酒店时通常选择哪种客房？

理由是：____。

由此写出你所理解的客房的含义要点（至少两个）：____。

②试为一家四星级商务酒店客房标准间设计平面功能布局图。

③客房部在酒店中的地位和作用表现在哪几个方面？

④客房部的主要任务有哪些？其业务特点是什么？

⑤请为一家拥有客房数350间的四星级涉外商务酒店设计客房部的组织结构图。

⑥"客房部是酒店的核心部门，为酒店生产客房这一核心产品，因此，酒店其他部门都必须主动协助客房部，保证客房部的正常运行。"这种观点对吗？为什么？

⑦与客房部员工应具备的素质相对照，你认为自己哪些方面需要改进提高？

【实训演练】

序号	项目名称	实训内容及要求	实训操作步骤
1	认识客房	分清不同客房类型 快速指出客房功能布局	实地考察酒店、网上收集图片 学生分组汇报收集成果 教师点评
2	配备客房客用品	客房用品配备齐全 能分类摆放，整齐有序，方便客人取用	实地考察酒店，跟班观摩 整理一套标准间客房用品

【项目链接】

客房发展趋势

1. 项目丰富化

为充分考虑客人的需求和酒店的实际情况，酒店客房服务项目越来越丰富化。如一些位于环境优美的地方的度假型酒店，考虑到客人进出不方便，在楼层区域设立了小图书室以丰富一些喜欢安静的客人的晚间生活。同是客房小酒吧服务，由于接待的客人不同，有的酒店摆放零食类为主的食品，而有些酒店则摆放快餐面等可以让客人果腹的食品。

2. 服务个性化

个性化服务已经成为酒店之间竞争的有力措施，成为服务的大趋势。应根据客人需求的变化不断调整服务的规程和标准，如提供夜床服务的酒店要能够保证为客人开喜欢的那张床，放客人喜爱的水果、茶等物品，不再强求所有客人看同一份报纸，而是根据客史档案将客人喜爱看的报刊放进客房。

3. 设施智能化

随着高科技时代的到来，客人对酒店的各种设施提出了更高的要求，驱使客房的设施向着智能化的方向发展。如客房锁钥系统使用智能IC卡锁钥系统甚至是感应门锁；指纹门锁系统；客房内的自动控制系统使用感应器控制；等等。

4. 客房绿色化

在倡导可持续发展的今天，创建绿色酒店已经成为一种时尚，而客房的绿色化则是其中重要的组成部分。因此，酒店通常在客房的房间和卫生间中放置棉织品的免洗提醒卡；在卫生间使用沐浴液、洗发液的液体分配器取代传统的一次性容器；减少一次性塑料用品的使用；等等。

5. 设计人文化

客房的设计更注重人的感受，趋向于人文化的发展方向。如插座的位置更加精心设计，方便客人的使用；座椅带有方便移动的轮子，高低可以调节，更加追求舒适感；照明的灯具既考虑美化环境，也兼顾阅读和工作的需要；等等。

6. 类型多样化

随着酒店业的发展，部分酒店已经开始打造自己的特色，而客房的类型是酒店凸显自身特色的一个重要方面，由此，客房类型呈现多样化发展的趋势，抓好客房产品的创新就抓好了酒店产品创新的战略重点。

拓展路径

①学生业余时间参观、考察地方酒店或访问各酒店主页，了解各种不同类型的客房，客房设施设备配置和客房用品种类，增强学生对客房的感性认识。

②邀请酒店客房部经理做专题讲座，介绍客房部运营业务，加深学生对职业岗位的了解与认识，激发其对职业岗位的热爱，培养学生坚韧的意志及敬业精神。

③访问最佳东方网站（http://www.veryeast.cn/），深入了解酒店行业特性和行业发展变化趋势。

岗位体验

项目二　客房清洁保养

◆项目目标

【行业要求】

掌握客房清洁保养的主要内容和标准要求，能熟练完成各种类型客房的清洁整理工作，并能实施客房专项清洁保养计划，为客人提供良好的住宿环境。

【终极目标】

培养学生耐心细致的工作态度和整洁有序的行为习惯，使学生具备开展工作计划与安排的能力，并能根据实际情况处理客房清洁保养中出现的具体问题，达到高级客房服务员职业标准，能胜任酒店客房部楼层服务员的工作。

◆项目任务

清洁保养是客房部的主要工作。清洁保养工作的好坏直接影响到客人对客房产品的满意度，同时也直接影响酒店的形象、氛围和经济效益。

客房清洁保养工作分为客房的日常清洁保养和有计划的周期性清洁保养。只有使两者结合并统筹安排，才会为酒店生产出合格的、“光洁如新”的客房产品。

任务一　客房常规清洁保养
——让“他们”光洁如新是我的职责

【任务目标】

掌握客房常规清洁工作的技巧和工作流程；能够按程序和标准独立完成不同类型客房的清洁整理工作。

【案例聚焦】

“请勿打扰”的房间里没有人

早上8:45左右，员工A在客房打扫服务过程中，看见5010的客人李先生外出，虽然当时5010房门铃上亮着“请勿打扰”灯且门把上已挂了“请勿打扰”牌，但A自认为客人不在，此时打扫房间不会打扰到客人，便进去打扫。但在打扫房间的过程中，李先生回来了，脸上流露出不悦的表情，并问道：“难道你们酒店的‘请勿打扰’不起作用吗？”

【任务执行】

客人入住酒店后，客房属于客人的私人空间，因而他们对于客房的要求往往比较高。虽然客人在跨入酒店的同时已经形成对酒店的第一印象，但当他来到属于自己私人空间的客房时，这之前所有的印象立马会被眼前的景观所取代。美国拉斯维加斯 MGM 大酒店的一位客房部经理曾经这样说过："客房是酒店的心脏。除非客房的装修完好、空气新鲜、家具什物一尘不染，否则你将无法让客人再次光顾。"

如何提供合格的客房产品，吸引客人光顾呢？下面让我们深入酒店客房部进行跟班工作，同客房部人员进行交流，了解客房服务人员的工作任务及内容。

一、准备工作——"今日我当班"

为了保证清扫质量，提高工作效率，客房服务员必须认真做好客房清洁整理前的准备工作。准备工作具体包括七个步骤(如图 2－1)：

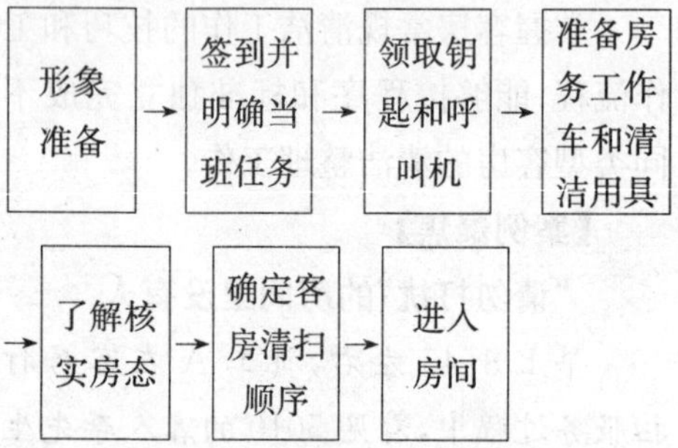

图 2－1　准备工作程序

(一) 形象准备

为了保证员工在上岗前有一个良好的仪表仪容，更好地体现酒店的形象，员工上岗前应达到以下要求：

①精神饱满，精力充沛。②衣着整齐、干净，衣服无掉扣、破损情况。③大方得体，淡妆上岗，头发梳理整齐。④不留长指甲，不涂指甲油，上班前不吃有异味食物，不抽烟、不喝酒，保持口气清新。

(二) 签到并明确当班任务

领班或主管检查认可后，服务员即可签到，也就是登记上班时间。签到的方式包括机器打卡和到客房服务中心签字报到。

服务员签到后，领班或主管要给每位服务员分配具体的工作任务。分配任务的方式主要包括书面和口头两种。通常采用的是书面形式，即给每位服务员一张"客房服务员工作报表"(如表 2－1)。另外，很多酒店都有各部门分别召开班前会的要求，这实际上也是安排工作、布置任务的一种形式。

表 2-1　客房服务员工作报表

楼层：　　　　服务员：　　　　领班/主管：　　　　日期：

房号	初始房态	进房时间	出房时间	结束房态	客用品补充统计																		棉织品统计						注
					信纸	信封	铅笔	便签	茶叶	纸杯	杯垫	杯托	拖鞋	牙具	香皂	浴帽	梳子	卷纸	圆珠笔	擦鞋纸	垃圾袋	卫生袋	床单	被套	枕套	面巾	浴巾	地巾	
																													1. 此表由客房服务员负责如实填写 2. 下班前交客房主管并领取明天需使用客用品数量
合计																													

VD：未清扫房　　VC：已清扫房　　OC：住客房　　ED：预退房　　OOO：维修房　　NB：没行李　　LB：少行李

DND：请勿打扰　　NNS：不需要打扫　　SO：没过夜

（三）领取钥匙和呼叫机

服务员要在离开客房中心之前领取所在楼层的工作钥匙和呼叫机等工作用具。客房部的工作钥匙和呼叫机等通常由客房中心联络员保管和收发。收发时必须履行规定的手续，一般是填表签名，也有的酒店规定客房服务员用自己更衣柜的钥匙交换工作钥匙。（如表2－2）

表2－2 楼层卡及通信工具交接表（本）

日期：　　楼层卡总领数量：

呼机总领数量：　　客房主管（领班）：　　值班经理：

楼层卡	领用时间	签名	归还时间	签名	呼机	领用时间	签名	归还时间	签名
					A				
					B				
					C				
					D				
					E				
					F				
					G				
					H				
					I				
					J				
					K				
					L				
					M				
					N				
					O				
					P				
					Q				

备注：

值班经理回收清点签名：

年　月　日　时

（四）准备房务工作车和清洁用具

以上几项准备工作完成后，客房服务员乘坐工作电梯(不能乘客用电梯)或通过楼梯步行进入各自的客房楼层。进入客房楼层后，在客房楼层工作间准备好房务工作车和清洁用具，并明确其使用标准。(如图 2-2、图 2-3)

房务工作车的准备工作，一般可以在前一天下班前做好，也可以由夜班服务员来完成。在第二天进房清扫前，服务员再做一次检查，看用品是否补充齐全，这样既省事又不浪费时间。房务工作车和清洁用具配备使用标准如表 2-3、表 2-4。

图 2-2　房务工作车

图 2-3　房务工作车用品摆放

表 2-3　房务工作车配备标准

步　骤	标　准	注意事项
班前检查	检查工作车的清洁情况和质量	工作车必须四轮灵活，确保布草袋有足够的支撑力，如有故障及时报修
布草袋	布草袋挂在车钩上，左侧用于收巾类，右侧用于装垃圾 每班结束后清空布草袋，清洁布草袋内外部	—
杯子	杯口朝下倒放 放置干净杯子的底层须每日消毒并更换经过消毒的垫布	—
装车	四格桶放在工作车踏板上，保持清洁工具清洁，清洁剂充足	茶叶、杯罩等涉及饮食卫生的物品须装入干净塑料袋内
	将布草放在工作车架内，按规定分格摆放	
	布草和用品齐全、整洁	
	两边分别放置清洁剂和清扫工具	
	物料盘内的一次性用品，按标签指示位置摆放整齐	
	按本区域客房总配备量的 70%配备数量	

续表

步　骤	标　准	注意事项
使用	工作车应双手推动，不能单手推或拉	避免碰撞，损坏走廊、墙面
	清洁客房时用工作车堵住客房门，开口朝内	—
	临时停放工作车时，须靠墙停放，留出客人行走的空间	—
	离开楼层时，须将工作车推回工作间，或放在酒店指定位置	—
	不能将房内撤出的垃圾袋和垃圾放置在布草袋内或放置在工作车的其他位置	客房收出的垃圾和脏杯应及时送到楼层工作间，扎口摆放在指定位置
	不能把撤出的布草放置在客用品上	脏布草高度超过布草袋时，须将工作车推回工作间，卸下脏布草
	工作车上不能存放私人的物品、客人遗留物品	遗留物品须第一时间上交
	工作中随时整理工作车，将物品摆放整齐	—

表 2-4　楼层抹布使用标准

步　骤	标　准	注意事项
1. 分开挂放	楼层服务员应备 5 块不同颜色的抹布(4 湿、1 干)分开挂放	防止交叉污染
	工作车挂不同抹布的位置，应贴上相应标签	
2. 专布专用	分色抹布用于不同设施的清洁，不能混用。若发现不按规定使用抹布，将抹布随意放置、故意丢弃或损坏者，按过失处理 绿——家具、电器　黄——恭桶　红——卫生间墙面　蓝——卫生间地面　白——镜子、玻璃、台面(干)	
3. 配备充足	楼层抹布备量充足，绿、黄、红、蓝抹布按每 5 间客房 1 块配备，白抹布按每 5 间客房 2 块配备	
4. 每日消毒	服务员每日将脏抹布送洗，经消毒、烘干待隔天使用	

(五) 了解核实房态

客房服务员在清扫整理客房前，必须了解和核实每间客房的状况，包括住客和总台的特殊要求，以便科学合理地安排客房的清扫整理顺序，确定清扫整理的标准。了解核实客房状况的办法是看工作任务表和实地查房。由于工作任务表上通常已经标明了每间客房的状况，所以服务员只要看工作任务表就可以了解。但是，由于客房状态会不断变化，所以服务员还是应该到实地去了解核实。这样既能掌握准确的客房状况，又能了解客人的一些特殊要求，如“请即打扫”“请勿打扰”等。

为方便输入及填写，酒店的客房状态通常都采用英文缩写法标示。客房服务员必须了解、掌握和识别的客房状况主要有下列各种(如表 2-5)。

表 2-5　客房状态中英文对照

客房状态	英文简称	含　义
走客房	CO	客人已经结账并离开房间
住客房	OC	客人正在住用的房间
空房	V	前夜没有客人住宿的房间
维修房	OOO	房间设施设备发生故障，暂不能出租
外宿房	SO	客房已被租用，但客人昨夜未归
请勿打扰房	DND	该房间的客人不愿意受到任何打扰
贵宾房	VIP	该房间的客人是酒店的重要客人
长住房	LSG	长期由客人包租的房间
请即打扫房	MUR	客人要求立即打扫的房间
准备退房	ED	客人应在当天中午 12 点以前退房，但现在还未结账退房的房间
未清扫房	VD	没有经过打扫的房间
已清扫房	VC	已经清扫完毕，可以重新出租的房间

（六）确定客房清扫顺序

1. 确定客房清扫的顺序

服务员在确定客房清扫的选房顺序时，应考虑以下几点：一是满足住客的需要；二是有利于客房的销售，提高客房的出租率；三是方便工作、提高效率；四是有利于客房设备用品的维护保养。由于要综合考虑以上四点，客房清扫整理的选房顺序也就没有绝对的标准，往往是根据具体情况临时制定、灵活调整。一般情况下，可以参考下列安排。

(1) 旅游淡季，清扫客房的顺序一般安排如下：①请即打扫房；②贵宾客房；③普通住客房；④走客房；⑤空房；⑥待修房。

请即打扫房是挂有“make up room”的房间或客人口头上提出要求打扫的房间，应优先安排清洁整理，满足客人的要求。

(2) 旅游旺季，客房出租率比较高，房间往往是供不应求，清扫客房的顺序一般安排如下：①前台急需房；②走客房；③空房；④请即打扫房；⑤贵宾客房；⑥普通住客房。

(3) 请勿打扰房的处理。打着“请勿打扰”(do not disturb)标记的房间，一般服务员不能进入清扫，防止打扰客人。而较长时间显示“请勿打扰”的房间，也可能有以下几种情况：一是客人忘记及时取消；二是客人外出或已退房；三是客人可能发生了意外；四是其他情况。

当服务员发现房门有“请勿打扰”的标记或房间上了双锁时，应在工作单上做好记录，并注意观察，如客人取消“请勿打扰”标记，则按正常程序清扫房间。如房内有异常响动、异味飘出等情况，应立即报告楼层主管并与保安协同前往检查。如直至 14:00 仍有“请勿打扰”提示,应通知客房中心电话询问清扫时间,往门缝塞通知单提醒服务项目。如仍无回应,则应与楼层主管一起敲门进房,以免发生意外而无人知晓。如客人安全在房,应礼貌沟通,一般都能取得理解。

(4) 其他客房的清扫。

①长住房:由于长住房客人的生活起居有一定的规律,所以清扫时间应与客人协商。

②准备退房:当日预期结账离店的客房,如果客人没有特别需求,一般等客人退房后再安排清扫。

2. 遵循客房清扫的一般原则

为保证客房清扫整理工作合理、高效,客房服务员在清扫过程中要遵循以下几点基本原则:

(1) 从上到下。例如,用抹布擦拭灰尘时应采取从上到下的顺序,先擦高处的物品,再擦低处的物品。这样,既可避免重复劳动,同时又提高了工作效率。

(2) 从里到外。进行地毯吸尘和卫生间地面擦拭时应采用从里到外的方法。

(3) 先铺后抹。先铺床再抹尘。

(4) 环形清理。清扫客房时,应按同方向的顺序从左到右或从右到左环形进行,以免重复或遗留。

(5) 干湿分开。擦拭不同家具设备及物品的抹布,必须严格区分使用。例如,房间的灯具、电器、镜子等处只能使用干抹布抹尘,可用半湿抹布擦拭家具等处。

(七) 进入房间

客房清扫时,进房程序如表 2-6 所示。

表 2-6 进房程序

步骤	标准	注意事项
1. 记录	进门前须记录进房时间	此项工作不能事后补做
2. 仪容标准	身体站直、面带微笑;目光平视,表情自然	进入房门前,略微整理头发和制服
3. 进门:三敲二报	用手指关节第一次敲门,敲三下,自报一次身份:“House keeping./您好,服务员。”3 秒后,第二次敲门,再敲三下(此次敲门后不用再报身份),3 秒后,开门至 30 厘米后,第三次敲门,敲三下,再重复:“House keeping./您好,服务员。”再轻轻推开房门,进入房间	每次敲门后,都需要仔细听房间内是否有声音,做到注意力集中
4. 进门:礼貌招呼	如有客人,应打招呼,并征询是否可以打扫	—
	如果客人暂时不需要打扫,则礼貌致歉,退出客房,在工作单备注中记录	

图 2-4　敲门进房

图 2-5 准备工作

二、不同类型的客房清洁整理——“我当班表现如何”

客房的清洁整理又称做房。为了使清洁整理工作能有条不紊地进行，同时避免不必要的体力消耗和意外事故的发生，客房服务员应根据房间的不同状态，严格按照做房的程序和方法进行清扫，使之达到酒店规定的质量标准。

(一) 走客房的清扫整理

走客房需要彻底检查、全面清扫整理。根据走客房清扫程序及要求，首先分别介绍三个重要清扫环节的具体操作规范。

走客房清扫环节一：做床

做床，也叫铺床。由于各酒店要求不同，铺床的方法多种多样，按照方法的不同，可分为西式做床和中式做床。

1. 西式做床

西式做床，是用床单加毛毯在床垫上包边包角，再加盖床罩的一种铺床方式。

这种铺床方式的特点是：线条突出，造型规范，标准统一，平整美观，而且便于客房管理者检查。

西式铺床也存在着不足：一是不方便。由于床单和毛毯包边包角扣紧压在床垫上，睡觉时要使劲将床单拉出来，用脚使劲蹬，才能睡进去，给客人带来了不必要的麻烦。二是毛毯和床罩不能经常换洗，容易沾染灰垢和细菌。三是服务员做床较费时间，影响工作效率。

目前，绝大部分酒店取消了西式做床的方法，采用中式做床法。

(1) 做床的准备。

①物品准备。铺床前要准备好床上用品。西式做床床上物品的数量和品种如表2-7所示。

表 2-7　西式做床床上物品一览表

序号	品种	数量	备注
1	褥垫	1床	—
2	床单	3条	—
3	毛毯	1条	—
4	枕芯	2只	—
5	枕套	2只	—
6	床罩	1条	—
7	薄棉被	1床	备用

②做床准备。

a. 撤床：将枕套拆下，毛毯、床单拉出来，把毛毯连叠三道，放在沙发或椅子上；撤下应换的床单和枕套，放进工作车的布草袋，同时从工作车上将干净、熨烫平整的床单、枕套拿进房间，放在软座椅或写字台上。

b. 拉床：站在距床尾 20 厘米处，右脚向前伸出半步，弯腰用双手抬起床尾，顺势将床体向后拉开 30～50 厘米，服务员可以站在床头处做床。如果床体和床头是连在一起的，服务员可以将床垫拉出 20 厘米，并站在床尾做床。

c. 整理床垫：观察褥垫，如果褥垫有污渍，则需更换；如无污渍，则整理平整，同时将床垫和床架对齐。

(2) 西式做床操作要领。(如表 2-8)

①铺一单：包括甩单、定位、包边角三个环节。

a. 甩单：站在床头或床尾中间，打开床单，注意床单正面朝上。一手抓住床单头，另一手抖开床单，并甩到床尾，看好中线，双手抓住边线，用拇指、小指和其余三指夹住床单头，利用腕力和臂力的结合，将床单向上向外甩开，再下压排出空气，一次到位。甩单时用力要得当，用力过大，会影响床单的定位；用力过小，床单甩不开，也会影响定位。

b. 定位：在甩开的床单下降瞬间，服务员要目测中线和前、后距离，控制床单使其落在比较理想的位置，然后稍加整理，将床单定在“中线居中，两侧均衡”的准确位置上。

c. 包边角：床单定位后，须将四边长于床垫的部分塞入床垫下，然后将四个角包折起来。包边时先从做床位置开始，把床头(或床边)的多余床单塞入床垫下，在床角处取 90°角。包角的方法是：把床垫稍微抬起，在床角处折成 90°角包好，要求拉紧包严，床面平挺无皱纹，包好后的床垫应使折线居中，边线拉直，床面挺括，四角牢固，两侧平整无皱纹。

②铺二单：甩单与铺一单的方法相同，但床单正面朝下，要求中线居中，与一单中线相重叠，二单靠床头部分拉到盖过床垫 25 厘米的位置。

③铺毛毯：二单铺平后，盖上毛毯，毛毯商标朝上，并落在床尾位置，中线居中，床两侧的下垂部分相等，毛毯头齐平床头。

④铺护单：与铺一单和二单的方法相同，床头部分与毛毯齐平。

⑤包边角：将长于床垫部分的二单翻起压住毛毯及护单 25 厘米，再将二单、毛毯及护单掀起往前翻折 25 厘米，从床头起，依次将二单、毛毯及护单一起塞进床垫下，床尾两角成直角。

⑥装枕芯：把枕芯装入枕套，具体包括装芯、定位和整形三个主要环节。

a. 装芯：折叠着的枕套打开后，把枕芯纵向对折，用右手抓住枕芯三分之一处，轻轻塞入已打开的枕套开口处，塞实枕套两角，然后顺势边捋枕套边退出右手，整理枕套开口处。注意用力均匀，不要使枕芯变形、枕套歪斜。

b. 定位：把枕头横放在床头居中位置，开口朝下，压在毛毯的约三分之一处，中线与毛毯的中折线重叠，枕头的外沿平行于床头外沿。如果卧室里有一张床，枕头开口朝向床头柜；如果卧室里有两张床，则床上枕头开口同时反向于床头柜放置。

c. 整形:把枕头拍打松软,拍打时动作要轻,同时将枕套捋平、枕角拉挺。整形后的枕头应是四角饱满、枕横面稍隆,成弧形,有松软挺括之感。

⑦盖床罩:床铺加罩,一方面是为了保护床上的卧具,另一方面是为了美观。其操作分为定位、罩枕、打枕线三个环节。

a. 定位:服务员站在床尾中间位置,打开床罩,将床罩尾部定位于床尾,使床罩的折线居中,两侧下垂部分相等。

b. 罩枕:服务员走到床头处,站在床头中间位置,把床罩拉直,盖住枕头,床罩外沿齐平枕头。

c. 打枕线:先将部分床罩掖进两个枕头之间,再将床罩的多余部分掖进床和枕头之间,最后将枕头两侧的部分折好,压平,拉挺,注意压出枕线来。

⑧床复原位:将做好的床推回原位。

表 2-8　西式做床程序与标准

程　序	标　准
1. 拉床	弯腰、用力拉床,使床离开床头板 30～50 厘米
2. 整理床垫	(1) 清除床面杂物(毛发)等 (2) 将床垫、褥垫整理好
3. 铺一单	(1) 将叠好的床单拿到床上,注意翻看正反面 (2) 站在床头,甩单,一次到位 (3) 不偏离中心线,正面向上 (4) 铺好的床单无皱褶
4. 包边角	(1) 将床单四边掖进床垫下 (2) 在床角处取 90°角包好,要求四角角度一致 (3) 包边包角后,床单无皱褶
5. 铺二单	(1) 将叠好的二单拿床上,注意正反面 (2) 甩单:与铺一单方法一样 (3) 中线居中,与一单中线重叠,反面朝上 (4) 二单多出床头 25 厘米即可
6. 铺毛毯	(1) 将毛毯甩开一次到位 (2) 不偏离中心线 (3) 毛毯商标在床尾右下方 (4) 毛毯齐平床头
7. 铺护单	(1) 将叠好的床单拿到床上,注意翻看正反面 (2) 站在床头,甩单,一次到位 (3) 不偏离中心线,正面向上 (4) 铺好的床单无皱褶,与床头齐平
8. 包边角	(1) 将二单反折于毛毯和护单之上 25～30 厘米 (2) 再将二单、毛毯及护单掀起往前翻折 25 厘米一齐包进床垫下 (3) 在床尾处取 90°角包好

续表

程　序	标　准
9. 装枕芯	(1) 将枕套抖开平放在床上 (2) 将平整饱满的枕芯对折,右手抓住枕芯三分之一处 (3) 左手将枕套口从中缝处提起,使开口分开,把枕芯装进枕套,整理好 (4) 将枕头放至床头正中间,枕头外沿不超过床头外沿,注意开口朝向
10. 盖床罩	(1) 站在床位中间位置,将床罩定位好 (2) 罩枕:服务员走到床头处,站在床头中间位置,把床罩拉直,盖住枕头,床罩外沿齐平枕头外沿 (3) 打枕线:先将部分床罩掖进两个枕头之间,再将床罩的多余部分掖进床和枕头之间,最后将枕头两侧的部分折好,压平,拉挺,注意压出枕线来 (4) 床尾两角垂直、挺括 (5) 床面平整美观
11. 床复原位	将铺好的床推回原位

(3) 西式做床的要求。(如表 2-9)

表 2-9　西式做床的要求和标准

要　求	标　准
三次甩单力均匀	甩开垫单、盖单、护单时用力均匀
两次包角紧而平	垫单包四角、盖被包两角,要拉紧压平
四理床面平而挺	垫单、盖单、护单、毛毯、床罩要保持床面的服帖、平整、挺括
五线重叠定位准	垫单、盖单、护单、毛毯、床罩的折线相叠、位置居中
操作时间	竞赛标准:2 分 30 秒;考核标准:3 分钟

2. 中式做床

中式做床,即按照我国传统的风俗习惯配备和整理床铺,是近几年在星级酒店重新兴起的铺床方法。中式铺床取消了床单和毛毯包边包角的方法,将套好棉芯的被套直接铺在床上,客人把被子一掀,就可以入睡,非常方便。所以,其优点一是便于客人入睡时进被窝,符合人性化管理的要求并具有民族特点;二是由于被套是一客一换洗,也很卫生;三是中式铺床方便操作,可以提高服务员的工作效率,节约酒店的人力。

(1) 做床的准备。

①物品准备:准备物品如表 2-10 所示。

表 2-10　中式做床床上物品一览表
(以单人床为例)

序号	品种	数量	备注
1	褥垫	1 床	—
2	床单	1 条	—
3	枕芯	2 只	—
4	枕套	2 只	—
5	薄棉被	1 床	冬季为羽绒被
6	被罩	1 床	—

②做床准备。

a. 撤床：将枕套卸下，被罩拆下，把枕芯和薄棉被放到座椅上；撤下的床单和被罩，放进工作车的布草袋，同时从工作车上将干净、熨烫平整的床单、枕套、被罩拿进房间，放在座椅或写字台上。

b. 拉床：同前面西式做床。

c. 整理床垫：同前面西式做床。

（2）中式做床操作要领。（如表2－11）

①铺床单：包括甩单、定位、包边角三个环节。

a. 甩单：同前面西式做床。

b. 定位：同前面西式做床。

c. 包边角：同前面西式做床。

②套被罩：将熨烫平整的被罩伸展开，然后用左手卡住棉被一头两角，右手固定被罩，把棉被从被罩开口处徐徐送入，将两角塞实定位；再反方向用同样的方法将棉被的另一头放入被罩，要注意把四角塞充实，被罩和棉被要平整，形成一体。

③铺被子、打枕线：将罩好的棉被铺平，床头部分反折一个枕头的宽度。

④装枕芯：装枕芯即把枕芯装入枕套，具体包括装芯、定位和整形三个主要环节。

a. 装枕芯：同前面西式做床。

b. 定位：同前面西式做床。

c. 整形：同前面西式做床。

⑤床复原位：将做好的床推回原位。

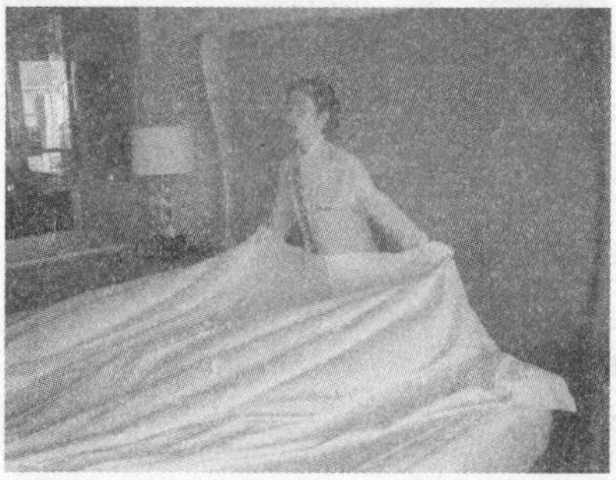

打床单

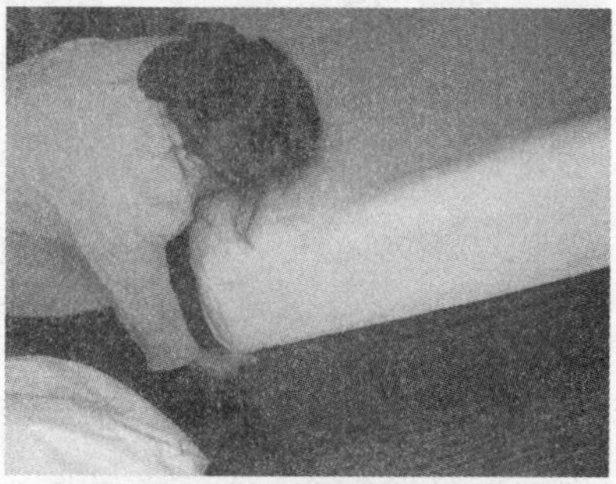

包边角

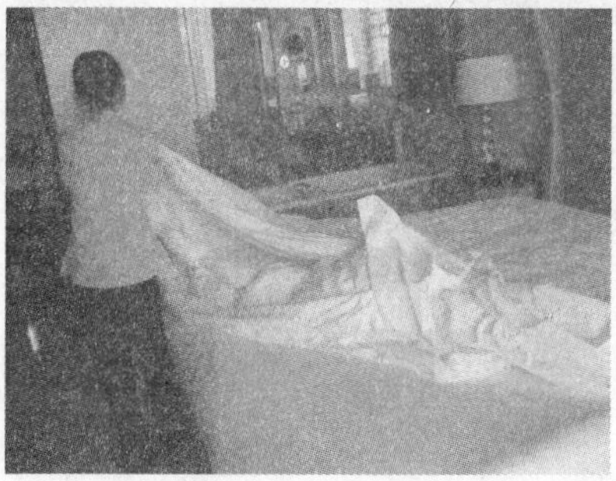

套被罩

打枕线

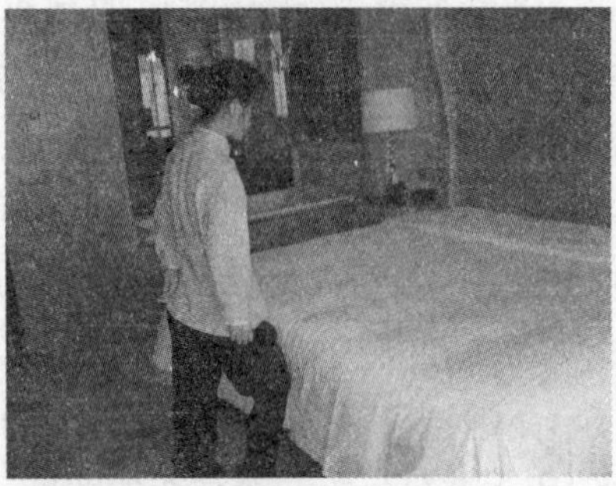

床复位

折被角

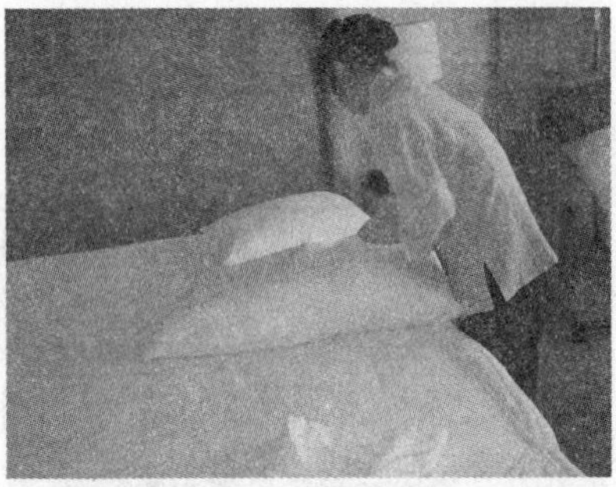

套枕套

放枕头

图 2-6　中式做床部分环节示意图

表 2-11　中式做床程序与标准

程　序	标　准
1. 拉床	弯腰、用力拉床，使床离开床头板 30～50 厘米
2. 清理床垫	(1) 清除床面杂物(毛发)等 (2) 将床垫、褥垫整理好
3. 铺床单	(1) 将叠好的床单拿到床上，注意翻看正反面 (2) 站在床头，甩单，一次到位 (3) 不偏离中心线，正面向上 (4) 铺好的床单无皱褶
4. 包边角	(1) 将床单四边掖进床垫下 (2) 在床角处取 90°角包好，要求四角角度一致 (3) 包边包角后，床单无皱褶
5. 套被罩	(1) 将干净的被罩套在被子上 (2) 要求四角饱满 (3) 将套好被罩的被子铺在床上，整理平整

续表

程　序	标　准
6. 打枕线	(1) 将被头反折 30 厘米(一个枕头的宽度) (2) 要求平整无皱褶
7. 装枕芯	(1) 将枕套抖开平放在床上 (2) 将平整饱满的枕芯对折,右手抓住枕芯的两边(两半部) (3) 左手将枕套口从中缝处提起,使开口分开,两手合力将枕芯装进枕套 (4) 将枕头放至床头正中间,开口反向于床头柜
8. 床复原位	将铺好的床推回原位

(3) 中式做床的要求。(如表 2-12)

表 2-12　中式做床的要求和标准

要　求	标　准
移动	床头移至床尾时三步到位
不跑动	只走三面不绕床(床头尾及站位一侧)
违例动作	跪地(应屈膝下蹲);跪床(抛单、抛毯时应避免膝盖顶碰床垫、手按床垫或在床面上抹平整)
操作时间	竞赛标准:2 分 30 秒;考核标准:3 分钟

3. 做床训练中应注意的问题

(1) 注意操作站位。

一般惯例操作中只走三面,即床头、床尾和其中一侧。一侧的选择有两种可能:一种是近床头柜一侧;一种是近墙一侧(窗墙或靠卫生间墙)。实际操作中,应优先选近墙一侧行走,否则的话,在床头与床侧之间的床头柜将造成操作时的"跨栏动作",既不方便又易绊倒或碰脏床单。只有在房间面积过小,房间内有两张床,铺靠卫生间墙一张床时,因床、墙之间距离过小无法操作,则站在两床之间的过道上,即近床头柜一侧进行操作。

(2) 注意动作的规范。

操作中常出现以下一些不规范动作:抛单时膝盖顶床垫、抛单前缺抖单动作、包边时侧面手塞、为了平整手抹床面、手按床、腿跪床、跪地、绕床跑等,这些动作不仅影响操作形象,也会造成做床质量下降、速度减慢。在训练中应事先预防、及时发现、严格要求、耐心纠正,强调动作的规范性,不允许以上动作出现。

(3) 注意训练中的综合利用。

铺床操作训练不应该是单一孤立的内容和项目,可以把相关的内容融会训练。如:撤床时,学会床单、枕套、毛毯、床罩的常规折叠方法和竞赛时允许的技巧折法;撤床时,训练做夜床的方法,要求学生撤走床罩后,先练习做夜床,夜床做完检查合格后再把床撤掉重铺。

(4) 注意良好习惯的培养。

铺床的教学、训练不仅要教会学生一种技能,同时也应让学生在学习过程中注意一些良好习惯的养成。如操作中动作简洁、不重复、不琐碎;不慌乱、忙中不急、有条不紊;动作幅度不宜过大;注意姿势的优美、自然、有礼貌,应考虑到在酒店实际操作时客人有可能在房内。

(5) 注意学生综合素质的培养。

铺床的训练劳动强度大,体力消耗大,重复训练又易产生枯燥无趣的感觉,所以训练中必须同时注意培养学生吃苦耐劳、不厌其烦的良好素质。另外,清扫客房,每天正常的工作量仅铺床一项至少 20 张以上,清扫程序中还有其他的项目要求去完成。这样比较,课堂上的训练是远没有达到工作时的强度的。

走客房清扫环节二:卧室清扫

1. 卧室清扫程序"十字诀"

表 2-13 走客房卧室清扫程序"十字诀"

程　序	做　法
1. 开	开门、开灯、开空调、开窗帘、开玻璃窗
2. 收	收拾烟灰缸、纸篓和垃圾(包括地面的大垃圾)
3. 撤	撤出用过的茶水具、玻璃杯、脏布件。如果有客人用过的餐具也一并撤走
4. 做	做床
5. 擦	擦家具设备及用品
6. 查	查看家具用品有无损坏,配备物品有无短缺,客人物品有无遗留,要边擦拭边检查
7. 添	添补房间客用品、宣传品和经消毒的茶水具
8. 吸	地毯吸尘由里到外,同时对清扫完毕的卫生间地面吸尘
9. 关(观)	观察房间清洁整理后的整体效果;关玻璃窗、关纱帘、关空调、关灯、关门
10. 登	在"服务员工作日报表"上做好登记

2. 卧室清扫的具体操作规范

(1) 按照酒店规定的进入客房的规范开门进房。

将房门完全打开(可用顶门器把门支好),直到该房间清扫完毕。开门打扫卫生的意义有三点:①表示该客房正在清扫。②防止意外事故的发生。③有利于房间的通风换气。

(2) 检查灯具。

将房间里所有的灯具开关打开,检查灯具是否正常。检查后随手将灯关上,只留清洁用灯。一旦发现灯泡损坏,应立即通知维修人员前来更换。

(3) 拉开窗帘、打开玻璃窗。

拉开窗帘时应检查帘子是否有脱钩和损坏情况。打开玻璃窗,必要时应打开空调,加大通风量,保证室内空气的清新,同时检查空调开关是否正常。

(4) 观察室内情况。

主要是检查客人是否有遗留物品和房内设备用品有无丢失和损坏，以便及时报告领班。

(5) 清理烟灰缸和垃圾。

①将烟灰缸里的烟灰倒入指定的垃圾桶内，在浴室内洗净，用布擦干、擦净。注意不要有未熄灭的烟头，也不能将烟头等脏物倒入便器内，以免便器堵塞。

②收拾桌面和地面的垃圾及尖硬物品，将其放进垃圾桶或纸篓中。

③清理纸篓(垃圾桶)。为了防止火灾，减少荷载，纸篓一般用不锈钢材料制成。倒纸篓时，可先检查纸篓内有无贵重的东西，若有，则不要倒掉。在清理纸篓时，如发现有电池、刮胡刀片或碎玻璃片等锐利废弃物，应及时单独处理。

(6) 撤走用品。

①撤走房内用膳的桌、盘、杯、碟等。

②撤走用过的茶水具、玻璃杯。

③撤走用过的床单、枕套、被罩等，把脏布件放进清洁车内。

温馨提示

a. 在撤床单时，要抖动几次，确认里面无衣物或其他物品。

b. 若发现床单、褥垫等有破损及受污情况，应立即报告领班。

c. 注意不要把布件扔在地毯或楼面走道上。

d. 收去脏布件，放进布草袋后，带入相应数量的干净布件，放置在椅子上。

(7) 铺床。

铺床操作具体标准程序见前文。

(8) 擦拭灰尘，检查设备。

从房门开始，按环形路线依次把房间各种家具、用品抹干净，不漏擦。在除尘中记住需要补充的客用品和宣传品数量，并检查设备是否正常。注意擦拭墙脚线。

①房门。房门应从上到下、由内而外抹净，把窥视镜、防火通道图擦干净，看门锁是否灵活，“请勿打扰”牌、“早餐”牌有无污迹。

②风口和走廊灯。风口和走廊灯一般定期擦拭。擦走廊灯时应注意使用干抹布。

③壁柜。擦拭壁柜要仔细，抹净衣架、挂衣棍，把整个壁柜擦净。检查衣架、衣刷和鞋拔子是否齐全。

④酒柜。擦拭酒柜要仔细，需把整个酒柜擦净。

⑤行李架(柜)。擦净行李架(柜)内外，包括挡板。

⑥写字、化妆台。

a. 擦拭写字台抽屉应逐个拉开擦。如果抽屉仅有浮尘，则可用干抹布“干擦”。同时，检查洗衣袋、洗衣单及礼品袋(手拎袋)有无短缺。

b. 从上到下擦净镜框、台面、梳妆凳，注意对桌脚和凳腿的擦拭。可用半湿抹布除尘。

c. 擦拭梳妆镜面要用一块湿润的和一块干的抹布，操作时要注意安全。擦拭完毕，站在镜子侧面检查，镜面不得有布毛、手印和灰尘等。

d. 擦拭台灯和镜灯时，应用干布，切勿用湿布抹尘。如果台灯线露在写字台外围，要将其收好，尽量隐蔽起来。

e. 检查写字台物品及服务夹内物品，如有短缺或破旧，应添补或调换。

⑦电视机。用干抹布擦净电视机外壳和底座的灰尘，然后打开开关，检查电视机有无图像，频道选用是否准确，颜色

是否适度。如有电视机柜则应从上到下、由里向外擦净。

⑧地灯。用干抹布抹净灯泡、灯罩和灯架。注意收拾好电线，将灯罩接缝朝墙。

⑨窗台。先用湿抹布，然后再用干抹布擦拭干净。推拉式玻璃窗的滑槽如有沙粒，可用刷子加以清除，最后将玻璃窗和窗帘左右拉动一遍。

⑩沙发、茶几。擦拭沙发时，可用干抹布掸去灰尘，注意经常清理沙发背后与沙发垫缝隙之间的脏物。先用湿抹布擦去茶几上的污迹，然后用干抹布擦干净，保持茶几的光洁度。

⑪床头挡板。用干抹布擦拭床头灯泡、灯罩、灯架和床头挡板，切忌用湿抹布擦拭。

⑫床头柜。

a. 检查床头柜各种开关，如有故障，立即通知维修。

b. 调整好床头柜的电子钟。

c. 擦拭电话机时，首先用耳朵听有无忙音，然后用湿抹布抹去话筒灰尘及污垢，用医用酒精棉球擦拭话机。

d. 检查放在床头柜的服务用品是否齐全，是否有污迹或被客人用过。

⑬装饰画。先用湿抹布擦拭画框，然后再用干抹布擦拭画面，摆正挂画。如果服务员身高不够，需要借助他物以增高，应注意垫一层干净的抹布或脱鞋操作，防止弄脏他物。

⑭空调开关。用干抹布擦去空调开关上的灰尘。

(9) 按酒店规定的数量和摆放规格添补客用品和宣传品。

①用干净的托盘将已消毒的茶水具、玻璃杯等用具摆放至房间中。

②更换添补的物品均应无水迹或脏迹。

(10) 清洁卫生间。

按卫生间的清扫程序操作。

(11) 吸尘。

吸尘按地毯表层毛的倾倒方向进行，由里向外；梳妆凳、沙发下，窗帘后、门后均要吸到；拉好纱帘，关好玻璃窗，调整好家具摆件；用吸尘器吸干净卫生间地面残留的尘埃。

(12) 自我检查。

服务员离开客房之前要自我检查和回顾一遍，看是否漏放，家具摆放是否正确，床是否美观，窗帘是否拉到位等等，如发现漏项应及时补做。

(13) 关掉空调和所有灯具，然后将房门锁好。

(14) 登记客房清洁整理情况。

每间客房清扫完成后，要认真填写清扫时进出客房的时间，所用布件、服务用品、文具用品的使用和补充情况，以及需要维修的项目等。

走客房清扫环节三：卫生间清扫

卫生间是客人沐浴、梳洗化妆的场所，其中不少设备用品都要与客人的皮肤直接接触，所以，卫生间是客人特别注意的区域。

1. 卫生间清扫“十字诀”

表 2－14　卫生间清扫程序“十字诀”

程序	做法
1. 开	开灯、开换气扇
2. 冲	放水冲恭桶，滴入清洁剂
3. 收	收走客人用过的毛巾、洗浴用品和垃圾

续表

程序	做法
4. 洗	清洁浴缸、墙面、脸盆和抽水恭桶
5. 擦	擦干卫生间所有设备和墙面
6. 消	对卫生间各个部位进行消毒
7. 添	添补卫生间的棉织品和消耗品
8. 刷	刷洗卫生间地面
9. 吸	用吸尘器对地面吸尘
10. 关(观)	观察和检查卫生间工作无误后即关灯并把门虚掩;将待修项目记下上报

2. 卫生间清扫的具体操作规范

(1) 开亮浴室的灯,打开换气扇,将清洁工具箱放进卫生间。有的酒店还在卫生间入口处放一块毛毡,防止将卫生间的水带入卧室。

(2) 放水冲净恭桶,然后在抽水恭桶的清水中倒入酒店规定数量的恭桶清洁剂。注意不要将清洁剂直接倒在釉面上,否则会损伤恭桶的釉面。倒入清洁剂是为下一步彻底清洁恭桶提供方便,因为恭桶清洁剂要浸泡数分钟后方能发挥效用。

(3) 取走用过的“四巾”放入清洁车上的布草袋。

(4) 收走卫生间用过的消耗品,清理纸篓垃圾,注意收走皂碟内的香皂。

(5) 将烟灰倒入指定的垃圾桶内。烟灰缸上如有污迹,可用海绵块蘸少许清洁剂去除(烟灰缸的清理也可与卧室烟灰缸一并进行)。

(6) 清洁脸盆和化妆台。

①用百洁布蘸上清洁剂将台面、脸盆清洁,然后用清水刷净,用布擦干。

②用海绵块蘸少许中性清洁剂擦除脸盆不锈钢件的皂垢、水斑,然后用干布擦干、擦亮。

(7) 将毛巾架、浴巾架、卫生间服务用品的托盘、吹风机、电话分机、卫生纸架等擦净,并检查是否有故障。

(8) 擦干镜面。可在镜面上喷少许玻璃清洁剂,然后用干抹布擦亮。

(9) 清洁浴缸和墙面。

①将浴缸旋塞关闭,放少量热水和清洁剂,用百洁布从墙面到浴缸里外彻底清刷;开启浴缸活塞,放走污水,然后打开水龙头,让温水射向墙壁及浴缸(可配备一条2米多长的塑料管冲水用)冲净污水,此时可将浴帘放入浴缸加以清洁;最后把墙面、浴缸、浴帘用干布擦干。

②浴缸内如放置有橡胶防滑垫,则应视其脏污程度用相应浓度的清洁剂刷洗,然后用清水洗净,最后可用一块大抹布裹住垫子卷干。

③擦洗墙面时,也可采取另外一种方法,即先将用过的脚巾放入浴缸,然后用蘸上中性清洁剂的海绵或抹布清洁浴缸内侧的墙面,随后立即抹干。

④用海绵块蘸少许中性清洁剂擦除镀铬金属件,包括开关、龙头、浴帘杆等上的皂垢、水斑,并随即用干抹布擦干、擦亮。

⑤注意清洁并擦干墙面与浴缸接缝处,以免发霉。

⑥注意清洁浴缸的外侧。

⑦清洁金属件时,注意不要使用酸性清洁剂,以免“烧坏”电镀表层。

⑧留意对浴缸缝隙的清洁,必要时可用牙刷刷净。

⑨清洁浴缸应由上至下。

(10) 清洁恭桶。

①用恭桶刷清洁恭桶内部并用清水冲净,要注意对抽水恭桶的出水孔和入水孔的清刷。

②用中性清洁剂清洁抽水恭桶水箱、座沿盖子的内外及外侧底座等。

③用专用的干布将抽水恭桶擦干。

④清洁浴缸、恭桶的干、湿抹布应严格区别使用,禁止用“四巾”(指客用方巾、面巾、地巾、浴巾)做抹布。

(11) 对卫生间各个部位进行消毒。卫生间消毒的方法有多种,无论选用哪种方法,都必须对卫生间进行严格消毒。

①客人退房后,服务员的第一项工作就是卫生间消毒。

a. 用2%～3%的来苏水擦拭消毒。

b. 用84消毒剂进行擦拭消毒。消毒完毕,要紧闭门窗约两个小时,然后进行房间通风。显然,这种方法只适合于酒店的淡季或搞计划卫生的时候。

②擦拭完卫生间卫生洁具后,将含有溶剂的消毒剂装在高压喷罐中,进行喷洒消毒。不少酒店使用的“杰雪”消毒剂,喷洒几分钟后,即可达到消毒的目的,又不会留下任何水迹和残渍。

③在清洁剂中加入适量的消毒剂,或者采用杀菌去污剂,以达到清洁、消毒的双重目的。此种方法操作比较简便,但消毒剂的腐蚀性和有毒性会对人体造成损害,故必须小心使用并注意防护。最后,还必须清洁和擦干所有痕迹和残留的余渣,以免损伤客人的肌肤。

(12) 补充卫生间的用品。在规定的位置摆放好“四巾”和浴皂、香皂、牙具、浴帽、浴液、洗发液、梳子、面巾纸、卫生卷纸及卫生袋等日用品。走客房的客用品必须全部更新,为下一位客人提供全新的住宿条件。

(13) 把浴帘拉好,一般拉出1/3即可。

(14) 清洁脸盆下的排水管。

(15) 从里到外边退边擦净地面。如有必要,可用百洁布和一定比例的清洁剂清刷,用净水冲洗,特别注意对地漏处的清刷,最后擦干地面。

(16) 吸尘。为了适应住店客人日益重视卫生间清洁卫生的需求,特别是满足特殊客人的需要,不少酒店在抹净地面后,还特别用吸尘器对地面吸尘,以保证卫生间不留一丝线头、毛发和残渣。

(17) 环视卫生间和房间,检查是否有漏项和不符合规范的地方,然后带走所有的清洁工具,将卫生间门半虚掩,关上浴室灯。

3. 清洁卫生间注意事项

(1) 清洁卫生间时必须注意不同项目使用不同的清洁工具和清洁剂,绝不能一块抹布抹到底。

(2) 卫生间的清洁卫生一定要做到:整洁、干燥、无异味、无毛发、无污迹、无皂迹和无水迹。

(3) 对于浴缸的旋塞,必要时可以取出来清洁。清洁时,需彻底冲洗滤网,重新安上旋塞时,要拧紧。清洁脸盆活塞也如此做。

(4) 可在卫生间金属上涂上一层薄蜡,以免因脏水溅污而产生锈斑。

(5) 清洁卫生间必须配备合适的清洁工具和清洁用品,要了解如何使用清洁剂和消毒剂,以便有效地进行清洁工作。

表 2 - 15　走客房清扫完整标准程序

步　骤	程　序	注意事项
1. 准备	检查工作车上客用品及工具是否齐全	—
	清扫工具放置在工作车上	
2. 敲门入房	按进房程序	—
3. 填写时间	在客房服务员工作单上填写进房时间	—
4. 打开窗帘，开窗并检查	将内窗帘和遮光帘全部打开，让光线照射进来	—
	开窗通风	
	检查一下窗帘和窗钩是否完好	
5. 恭桶消毒	先放水，抽清恭桶	检查是否堵塞，水箱是否漏水
	将清洁剂倒入恭桶同时等待药剂反应	
6. 闻异味	如房内有异味，除开窗通风外，应立即找出异味源将其清除，必要时可喷洒一些空气清香剂	—
7. 检查电器	检查并关闭所有电器	电视机：1 频道，音量 10 空调：冬季 23 ℃，夏季 26 ℃
	如有电器损坏，即向主管报告并记录在工作单上	
	查完恢复设定标准，并立即关闭	
8. 收垃圾	在房内按顺时针方向走一遍，将垃圾捡到垃圾桶内	客人可能有用，未丢入垃圾桶的物品（包括书写过的便笺、通讯录等） OC 房摆放在办公桌上 VD 房作为遗留物品处理
	将烟缸带到卫生间，用水熄灭烟头后，再倒入垃圾袋中	
	将垃圾桶内的垃圾倒入工作车的垃圾袋中	
	擦净垃圾桶内外圈，套上新的垃圾袋	
9. 收杯子	将房内使用过的杯子收到工作车上	如杯中有茶叶或其他物件不得倒入恭桶内，以免堵塞
10. 撤布件	撤床单枕套（按做床程序操作）	注意检查，如有破损做好记录
	撤卫生间四巾	抖动布草，避免垃圾和遗留物品混入
11. 做床	按做床程序操作	—
12. 抹尘	按房间内摆设的家具以顺时针方向由上至下，由左至右，由内至外的操作	—
	要求无灰、无污迹、无水迹，物品及家具定位按标准摆放	
	抹灰时抹布干、湿分开（镜子、电视机屏幕、灯泡、灯罩、床头板用干抹布，其余的用湿的）	
	调整装饰画角度	

续表

步　骤	程　序	注意事项
13. 补房间用品	按酒店客房用品摆放标准补充	—
14. 清洗淋浴房	将淋浴房内玻璃、墙面、擦洗干净，要求无水迹、污迹、毛发	指定抹布
	洗净地砖，擦干	
	同时检查下水道是否通畅，水龙头是否关紧	
	将淋浴房门关闭	
15. 洗烟缸	洗净、擦干	注意槽口清洁
16. 洗台面	用清洁剂擦洗面池及台面，再用清水洗净	—
17. 擦镜子	按镜子清洁程序操作	—
18. 洗恭桶	用恭桶刷将恭桶内擦洗冲净 将恭桶外部从水箱开始由上至下，由里到外地用指定抹布擦干净（要求无水迹、污迹、毛发）	—
19. 抹灰	由上至下，由里到外包括台面、墙面、花瓶、开关面板	—
20. 抛光	抛亮所有镀镍金属件及不锈钢	—
21. 补充用品及巾类	清洁一次性用品盒外部和内部，无污渍，水迹，毛发	注意底部
	按标准补充卫生间用品，如香皂、浴帽、牙具、梳子等	—
	卫生纸按要求折角定位	
	补充巾类，按标准折叠定位	
22. 清洁卫生间地砖	用湿布将卫生间地砖由里至外，由上到下的擦净，要求无毛发、水迹、污迹	用指定抹布
23. 虚掩门	将卫生间门关至30°角	—
24. 清洁房间地板（地毯客房见下一步）	先将房内地板垃圾清扫干净	—
	用半湿抹布（20%）擦除小面积污渍卫生间地面抹布	—
	从窗下开始由里至外，用毛巾拖将地板擦净	—
25. 吸尘	先将房内地毯垃圾清扫干净	—
	从内到外，按地毯顺毛方向吸尘，逐步退到房门处	按吸尘器使用程序
	吸硬地时将吸刷毛头放下	—
26. 最后一分钟检查	环视客房，检查遗留工具、物品摆放、清洁状态、电器关闭、灯光设置、收取取电牌等	—

续表

步　骤	程　序	注意事项
27. 进门灯设置	廊灯位开启状态，其余电器都处于关闭状态	—
28. 关门	关门后再次推门，确保房门关闭，锁上	—
29. 填写工作单	出房时间、所耗物料等	—

（二）住客房的清扫整理

住客房的清扫整理工作，不仅包括单纯的客房清扫整理工作，还需要进行客房小整理和开夜床服务。

1. 住客房清洁

住客房清洁的程序大致与走客房相同，但要注意以下几点：

（1）客人在房间。

①进入客房前先按门铃或敲门，若客人在房间，应礼貌问好，主动征求意见，得到允许后方可进房进行清扫。

②如果客人暂不同意清理客房，将客房号码和客人要求清扫的时间写在工作表上。

③清扫时将客人的文件、杂志、书报稍加整理，但不能弄错位置，更不准翻看。

④除放在纸篓里的东西外，即使是放在地上的物品也只能替客人做简单的整理，千万不要自行处理。

⑤客人放在床上或搭在椅子上的衣服，如不整齐，可挂到衣柜里；睡衣、内衣也要挂好或叠好放在床上。女宾住的客房更需小心，不要轻易动其衣物。

⑥擦壁柜时，只搞表面卫生即可，但注意不要将客人衣物搞乱，弄脏。

⑦擦拭行李架时，一般不挪动客人行李，只擦去浮尘即可。

⑧对女性用的化妆品，只需稍加整理，但不要挪动位置，即使用完的化妆品也不得将空瓶或包装盒扔掉。

⑨不要触摸客人的照相机、计算机、笔记本或钱包之类的物品，以免引起不必要的麻烦。

⑩客房如需要更换热水，注意水温不低于 90 度，新的水瓶注意擦拭干净。如使用电热水器，则应换新水，以免产生水垢。

⑪客房整理完毕，客人在客房时，要向客人表示谢意，然后退后一步，再转身离开客房，轻轻将房门关上。

（2）客人中途回房。

在清扫工作中，遇到客人中途回房，要主动与客人打招呼，征求客人意见，以确定是否可以继续清扫。若未获允许，应立即离开房间，待客人外出后继续进行。若客人同意，应快速把房间清扫干净。

（3）房间电话。

为了表示对客人的尊重以及避免一些不必要的误会和麻烦，在清扫客房时，即使电话铃响，也不应接听。

（4）损坏客人物品。

在清扫住客房时，如果不小心损坏了客人的物品，服务员应及时报告主管，并主动向客人赔礼道歉。若是贵重物品，应由主管陪同前往，征求客人意见，如果客人要求赔偿,应根据具体情况,由客房部出面予以赔偿。

服务员在清洁保养客房时特别要注意遵循以下几项规定:

①清扫工作以不干扰客人为准。

②养成进房前先思索的习惯。

③养成进房前先敲门通报的习惯。

④养成开门作业的习惯。

⑤讲究职业道德,尊重客人的生活习惯。

⑥厉行节约,注意环境保护。

请思考如下案例:

重要的便笺

某四星级酒店,实习生小张正在清扫一间客房。她收垃圾时,看到床头柜上有一张揉成一团的便笺纸,认为是客人不要的废纸,就顺手丢进了垃圾袋中。此房间整理完毕后,她就去整理其他房间了。一会儿,那个房间的客人回房了,急匆匆地找到小张问:"服务员,你有没有看到一张小纸条?小纸条上有电话号码。"

小张一听就傻眼了,问道:"您的电话号码是不是在床头便笺纸上写的?"客人说:"我记得好像是在床头柜那儿。"

"对不起,我马上去找。"小张边说边来到工作车的垃圾袋旁,翻了半天,总算找回了客人记有电话号码的小便笺。

经此事后,小张懂得了客房内无论是什么东西,哪怕是张小纸片,只要是客人的东西,都要保存好,不能随便扔进垃圾袋,否则不仅会引起投诉,而且会给客人带来很大的麻烦。

点评:清洁住客房时,客房服务员对属于客人的一切东西,只能是稍加整理,不能随意挪动位置,更不能将客人的东西自做主张进行处理,哪怕是空瓶、空盒,只要客人没有扔进垃圾袋中,就要谨慎对待。"细微之处见功夫",养成细心负责的工作作风,认真按规范去操作,才能保持酒店的服务水准,避免此类事情的发生。

2. 客房小整理

小整理服务是对住客房而言的,它可以体现酒店的优质服务,目的是让外出回房的客人有一种清洁舒适的感觉,对酒店留下良好的印象。

小整理服务包括:更换卫生间用过的"四巾"、杯具等;刷洗客人用过的浴缸、面盆、马桶;清洁垃圾杂物;按规范整理客人睡过的床,但不必换床单;将家具摆放的位置复原,把衣柜门关好,拉好窗帘;VIP 客房的香皂,应予以更换;清点耗用的迷你吧酒水,并做好记录。

3. 开夜床服务

开夜床服务,也就是夜床的整理服务,也叫"做夜床",又称"晚间服务"。

(1) 夜床服务的意义。

夜床服务的内容包括做夜床、房间整理、卫生间整理三项任务,是一种高雅而亲切的对客服务形式。其意义主要有三点:①做夜床以便客人休息。②整理环境,使客人感到舒适温馨。③表示对客人的欢迎和礼遇规格。

(2) 夜床服务操作程序。

夜床服务通常在 18:00 以后开始,也可在客人到餐厅用餐时进行。

①进门:进客房要敲门或按门铃,并通报自己的身份和目的——夜床服务(turn down service)。如果客人在房内,则应经客人同意方可进入,并礼貌地

向客人道晚安；如果客人不需要开夜床，服务员应在夜床表上做好登记。

②开灯，并将空调开到合适的刻度上。

③拉上窗帘：轻轻地拉上遮光帘和第二道窗帘。

④开床。

a. 将靠近床头一边的被角向上反折成45度以方便客人就寝。

b. 拍松枕头并将其摆正，如有睡衣，应叠好放置于枕头上。

c. 按酒店规定，在床头或枕头上放上鲜花、晚安卡、早餐牌或小礼品等。

d. 开夜床时，如一人住单间，则开有电话的床头柜一侧；一人住双人间，则一般开临近卫生间靠床头柜一侧；如二人住大床间，则两边都开；二人住双床间，则各自开靠床头柜的一侧。（如图2-7、图2-8）

e. 将拖鞋摆放在开夜床折口处的地面上。

f. 清理烟灰缸、桌面和倒垃圾，如有用膳餐具也一并撤除。

g. 将酒店提供的浴衣摊开在床尾。

h. 如有加床，则在这时打开整理好。

图 2-7　双人床开夜床

图 2-8　单人床开夜床

⑤整理卫生间。

a. 抽水恭桶放水。

b. 脸盆、浴缸如使用过，应重新擦洗干净。

c. 将地巾铺在浴缸外侧的地面上。

d. 将浴帘放入浴缸内，并拉出1/3，以示意客人淋浴应将浴帘拉上并放入浴缸内，避免淋浴的水溅到地面。

e. 将用过的毛巾收去并换上干净的毛巾，也可将用过的毛巾按规定整理后摆好。如有加床，增添一份客用品。

⑥检视一遍卫生间及房间。

⑦除夜灯和廊灯外，关掉所有的灯并关上房门。如果客人在房内，不用关灯，向客人道别后退出房间，轻轻将房门关上。

⑧在开夜床报表上登记。（如表2-16）

(3) 夜床服务注意事项。

①夜床服务的提供与否按酒店的档次和经营成本而定。

②VIP客房必须提供夜床服务。

③有些酒店利用开夜床宣传酒店的其他服务设施，如将洗衣袋、擦鞋袋等放在床上，鼓励客人使用洗衣、擦鞋服务或将电视节目单翻到当日页数，以方便客人阅读和收视，将早餐卡放于客人枕头上，提醒客人用客房送餐服务等等。

表 2-16　客房夜床服务报告单

楼层：　　　　　　　日期：　　　　　　　客房服务员：

房号	房态	人数	清扫时间	备注	房号	房态	人数	清扫时间	备注
01					09				
02					10				
03					11				
04					12				
05					13				
06					14				
07									
08									
房态：V：空房　CO：走客房　OC：住客房　OOO：维修房　R：预抵房　LSG：长住户　H：保留房　DND：请勿打扰　VIP：贵宾　GI：客人在房间　EXBD：加床									

（三）VIP 房的清洁整理

贵宾是酒店的重要客人。贵宾房的清洁整理程序要求与住客房基本相同，要特别注意的是：

①要合理安排清洁整理的时间，基本原则是及时、方便、不打扰客人。

②房间清扫要特别仔细，保证客房处于最佳状态。

③为体现对贵宾的接待规格，酒店通常要求贵宾离房一次，服务员要及时清洁整理一次客房，保证客房始终处于清洁、整齐、美观的状态。

④每天须更换贵宾房的床单、枕套、被套、毛巾等棉织物，及时更换和补充客用消耗品。一些高级别的贵宾房要求做到用过即换，以此来体现对宾客的高规格礼遇。

⑤客房内增配和馈赠的物品，要按酒店贵宾接待规格补充摆放。

⑥特别重要的贵宾，客房清扫整理要安排专人负责。

⑦平时应多征求贵宾的意见，贵宾提出的房间清扫整理要求尽量给予满足。

（四）长包房的清洁整理

一般的酒店都会有一些长包房，这部分客房一类用作公寓，一类用作其他用途，如当办公室用。长包房客人大多为国内外的商务客人，他们的起居生活通常有一定的规律性，因此，服务员要善于观察，提供个性化的服务。长包房何时清扫、如何清扫，需按酒店有关协议做。清洁整理长包房时需特别注意以下事项：

①清扫时间最好与客人协商，尽量安排在客人不在房内的时间。

②房内用品摆放要兼顾长住客的爱好、习惯。

③清扫时尽量不要动用客人物品及办公设备，谨慎处理房内垃圾。

④根据酒店与长住客所属公司签订

的合同要求，为其提供客房用品和饮料。

⑤房间常用的办公用品要配备齐全。

⑥床上用品及卫生间的毛巾等，按有关合同的规定和要求进行更换和补充。

⑦注意收集客人的信息资料，提供个性化的服务。

⑧注意客人有无违反协议和酒店的有关规定，发现问题及时上报。

（五）空房的整理

空房的整理虽然较为简单，但必须每天进行，以保持良好的状况。

①每天进房开窗、开空调，通风换气。

②用干抹布擦去家具、设备及物品上的浮尘。

③每天将浴缸和洗脸盆的冷热水及恭桶的水放流 1～2 分钟。

④如果房间连续几天为空房，则要用吸尘器吸尘一次。

⑤检查房间有无异常情况，检查浴室内“四巾”是否因干燥而失去弹性和柔软度，必要时，要在客人入住前更换。

【任务拓展】

进入一间客房，房间状态是这样的：有一台手提电脑和打印机放在咖啡桌上，书桌上有很多较凌乱的文件，书桌下有很多卷成团的面巾纸，没有开冷气，电视机上有客人的身份证，床头柜上有四瓶开了口但没喝完的啤酒和一份精美的礼品，服务员小王清理完房间后让客人非常感动。

小组讨论分析，小王清洁整理房间时，她做了些什么？哪些细节做得让客人感动？

【任务反馈】

总体而言，客房清洁保养应达到三个基本要求：凡是客人看到的，必须是整洁美观的；凡是客人接触使用的，必须是清洁卫生的；凡是提供给客人使用的，必须是安全有效的。

客房清洁卫生标准要做到“十无、六净”，什么是“十无、六净”？

释疑：“十无”为四壁无灰尘、蜘蛛网；地面无杂物、纸屑、果皮；床单、被套、枕套表面无污迹和破损；卫生间清洁，无异味；金属把手无污锈；家具无污渍；灯具无灰尘、破损；茶具、冷水具无污痕；楼面整洁，无“六害”（指老鼠、蚊子、苍蝇、蟑螂、臭虫、蚂蚁的危害）；房间卫生无死角。“六净”为四壁净、地面净、家具净、床上净、卫生洁具净、物品净。

任务二　客房专项清洁保养

——保养好“他们”是我的必备本领

【任务目标】

掌握客房专项清洁保养的技能和技巧；能够按程序和标准独立完成客房各个周期的计划卫生项目；能清洁保养家具、电器设备和卫生洁具。

【案例聚焦】

床垫为什么会响

客人打电话到前台进行投诉，说酒店的床让他一整晚都睡不着，稍一翻身就有响声……

当班主管接到投诉后，立即到房间进行调查，客人对此非常生气，认为酒店完全背离自己“天天睡好觉”的说法，并要求换房……床垫为什么会响呢？

给客人换房后，主管检查了床垫，发现床垫与床板之间产生了移位，客人稍一翻身，床板与床垫摩擦就发出了响声……主管立刻意识到是昨天安排做床底大清洁和床垫翻转后，服务人员没有把床垫归位，而主管查房也忽略了，于是……

从上面案例中，你认为在完成计划卫生时，主管和服务员应该如何避免此现象发生？

【任务执行】

由于客房部楼层服务员日常工作量都比较大，不可能每天将客房的每一个角落和细节都彻底清扫干净，如天花板、高处的灯具、门窗、玻璃等处。此外，一些地方也没有必要每天都进行清扫，如恭桶水箱里部、空调出风口等，这些地方通常列入客房专项清洁保养项目，重视并做好此项工作，可以提高客房清洁保养水准，保证客房设备处于良好的状态。

客房专项清洁保养也称为客房计划卫生，是指在日常客房清洁的基础上，拟定一个周期性清洁计划，针对客房中平时不易或不必进行清洁的项目，采取定期循环的方式做彻底的清洁保养工作的客房卫生管理制度。通常由楼层领班或主管制订计划，客房服务员实施执行。

一、确定客房专项清洁保养的项目

客房部管理人员需根据酒店设备设施的配备情况、清洁保养的要求和客房出租率等情况，确定客房专项清洁保养的项目。（如表 2－17）

表 2－17　某酒店计划清洁保养项目

序　号	项　目	周　期	注意事项
1	客房墙面清洁	7 天	可用抹布沾稀释的清洁剂擦拭污迹
2	电话消毒	7 天	清洁剂、酒精不要滴入电话内
3	卫生间灯具清洁	7 天	注意对灯具的水迹与小垃圾的清除
4	客房玻璃窗清洁(内面)	15 天	清洁、明亮，注意安全
5	客房窗帘架清洁	15 天	清洁、无污渍、无蜘蛛网，注意安全
6	客房床底清洁	15 天	打扫 VD 房时，必须清除床底杂物
7	分体空调清洁	15 天	注意安全
8	卫生间顶面、墙面清洁	15 天	注意对墙砖缝的清洁
9	卫生间排风口清洁	15 天	注意对排风效果的检查
10	清洁电线与电源座	15 天	一定要在断电的情况下进行清洁
11	客房玻璃窗清洁(外面)	30 天	清洁、明亮，注意安全
12	客房顶面清洁	30 天	清洁、无污迹、无蜘蛛网
13	客房床垫清洁	30 天	铺床时同时进行
14	客房顶灯和壁灯清洁	30 天	明亮、无灰、灯罩内无垃圾
15	分体空调过滤网清洁	30 天	清洗、晾干后方可放回
16	卫生间地漏喷药消毒去味	30 天	经常往地漏内浇灌热水

续表

序 号	项 目	周 期	注意事项
17	恭桶水箱	30天	清洁时注意将水箱盖放置在安全的地方
18	浴帘	30天	按客房数备用5%的浴帘，每月循环清洁一次
19	客房窗帘清洗	90天	注意安全、保管好窗帘钩
20	客房家具打蜡保养	90天	将家具蜡均匀地喷洒在抹布上，擦拭家具
21	客房床垫周期性翻转	90天	做好床垫标记，每季度第一月完成
22	卫生间金属饰面上光保养	90天	不能用带钢丝的百洁布擦拭
23	客房地毯清洗保养	90天	发现污渍及时清洁，严重渍迹要做去渍处理

二、客房专项清洁保养工作的安排

计划卫生周期分为每周、月、季度、半年、全年。

每周、月、每季度和半年的计划卫生由部门主管安排，由领班协助落实并分配到个人，并进行逐项检查。全年计划的计划卫生由部门经理安排，由主管协助落实并分配到领班，并进行逐项检查。

三、客房计划卫生具体实施细则

(一)日常计划卫生

地毯局部污渍处理→壁纸脏迹处理→浴帘更换→防滑垫清洁→检查洗发水

(二)周计划卫生

1. 马桶水箱清洁

(1) 将马桶水箱盖放于大理石台面上。

(2) 用牙刷刷水箱内壁及水箱底部，必要时用全能清洁剂，然后放水冲刷。

(3) 小心刷洗，不要损坏内部机件。

2. 电话消毒

工具：白抹布、酒精。

方法：将少许酒精倒在抹布上，擦拭话筒及话机。

3. 冰箱除霜

方法：将冰箱温挡拧到“0”处，四小时后冰霜融化，用干抹布将水擦拭干净，将饮料按标准归位。

4. 卫生间地面、地漏、马桶底座清洁

5. 家具上蜡

将家具蜡喷在抹布上，均匀擦拭家具表面。

6. 地漏喷药

(三)月计划卫生

1. 卫生间排风扇

2. 空调出风口及回风口

3. 窗槽、窗框、窗玻璃

4. 家具移位、床底地毯吸尘

5. 筒灯、灯具的灯口、电器的电线

6. 顶棚盖板

用干抹布擦拭表面灰尘。

7. 家具后、沙发边角、地毯吸尘，地脚线抹尘

8. 热水壶

将热水壶撤到工作间操作；将去锈灵倒至热水壶三分之一处，盖上壶盖晃动，使溶液充分作用；将去锈灵倒出，用清水反复冲刷热水壶，至无异味止；冲刷时注意壶底不要沾水；去锈灵可反复使用。

9. 冰箱清洁

（四）季度计划卫生

①床垫翻转每个季度第一个星期一完成，翻转顺序为：

第一季度床尾右侧 W 字样。

第二季度将床垫从右面向左翻转 180 度，床尾左侧 M 字样。

第三季度将床垫从床头向床尾翻转 180 度，床尾左侧 W 字样。

第四季度将床垫从左向右翻转 180 度，床尾右侧 M 字样。

每年每季度按此重复循环交替。

②床裙拆洗，将床裙撤出送洗衣房洗涤、熨烫。

③根据地毯的颜色深浅、污染程度进行地毯干洗。

④壁纸吸尘。

（五）半年计划卫生

①纱帘拆洗。②护垫拆洗。③沙发清洗。

（六）年计划卫生

①厚窗帘清洗。②地毯抽洗。

四、客房专项清洁保养的操作

（一）客房卧室家具保养操作

1. 床的清洁与保养

床架各部分的活动走轮和定向轮由于使用频繁，一旦出现脱落和破损，应及时报修和更换。

2. 床垫（席梦思）的保养与清洁方法

（1）加铺一床保护垫在床垫上，注意用松紧带将褥子固定在床垫上，否则褥子在铺床时容易滑动，给操作带来困难，褥子脏时更换即可。

（2）定期翻转床垫。视床垫使用状况和年限，每季度或半年翻转一次，使床垫各处压力和磨损相同，避免凹凸或倾斜。

（3）经常检查床垫弹簧的"固定钮"是否脱落，如果脱落，弹簧会移动，必须及时报修，否则床垫损坏，客人睡觉时就会不舒服。

（4）若发现床垫四周边上有积尘，及时用小扫帚清除。

（5）在客房使用率低时，用吸尘器清洁床垫。

3. 沙发的保养与清洁

（1）沙发的清洁。

①准备毛刷、沙发机、低泡清洁剂、地毯除渍剂、喷壶、吹风机。

②低泡清洁剂按 1∶10 至 1∶20 的比例兑水，装入喷壶。

③对沙发上的污点用除渍剂清洁。

④将喷壶内的清洁剂均匀地喷在沙发上，喷上后等 3～5 分钟，待药剂与污渍产生反应。

⑤用牙刷刷洗沙发扶手、坐垫、沙发脚部。

⑥将沙发机清洗箱内装水，接通电源，用温水抽吸并把水吸干。

⑦开启机器。先开吸喷水开关。

⑧手握吸水扒头，紧贴椅面，一边喷水、一边吸水，进行抽洗，反复抽洗 3～4 次，最后一至三装饰铁件只吸不喷，洗后确保无污渍、无斑点。

⑨放好吹风机，将吹风机开到最大挡，吹干沙发。

（2）沙发的保养。

①沙发面层有污点时，及时用清洁剂去渍。

②经常翻转沙发坐垫，以保证坐垫受力均匀。

③经常对沙发吸尘，以保持其清洁。

④不能在沙发坐垫上踩跳，否则会损坏坐垫内的弹簧。

4. 木质家具的保养与清洁

客房中用的最多的家具是木质家具，如写字台、书桌等。木质家具由于木材本身具有的特点，如易燃，容易变形、腐朽，质地结构不均匀，各方面强度不一致等，所以在家具使用时均应根据其特性，注意加以保养与清洁。

(1) 防潮。

如果室内长期不通风，特别是潮气较重的房间，木质家具受潮后容易变形，开胶和掉漆，因此家具放置一般要距墙5～10 厘米，并要注意经常通风换气，平时注意不要把受潮的物品，如毛巾、衣服等搭放在木质家具上，擦拭家具的抹布不能带水，只能用软质的干布轻轻擦拭，才能保证家具的光洁度。

(2) 防水。

清扫房间时，见到水迹要及时擦干，若沾上难以擦拭的污垢，可用抹布蘸少许多功能清洁剂或少许牙膏擦拭，然后用湿润的抹布去除。

(3) 防热。

木制家具受阳光暴晒容易收缩，所以应避免烈日暴晒。

(4) 防虫蛀。

壁柜、抽屉底层内宜放些防虫香或喷洒防虫剂，以防虫蛀。竹制家具常用花椒水擦可以防止虫蛀。

(5) 定期打蜡上光。

使用时间较长的家具会失去光泽，因此必须定期打蜡上光。保养的办法是将蜡倒些在家具表面或布上擦拭一遍，约 15 分钟后重复一次。第一遍在家具表面形成一层保护层，第二遍即可达到上光的效果。

(二)客房电器设备的清洁保养

1.电冰箱的清洁保养

电冰箱应放在通风干燥、温度适中的地方，其背面和侧面应距离墙壁10 厘米以上，以保证空气自然对流并使电冰箱能够更好地散热，切忌将电冰箱放在靠近暖气管、有热源或阳光直射或易受水浸、发潮的地方。冰箱背面温度较高，切勿将电源贴近，此时电源线应避免卷束使用。电冰箱的门封胶边，尤其是门下面的胶边是容易弄脏的部位，要注意经常清洗干净，保持清洁，当冰箱门溅到水或弄污时，应及时用干布抹干，以免金属件生锈，冰箱在使用一段时间后，要注意定期清理内部，以免积存污物、滋生细菌。

2. 电视机的清洁保养

电视机要避免安在光线直射的位置，切忌暴晒，否则会使显示屏加速老化，机壳开裂；也不能放在潮湿的地方，要防止酸、碱气体侵蚀，引起金属件生锈，产生接触不良等毛病。在雨季，除应注意放置以外，最好每隔几天通电使用一段时间，利用工作时机器自身散发的热量驱潮。清扫客房时，每天应用干布擦去电视机外壳上的灰尘，应避免经常搬动。

3. 空调的清洁保养

要定期对鼓风机和导管进行清扫，每隔两至三个月清洗一次进风过滤网，以保证通风流畅，电动轴承转动部分，要定期加注润滑油。

(三)客房卫生间清洁保养

卫生间的周期性大清洁是指在每日

常规清洁的基础上有计划地定期对卫生间的墙面、门窗、天花板、隔板(隔墙)、灯具及通风设备等进行清洁。

1. 清洁程序

一般而言,应遵循从上至下的原则,即从天花板开始。

2. 清洁方法

清洁的操作方法与室内公共卫生相关部位的清洁方法相同,这里主要介绍隔板(隔墙)及通风设备的清洁。

(1) 清洁隔板(隔墙)。

①先装好两桶水,其中一桶放入适量的万能清洁剂。

②用铲刀、刀片轻轻刮掉隔板(隔墙)表面的污垢、脏渍。

③用抹布浸入放有清洁剂的水桶,拿起后用中等力度拧干,沿着板(墙)面从上往下擦抹。

④仍有污渍的地方,再用短柄刷刷洗。

⑤用另一条抹布浸透清水后,用中等力度拧干,彻底清抹一次。

⑥换清水后,将抹布浸透,用力拧干,再清抹一遍。

⑦用干地拖拖干地面。

(2) 清洁通风设备。

清洁通风设备就是清洁排气扇。清洁时应先关闭电源,如有擦拭不掉的污垢可用万能清洁剂擦拭干净,然后用干毛巾擦干水迹。

3. 清洁卫生间的注意事项

(1) 卫生洁具多为陶瓷制品,禁止使用碱性清洁剂,以免损伤瓷面。

(2) 卫生洁具容易破碎,清洁时不能用工具的坚硬部分碰撞它,也不能让重物从手中滑落到卫生器具上,以免破损。

(3) 使用洁厕水和其他刺激性清洁剂时,应戴橡胶手套,以防止损伤皮肤。

(4) 一旦发现卫生洁具或排水管道堵塞,应立即疏通。疏通时,应用湿布盖住地漏,以便形成真空而利于疏通;如果堵塞严重,应及时通知管道工疏通。

(5) 如果发现卫生洁具损坏,管道、阀门、龙头漏水,应及时通知管道工修理或更换。

(6) 由于清洁工作的疏漏或使用日久,卫生间的卫生洁具、墙身或地面极易积有粪垢、尿渍、水锈和污垢,故必须定期进行去污除垢工作,以保证卫生间保持良好的卫生状况。

五、做好检查记录工作

领班等根据本楼层专项清洁保养计划安排表进行监督、检查。客房服务中心根据专项清洁保养项目的完成情况,绘制成一览表,显示各楼层专项清洁保养工作完成状况,以引起各楼层管理人员的重视。(如表 2-18)

表 2-18 客房大清洁、计划卫生记录表

月份:

房号	大清洁	计划卫生							
		1	2	3	4	5	6	7	……
……									

注:每天大清洁、计划卫生结束记录在此表上。

【任务拓展】

演绎以下场景，讨论如何正确处理客房规范与客人需求的矛盾。

住在810房间的两位客人来自浙江温州，用完早餐后接到原定下午来商谈出口业务的某大公司副总经理的来电，因故欲将会谈改到上午进行。副总还有半个小时便要到达，面对乱七八糟的房间，客人希望服务员能尽快打扫。但这时服务车已停在801房外面，服务员已开始在那里做客房清洁工作。温州客人径直走上前去提出先去打扫810的要求。

服务员说："对不起，不能满足您的要求，我们每天打扫房间都必须按规定的程序进行。早上8点半开始打扫801房，先打扫单号房，然后才是双号房。打扫到810房，估计要10点左右。"

服务员表现如何？应该如何满足客人需求？

【任务反馈】

客房专项清洁保养是一项繁琐而复杂且技术性要求较高的工作，学生在今后工作中只有多动脑，多用心，多实践，虚心向岗位能手学习各项保养常识和技巧，才能达到客房周期性清洁保养要求，同时，由于工作中有很多高空和重力作业，更要注意自身的操作安全。

客房清洁常用的消毒方法有哪些？

释疑：客房清洁常用的消毒方法大致可以分为通风与日照消毒、物理消毒和化学消毒三大类。通风与日照消毒包括室外日光消毒、室内通风；物理消毒包括高温消毒、干热消毒；化学消毒包括浸泡消毒、擦拭消毒、喷洒消毒。

◆项目评价

【知识/技能评价】

①学生扮演客人角色身临酒店客房，感受客房的清洁卫生和舒适度，列出应从哪些方面去判断客房的清洁保养水平。

②作为一家淡旺季不是十分明显的商务型旅游酒店的客房部主管，你如何设计本部门的客房清扫顺序？请说明理由。

③以组为单位，设计一份客房计划卫生安排表，并简单介绍操作方法。

④请设计一份客房夜床服务的服务规程。

⑤客房清理前要做好哪些准备工作？

⑥请写出客房的房态(中英文)。

⑦试述客房木质家具的清洁与保养方法。

⑧与校外酒店联系，选择酒店淡季执行计划卫生的时机，组织学生分批到校外实训基地参与客房的专项清洁保养工作，教师进行实践考核。

【实训演练】

序号	项目名称	实训内容及要求	实训操作步骤
1	中、西式铺床	动作标准规范、熟练 不同铺床方式，正确配备不同的床上用品 床面平整、美观 安全操作、快速完成	准备好床上用品 准备好床具 操作实践，强化训练 计时 教师点评
2	布置房务工作车	客用物品摆放美观整齐、方便取用 清洁工具分区摆放 工作车整洁、完好、按规定摆放	领取客用物品和清洁工具 按规格摆放、布置房务工作车 教师检查和评定
3	不同类型客房清洁整理	操作程序标准规范 严格执行节能降耗要求 物品配备齐全、摆放正确 达到“十无六净”标准，确保客房清扫质量	联系校外实训基地 利用双休日、节假日、酒店入住高峰期，组织学生到酒店客房部实地操作练习 在真实的工作情境中锻炼 完成不同类型客房的清洁工作 客房部主管点评
4	客房实训室计划卫生清洁	计划卫生工作安排科学合理 能清洁保养家具、电器设备、卫生洁具 耐心细致、清洁干净 安全操作	制订计划卫生安排表 实训室现场操作 学生自查 教师检查

【项目链接】

解析酒店客房清洁的内涵

在对酒店客人的满意度产生影响的诸多因素中，干净整洁位列第一。而一家酒店是否干净，是否整洁并不是只看这家酒店的家具上面有没有灰尘，地上有无垃圾，还有更多的因素会影响到客人对酒店的洁净程度认识。具体包括以下几个方面：

1. 酒店客房的气味

客房的气味是衡量一家酒店是否洁净的首要标志。客房内既不允许有霉味，也不能有明显的香水味，气味浓烈刺鼻的空气清新剂很容易让客人产生恶心等反应，因此一定要谨慎使用。

2. 前一位住店客人留下的痕迹

入住一家酒店的客人绝对不希望在自己的房间里，看到任何会使他们联想到有人曾在此处居住过的物品。比如留在卫生间面盆和浴缸里以及卫生间地面上的毛发，走道里凌乱摆放的客房送餐盘，有污渍的地毯和布草等，这些都会令客人反感。

3. 酒店员工的态度和工作效率

一般来说，客人只要看见酒店的员工在不停地清扫公共区域，他们就会很自然地觉得这家酒店十分洁净。而且干净利落、着装整齐的员工本身也有助于提升客人对酒店整体洁净程度的印象。

4. 酒店设备的维护

客房里的每一件物品和设施设备在任何时候都要完好无损，而且维护得当。即使某个设施设备有故障，也应该在最短的时间内修好。否则，即使客房表面上再干净，客人还是会觉得不舒服，而使其满意度受到影响。

5. 酒店本身的历史

一家酒店的年代长短与这家酒店是否洁净也有联系，破损而且陈旧的客房家具和布草，也会传达出这家酒店不洁净的信息。

6. 客房的色调

吸引客人目光的色调也是客人对一家酒店的洁净程度产生重要印象的基础。一般而言，酒店的客人更喜欢米色和奶油色等中性颜色，而对于那些太亮或太深的颜色并不是十分感兴趣。

拓展路径

①利用课余时间在客房实训室练习做床服务技能。

②练习运用各种手填表格和电脑软件处理各种房态，掌握不同类型客房清洁整理标准和要求。

③分小组模拟演练进房程序。

项目三　公共区域清洁保养

◆项目目标

【行业要求】

能根据清洁保养要求选择和使用合适的清洁剂及清洁设备；掌握公共区域清洁的程序和标准，能够按清洁程序和标准完成各种材质墙面、地面的清洁保养工作。

【终极目标】

培养学生耐心细致的工作态度、吃苦耐劳的职业精神和规范的安全操作意识，使学生能做好公共区域的清洁保养工作、按工作计划安排工作以及控制成本的能力，为树立酒店良好的形象和提高酒店声誉奠定基础。

◆项目任务

酒店的公共区域每天有大量住店、用餐、购物、参观的客人驻足，公共区域卫生质量的好坏反映着酒店的精神面貌及管理水平，直接影响着宾客对酒店的整体评价，关系到酒店的整体声誉。同时，由于公共区域涉及的设施设备众多、投资大、技术性强，其清洁保养工作直接影响到酒店的正常运行和设施设备的使用寿命。所以，做好酒店公共区域的清洁保养工作，对树立酒店良好形象、提高公众美誉度、降低运行成本开支等具有重要意义。

任务一　公共区域卫生知识概要

【任务目标】

了解酒店公共区域的业务范围及清洁保养特点；掌握公共区域清洁工作程序和主要内容。

【案例聚焦】

卫生间怎么能弄得干净？

北京某家四星级酒店，其建筑外观还不错，设备也算得上齐全，在当地也算是个名流常来之地。

有一天，住在526房间的客人到餐厅就餐前，来到餐厅卫生间。他一进卫生间，一股难闻的异味扑鼻而来，令其作呕。他憋住气勉强方便后火速离开，然后便向服务员提意见。

谁知服务员回答说：“卫生间总会有臭味的，我们酒店人来人往，有些客人用过以后不冲水，有的人还不小心拉在地面上，怎么能弄得干净？”

这位客人听后很恼火，就去找酒店

部门经理投诉，谁知那位经理也是同样的话："卫生间总是有臭味的，你就将就一些吧！"

客人听后火冒三丈，他说："你们也算是家星级酒店，公共卫生竟搞成这个样子！我要向你们的上级单位反映，并且告诉熟人，出差时不要住你们酒店！"

【任务执行】

公共区域的整洁程度直接反映了酒店的管理水平，无论何种档次的酒店，对于公共区域卫生的忽视都会使客人感到不受尊重，给客人留下负面印象。下面我们就跟随公共区域主管熟悉公共区域的工作环境，并了解公共区域的业务范围、工作职责等。

一、公共区域的概念及业务范围

公共区域(Public Area，简称 PA)，是指公众共有共享的活动区域。酒店的公共区域可划分为店内和店外两个部分。(如表 3-1)

表 3-1　酒店公共区域的范围

公共区域划分		公共区域的范围
酒店公共区域	店外公共区域	酒店的外墙、花园、前后大门的广场及停车场等
	店内公共区域	前台公共区域专指宾客活动的场所，如大堂、电梯、休息室、康乐中心、游泳池、餐厅、舞厅、会议室、公共洗手间等
		后台公共区域是指酒店员工生活和工作的区域，如员工电梯、员工通道、员工更衣室、员工餐厅、员工娱乐室、员工阅览室、员工公寓等

二、公共区域清洁卫生的特点

(一) 客流量大，对酒店声誉影响大

酒店公共区域是人流交汇、活动频繁的地方。每天大量前来住店、进餐、游览的客人汇集于此，他们往往把对酒店公共区域的第一印象作为衡量整个酒店的标准。由此可见，酒店公共区域的卫生优劣对酒店声誉的影响非常大。

(二) 管辖范围广，工作内容繁杂琐碎

公共区域清洁卫生的范围涉及酒店上至天台，下至停车场的每一个角落。其清洁项目十分繁杂，服务人员工作地点分散，既有白班，也有夜班，清扫的工作量还受客流量的影响，所以清扫卫生的质量不易控制。因此，要求每一个员工具有较高的质量意识和工作自觉性。同时，管理人员应加强巡视和督促，才能保证公共卫生的质量。

(三) 专业性较强，技术含量较高

酒店公共区域的清洁保养工作，尤其是其中的一些专门性工作，与其他清洁保养工作相比，专业性较强，技术含量较高，工作中所需要使用的设备、工具、用品繁多，员工必须掌握比较全面的专业知识和熟练的操作技能才能胜任此项工作。

(四) 工作条件差，人员变动大

公共区域清洁卫生工作比较繁重，劳动条件和环境比较差，特别是酒店外围区域的工作，员工一年四季都在室外工作，无论是烈日当头还是风吹雨淋，都必须保质保量地完成工作，再加上世俗

的偏见，看不起这项工作。因此，不少服务员不愿意干，人员变动较大。

三、公共区域清洁工作程序和主要内容

(一) 公共区域清洁工作程序

1. 安排好清洁保养时间

公共区域是客人活动频繁的场所，在进行清洁保养前，应根据客人活动的时间规律，安排好不同区域的清洁保养时间，原则上不能影响客人的正常活动。

2. 领取工作钥匙和有关的工作报表

清扫前，服务员应先到领班处领取某些公共区域如餐厅、酒吧、商场、康乐场所、行政办公室等处的工作钥匙和有关的工作报表，同时应听取领班对当天工作任务的安排和要求。

3. 准备好清洁剂和清洁器具

清扫公共区域卫生前，先根据不同的清洁区域和清扫任务，准备好相应的清洁设备和各种清洁工具。

4. 做好公共区域场地的准备工作

清扫公共区域前，应根据清洁任务的不同要求，对场地做些准备工作，如地毯吸尘前，最好把家具先挪开，以确保吸尘效果。清洗地面前，应先把家具等搬开，等清洗完毕地面干燥后，再把家具等复位。若清洗地毯，应先除去地毯上的污渍。若清洗硬质地面，应先吸尘。

5. 展开公共区域清洁保养工作

按照各区域清洁要求和清洁时间的不同，展开清洁保养工作。

(二) 公共区域清洁工作的主要内容

①负责大厅、门前、花园、楼梯、电梯及酒店外围清洁卫生。

②负责餐厅、咖啡厅、宴会厅、舞厅等营业场所的清洁保养工作。

③负责酒店所有公共洗手间的清洁卫生。

④负责行政办公区域、员工通道、员工更衣室等员工使用区域的清洁卫生。

⑤负责酒店所有下水道、排水、排污等管道系统和垃圾房的清疏工作。

⑥负责酒店卫生防疫，除虫灭害工作。

⑦负责酒店内外的绿化美化工作。

四、公共区域卫生的质量控制

(一) 制定清洁卫生制度及标准

客房部应根据公共区域的卫生特点，制定相应的清洁卫生制度，以保证公共区域清洁卫生质量符合酒店标准要求。公共区域的清洁保养制度和标准，包括日常的清洁保养制度和分期清洁保养制度两个部分。

1. 日常清洁保养制度

根据各区域的实际特点，用文字列出所有责任区域的清扫项目及卫生要求，以此指导员工工作和作为管理者检查卫生与安排工作的依据。

①行政办公室：每日下班后清洁一次。

②员工更衣室：每日早中班各清洁一次。

③员工通道与员工电梯：每班清洁一次。

2. 分期清洁保养计划

分期清洁保养计划类似于客房的计划卫生，但公共区域范围广，各处的使用情况和环境要求不一样，所以分期清洁保

养计划应以片、区分列为宜。下面以某酒店的大厅清洁保养计划为例加以说明。(如表3-2)

表3-2 某酒店大厅清洁保养计划

清洁频次	清洁内容
每天	除尘、抛光,擦铜器、不锈钢设备,擦洗大门、台面玻璃,清除地面、墙面、座椅污渍,更换蹭鞋垫或地毯,花卉浇水与更换,电话机消毒,厅前地毯更换,家具上蜡等
每周	台面打蜡,电话间墙面清洁,门窗的框、槽、闭门器和地脚线清洁,百叶窗、门的清洗打蜡,天花板通风口清洁,花岗石地面的抛光、上蜡
每月	壁灯、台灯座等装饰物件的清洁打蜡,走廊吊灯和吸顶灯清洁,所有透明玻璃制品的彻底清洁(大吊灯除外),地毯的清洁
每季	沙发、座椅的清洗,帷帘与软墙体的清洗,大洗地毯

(二) 划片包干,责任落实到人

为了保证清洁保养计划的实施和便于检查,应将各项工作落实到早、中、晚3个班次,再根据工作量的大小确定各班次所需要的服务员人数,最后还要划片包干,责任落实到人。

(三) 加强巡视检查,保证质量

公共区域管理人员要加强巡视检查,同时要制定卫生检查标准和检查制度,以及制作相应的记录表格。客房部的管理人员也要对公共区域的清洁卫生进行定期或不定期的检查和抽查,才能保证公共卫生的质量。

公共区域管理人员的清洁卫生检查,白天应以检查清洁卫生质量,了解员工的工作状态和操作细节,包括是否正确使用清洁剂和清洁工具为重点,晚上则以督促工作为重点。因为在晚间灯光下,地面、玻璃及门柱等处是否光洁,是无法一目了然的。

【任务拓展】

分别参观两家星级酒店的公共区域,考察其公共区域的清洁保养状况,找出不足之处,提出改进意见。

【任务反馈】

优质的公共区域清洁保养水平,可以营造出酒店整洁、高雅、舒适、怡人的服务环境,不仅可以为宾客创造一个高品质的工作和生活场所,更能体现一个酒店管理专业化程度的高低,所以清洁保养工作的好坏直接影响着酒店的形象、氛围以及经济效益。

公共区域是客人活动频繁的场所,如何安排好清洁保养时间?

释疑:根据客人活动的时间规律,安排好不同区域的清洁保养时间,如日常清洁可在营业时或客人活动间隙进行,而彻底的清洁保养则应在营业时间结束后或基本无客人活动时进行。

任务二 认识清洁剂和清洁工具
——清洁保养离不开"他们"

【任务目标】

熟悉酒店常用的清洁剂和清洁设备的性能及用法;能根据不同区域选择和使用合适的清洁剂和清洁器具;能做好清洁剂的收发、保存、领取等日常管理工作。

【案例聚焦】

烧坏的电吹风

一天，上海某四星级酒店发生了这样一件事：一位香港旅行团的女宾在该酒店里使用一种意大利产的电吹风，把电吹风插头插在化妆台上方墙面的电源插座里。当她中途从卧室取了一样东西再回到卫生间时，原先还开动着的电吹风烧坏了，同时把化妆台木板面烧焦一块。于是她投诉这家酒店电源插座没有标明220 V，而她的电吹风只能接110 V，要求赔偿损坏电吹风的损失。酒店最后查明，清洁墙面时使用的一种酸性清洁剂具有较强的腐蚀剥落作用，将写有提示语的铭牌上的字迹剥蚀得模糊不清，又没引起服务人员的足够重视。酒店当即向客人赔礼道歉，并承担了客人的损失。此后酒店改用中性清洁剂来做墙面日常清洁。

【任务执行】

“工欲善其事，必先利其器”，清洁剂和清洁工具对酒店清洁保养工作的效率和效果有着直接的影响。因此，每一家酒店都应根据自身的规模等级、清洁保养要求及经费预算等情况，科学配置、合理使用清洁剂和清洁工具。

一、清洁剂

（一）清洁剂的种类及特性

清洁剂种类繁多，商业上规定：pH值为6～8的清洁剂为中性清洁剂，pH值小于6的为酸性清洁剂，pH值大于8的为碱性清洁剂。

1. 酸性清洁剂

酸性清洁剂通常为液体，也有少数为粉状。酸具有一定的杀菌除臭功能，且能中和尿碱、水泥等顽固斑垢，主要用于卫生间的清洁。同时，酸具有腐蚀性，也可用于除锈、去盐渍，但有些物品的清洁禁止使用酸性清洁剂，如地毯、木器和金属器皿等。酒店常用的酸性清洁剂主要有：

(1) 盐酸(pH＝1)，主要用于清除基建时留下的污垢，如水泥、石灰等，去垢效果较好。盐酸是易挥发性酸，腐蚀性很强，故只有在必要时方可使用，且不能过于频繁，用时戴好专用的塑胶手套、防护口罩，按说明书稀释后，用清洁工具进行清洁。使用后要冲洗干净，并妥善处理废弃物、容器，以免留下安全隐患。

(2) 草酸(pH＝2)，用途与盐酸、硫酸钠类似，清洁效果比硫酸钠强，腐蚀性也较强，使用时要特别注意安全，参照使用盐酸的注意事项。

(3) 硫酸钠(pH＝5)，能够与尿碱起中和反应，可用于卫生间马桶的清洁，但不能长期、大量使用。

(4) 马桶清洁剂(pH＝1～5)，主要用于清洁卫生间马桶、小便池、洗手盆等器具。使用时按说明书稀释，且必须倾倒在马桶和便池内的清水中，而不能直接倒在被清洁物表面，刷洗后用清水冲净。

(5) 消毒剂(pH＝5～9)，多数呈酸性，可用于卫生间消毒，也可用于杯具消毒，注意使用后用清水漂净。

2. 碱性清洁剂

酒店常用的碱性清洁剂主要有：

(1) 玻璃清洁剂(pH＝7～10)，一般呈中性或碱性，有桶装和高压喷灌装两种。前者类似多功能清洁剂，主要功能为除污斑，使用方法是对准污渍喷一下，然后用干布立即擦拭。后者内含挥发性溶剂、芳香剂等，可去除油垢，用后留有余香，同时还可在玻璃表面上留下透明保护膜，更有利于以后的清洁工作。

(2) 家具蜡(pH＝8～9)，有乳液、喷雾型、膏状等几种，具有清洁和上光双重功能，既可除去家具表面的油垢，又可形成透明保护膜，防静电、防霉。使用方法：倒适量家具蜡在干布或家具表面，擦拭一遍，15 分钟后用同样的方法再擦拭一次。

(3) 起蜡水(pH＝10～14)，呈强碱性，主要用于需再次打蜡的大理石和花岗岩等石质地面，可使陈蜡及脏垢浮起，然后达到除污功效。由于碱性较强，起蜡后的地面一定要用清水反复清洗才能再次上蜡。

3. 中性清洁剂

中性清洁剂有液体、粉状和膏状等几种类型。其性能温和，对物品的腐蚀、损伤很小，有时还可起到保护被清洁对象的作用，因此应用广泛。

酒店常用的中性清洁剂主要有：

(1) 多功能清洁剂(pH＝7～8)，略呈碱性，含有表面活性剂，可去除油垢，性质温和，对物体表面很少有损伤，可防止家具生霉，适用于日常清洁卫生，但对特殊污垢作用不大，不能用来洗涤地毯。

(2) 洗地毯剂(pH＝7～9)，一种专门用于洗涤地毯的中性清洁剂，根据其所含泡沫稳定剂的量，可分为高泡和低泡两种。前者用于干洗地毯，后者一般用于湿洗地毯。采用低泡洗地毯时，如用温水稀释，去污效果更好。

4. 溶剂

溶剂是挥发性极强的液体，常用于清除油污，挥发后不会留下痕迹，又能使怕水的清洁对象避免浸湿。

酒店常用的溶剂主要有：

(1) 地毯除渍剂，专门用于清除地毯上的特殊斑渍，对怕水的羊毛地毯尤为适合。一般有两种类型：一种专门用于清除油脂类脏斑，另一种专门用于清除果汁类色斑。使用时，用毛巾蘸上除渍剂，在脏渍处擦拭即可，要求发现脏斑必须及时擦除，否则效果不明显。

(2) 酒精，指药用酒精，主要用于电话消毒。

(3) 牵尘剂，用于浸泡尘拖，对大理石、木地板等免水拖地面的日常清洁和维护，除尘功效显著。

(4) 杀虫剂，通常为喷罐装杀虫剂，能杀死蚊、蝇和蟑螂等飞虫和爬虫。喷洒时注意切勿射向食物。

(5) 空气清洁剂，其中含有杀菌化学成分和香料，不但可以杀菌，喷洒后还香气四溢。使用时，要注意适量，香型选择要考虑适合大众习惯，以气味清淡为宜。

5. 上光剂

(1) 擦铜水，多呈糊状，主要作用是氧化掉铜制品表面的铜锈从而使铜制品光亮如新。但擦铜水只能用于纯铜制品，不能用于镀铜制品，因擦铜水会将镀层氧化掉。

(2) 金属上光剂，含轻微腐蚀剂、脂肪酸、溶剂和水。主要用于纯金属制品，如锁把、扶手、水龙头、浴帘杆等除锈去污和上光。

(3) 地面蜡，有固态、膏状和液体三种，又分为封蜡和面蜡。封蜡主要用于第一层底蜡，内含填充物，可堵塞地面表层的细孔，起到润滑作用。面蜡主要是打磨上光，增加地面的光洁度和反光强度，使之更为美观。

（二）清洁剂的使用

使用清洁剂能够有效清除或减少尘垢，延长物品使用寿命，美化物品外观，并能减轻清洁工作的难度，减少浪费，提高清洁保养工作的安全性。清洁剂的使用过程中应注意以下几点：

（1）浓缩液体清洁剂使用前必须严格按照使用说明书进行稀释。

（2）清洁剂经稀释后，最好装在高压气压瓶内通过挤压使用。

（3）培训服务员正确使用、放置清洁剂，并按规定程序进行操作。

（4）在通风良好的地方使用。

（5）切忌在有类似明火之处使用清洁剂，如探明灯或散热器。

（6）为确保使用安全，应配备相应的防护用具，如橡胶手套。

（7）平时应多做保养工作，尽量少做清洁工作。在物体不太脏时，使用适量的清洁剂，不仅省时省力，节约清洁剂，而且有益于对物体的保养，延长其使用寿命。切勿等到物体很“脏”时再用大量清洁剂，既花时间又费力，效果还不好，对物体损伤也大。

（三）清洁剂的储存

清洁剂须妥善存放。清洁剂有些是易燃易爆物，如高压罐装清洁剂、挥发溶剂，有些有腐蚀性，如强酸、强碱，储存不当会有一定的危险性。

（1）客房部应有专门的库房存放清洁剂，并由专人保管。

（2）一次性购入量不能太多，一般以一个月的使用量作库存较为适宜。稀释溶剂应按说明书妥善保管，以避免失火和事故危险的发生。

（3）易燃易爆物品及强酸、强碱清洁剂要贴有专门的标志，分类存放于铁柜中，钥匙上要有标注，并放在上锁的抽屉内。

（4）所有容器用防火笔或标签标明。

（5）必要时标明清洁剂的稀释比例。

（6）容器要摆放整齐，保持清洁。

（四）清洁剂的发放

合理分配和发放清洁剂，既要满足清洁需要，又能减少浪费和对物品的损坏。

（1）清洁剂的发放一般由领班专门负责，每天下班前作补充。

（2）定期进行盘点统计。

（3）用量大的清洁剂购回时多为大桶装浓液，分发时应严格按比例统一加以稀释。

（4）一些价格较高又较难控制的清洁剂如玻璃清洁剂、空气清新剂等要严格控制用量。发放时必须以空瓶换新瓶，以尽量避免流失，减少浪费。

（5）新型的清洁剂分配器可自动稀释清洁剂浓度，操作极为简单，既节省了人力，方便了员工，又减少了浪费。

二、清洁器具

（一）清洁器具的种类

酒店清洁器具可分为两类：一类是一般清洁器具，包括手工操作和不需要电机驱动的清洁器具，如抹布、扫帚、拖把、玻璃清洁器等；另一类是机器清洁器具，一般指需要经过电机驱动的器具，如吸尘器、吸水机、洗地机、洗地毯机、打蜡机等。

1. 一般清洁器具

(1) 抹布、刷子、扫帚、簸箕。抹布用于各种干、湿擦拭,除去物品表面的灰尘、污垢。刷子有很多种,如清理台面的台面刷、刷去织物污渍的毛刷、刷洗恭桶的马桶刷等。扫帚主要用于扫除酒店室外或后台区域的地面脏物。簸箕用于撮起集中的垃圾,最好使用提合式簸箕,美观方便,员工在保洁过程中可拉、可提,大大减小了劳动强度,既方便又卫生。

(2) 尘推。尘推主要用于光滑地面的清洁保养工作,通过尘推可将地面的沙砾、尘土带走,减少摩擦。尘推由尘推头和尘推架两部分组成,一个尘推架可以配备多个尘推头。

(3) 拖把、挤水器、地拖桶、地拖车。拖把主要用于清洁干燥平滑地面、去除地板上的轻质污物。与之相配套的器具有挤水器(如图3-1)、地拖桶和地拖车等。

图3-1 挤水器

(4) 玻璃清洁器。玻璃清洁器是客房服务员用于擦拭玻璃的工具,其操作方便,安全可靠,工作效率极高。

(5) 油灰刀。油灰刀主要用于去除黏附在地面上或其他地方的口香糖等难以清洁的污垢。

2. 机器清洁器具

机器清洁器具有三大优点:一是不污染环境,二是使用灵便,三是效率高。机器清洁器具主要有如下七种类型:

(1) 吸尘器。吸尘器是酒店日常清洁保养中不可缺少的清洁工具。它可以吸进其他清洁工具不能清除的灰尘,如缝隙、凹凸不平处、墙角等处的尘埃,而且吸尘器不会使灰尘扩散和飞扬,清洁程度和效果都比较理想。为便于不同区域的吸尘工作,一般酒店配备不同款式的吸尘器。

①直立式吸尘器。直立式吸尘器除了利用吸力外,还靠装在吸嘴内的一具马达推动的旋转震刷辅助吸尘。在清洁效能方面,此类吸尘器利用吸尘刷的旋转震动力,可将地毯的绒毛拨开,将深藏其中的尘屑、污垢、沙砾等吸走,因此适用于大面积的地毯吸尘。使用者操作时不用弯腰,非常方便。(如图3-2)

图3-2 直立式吸尘器

②吸力式吸尘器。此类吸尘器配有一个长喉管,用来连接各种配件,以配合不同工作的需要。适用于清理不太脏的地毯,对清理地板、家具、帘帐以及较薄的细软织物垫套效果较好。由于配有"扁身"吸管,有利于清理"矮脚"家具底下或其他狭窄的地方。(如图3-3)

图 3-3　吸力式吸尘器

图 3-4　干泡地毯机

图 3-5　地毯抽洗机

③背负式吸尘器。公共区域清洁工作人员面对的工作场所是各式各样的，有时候家具摆放较多，场地显得比较拥挤，这时候如果吸尘器必须依附地面工作的话，会给工作带来很大的不便，轻巧的背负式真空吸尘器很好地解决了这个问题，它可以用于清洁狭窄的区域，如梯子、大堂吧台的狭窄通道等。

④手持式吸尘器。这是目前体积最小、最轻便的一类吸尘器，集尘盒一般被集成于把手附近，使用者无须拖着笨重的长管子或地面机器，就可对地板、帘帐、橱窗、各种缝隙，甚至天花板角落、家具顶部等进行吸尘。手持式吸尘器又有有线和无线之分，无线的可充电后使用，更加方便不受限，但价格也更贵。

(2) 洗地毯机。洗地毯机可清洗纯羊毛、化纤、混纺及植物纤维等地毯。酒店通常选用干泡地毯机和地毯抽洗机。干泡洗法(使用干泡地毯机)适用于不是很脏的地毯，对地毯的损伤比较小，影响地毯使用的时间较短。抽洗法(使用地毯抽洗机)洗涤力较强，去污效果好，适用于清洗较脏的地毯。需要注意的是，洗地毯前要将地毯彻底吸尘和除渍才能达到良好的清洁效果。(如图 3-4、图 3-5)

(3) 吸水机。吸水机除吸水功能外，还可以与洗地毯机配套使用。用洗地毯机洗刷地毯后，地毯表面比较干净，但洗刷后的污水及残渣仍深藏在地毯根部，如不清理干净，地毯继续使用后容易造成脏污并失去弹性。吸水机一般装有两个真空泵，吸力较强，能彻底抽除地毯根部任何顽固的残渣，达到彻底清洁地毯的效果。(如图 3-6)

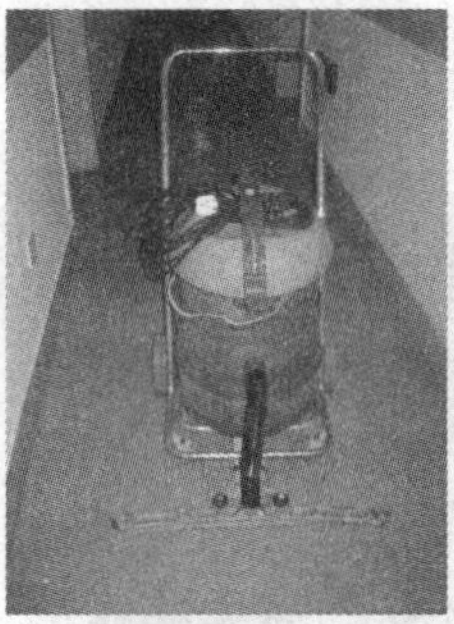

图 3-6　吸水机

图 3-7　洗地机

(4) 洗地机。洗地机又称擦地吸水机，它兼具洗地机和吸水机的功能和长处，可将擦洗地面的工作一步完成，适用于酒店的大厅、走廊、停车场等大面积的地方，是提高酒店清洁卫生水平不可缺少的工具之一。(如图 3-7)

(5) 高压喷水机。高压喷水机往往有冷热水两种设计，给水压力高达 2～

7MPa，一般用于垃圾房、外墙、停车场、游泳池等处的冲洗，也可加入清洁剂使用。附有加热器的喷水机水温可高达沸点以上，所以更适合于清除有油污的场所。（如图3－8）

（6）抛光机（打蜡机）。抛光机有单刷、双刷及三刷机，三种类型流行最广的是单刷机。（如图3－9）

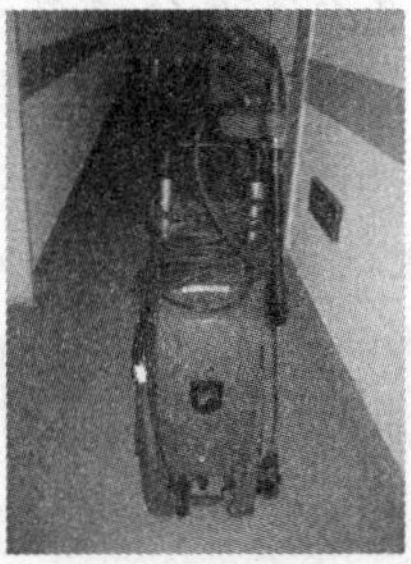
图3－8 高压喷水机

图3－9 抛光机

（7）吹风机。吹风机适用于地毯、地面等处吹干。

（二）清洁器具的使用与维护

1. 清洁器具的使用

（1）所有使用人员都必须经过操作培训，知道何时要用哪种清洁器具，并能正确操作、熟练使用。

（2）大型清洁设备必须由专人负责。

（3）清洁器具使用前后都应检查其是否处于完好状况，发现问题要及时处理，切不可带“病”操作。

（4）使用机器设备时，要强调安全操作的重要性，如使用警示牌、拉警示线等。

（5）购买新的清洁器具后，及时培训员工使用。

2. 清洁器具的维护

（1）凡投入使用的清洁器具都要落实使用和管理的责任人，遵循“谁使用谁负责”的原则。

（2）清洁器具必须要有良好的存放环境和严格的摆放要求。

（3）清洁设备使用后应进行全面的清洁及必要的保养，去除器具内部的污物，擦干净部件的水迹，必要时还要加润滑油、更换零件等。

（4）建立清洁器具定期检修制度，发现小毛病要及时处理。

（5）按规定进行必要的维修保养。

【任务拓展】

①在老师的指导下，学生正确识别并使用清洁剂和清洁器具，完成实训场地一般性清洁工作。

②教师组织学生到校外实训基地参观，认识一些大型清洁器具。

【任务反馈】

清洁保养工作是酒店不间断的工作，每时每刻都要做，而且必须做好。因此，选好、用好、管好清洁设备，对于降低员工劳动强度、提高清洁保养工作的效率，保证清洁保养工作的质量都具有非常重要的意义。

现在很多酒店都有与众不同的气味，请问酒店是怎么打造“嗅觉品牌”的？

释疑：不少酒店的大堂只注重视觉形象工程，却忽略了客人最敏感的感觉之一——嗅觉。目前不论是国际知名的酒店集团如洲际、喜达屋、万豪、香格里拉，还是一些国内的五星级酒店，都拥有自己的味道。这不仅仅是为顾客们营造芳香、舒适、优雅的环境，更是为自己的品牌多增添一种识别标签，也就是“嗅觉

品牌”。

喜达屋酒店集团旗下的各个品牌都拥有自己的香味，比如旗下高端品牌威斯汀，所有的威斯汀酒店都只拥有一个香味，那便是由喜达屋酒店集团的指定香味供应商为其精心设计的“白茶”味道。令人宽慰的白茶混合着感性的元素，给人一种穿越时空的感觉，让人在刹那之间忘却疲乏，沉醉于另一个空间，清新而自在。这种芳香的选择和威斯汀品牌“个性化、直觉灵动、焕发活力”的核心价值观相适应，体现了酒店所崇尚的健康、积极向上的生活方式。

索菲特打造的是浪漫奢华型酒店。该品牌酒店的气味会定期更换，比如，有的时候是绿茶味，有的时候是姜花味。客人在同一个时间去全世界任何一家索菲特酒店，都会闻到一种相同的味道。

从专业的角度而言，确定一个嗅觉品牌，是一项系统而专业的工程，要精准掌握核心顾客群的定位特征与嗅觉感受，且能够给其留下深刻印象；香味首先确保不使人产生过敏反应，也尽量避免让那些对香味敏感的人反感，同时要配合专业的市场传播建议和市场数据收集分析。公共区域香味扩散系统放置在酒店空调进风系统的入口，每天随着空调管道源源不断地散发到酒店的各个角落。

任务三　公共区域及地面、墙面的清洁保养

【任务目标】

掌握公共区域清洁工作的主要内容和不同材质地面、墙面清洁保养的工作流程；能够根据不同的清洁要求，独立完成公共区域、地面、墙面等清洁保养工作。

【案例聚焦】

大厅清洁，如此有“礼”

一天上午10:00，某酒店大厅内非常热闹，有一个30人的团队正在办理入住登记手续，还有五六个客人坐在大厅的休息处聊天，大堂吧内也有部分客人在喝茶。此时，公共区域洗涤工小刘和小李推着地面清洁设备来到大厅，小刘很快接通单擦机的电源，并开始对地面进行喷磨，小李协助他喷洒清洁蜡。在机器的转动声中，大厅内顿时显得忙乱而嘈杂。小刘和小李不断地对正在办手续的团队客人说：“对不起，请让让。”客人们自觉地避让他们。最后，他们推着机器来到大厅休息处，准备对大厅休息区域的地面进行喷磨时，小刘在插电源，小李对坐在沙发上的客人非常“礼貌”地说“对不起，先生，请您让一让，我们很快就好。”大部分客人站了起来，准备离开休息处，但有一位酒店的常客王先生仍然安坐在沙发之中，丝毫没有离开的意思，于是小李又说了一遍：“对不起，先生，请您让一让，好吗？”王先生说：“不好，我坐这儿挺舒服的，不想走，而且这儿挺干净的，不必清洁了。你们最好也别做了，你看客人都让你们给吵跑了。”小刘和小李听了王先生的话，回过头环视大厅，才发现刚才还热热闹闹的大厅现在已经变得安安静静，坐在大堂吧的客人不知什么时候全部走掉了……

【任务执行】

相对客房而言，出入公共区域的人

更多，故面临的评判者更多，并且公共区域比如大厅几乎没有休息的时候，需要日夜不停地清洁保养，从而决定了公共区域管理工作的艰巨性和挑战性。

下面就让我们跟随领班去熟悉酒店公共区域清洁保养工作。

一、公共区域的清洁保养

根据酒店公共区域的划分，公共区域清洁保养工作主要分为店外公共区域、店内前台公共区域和店内后台公共区域三个部分进行。

（一）店外公共区域清洁保养

1. 花园、门庭的清洁

花园、门庭的清洁主要包括：及时除去酒店庭院、花园地面上的垃圾及树叶等杂物；按规定对草地、盆景、花木等浇水、施肥、修枝整形、除草灭虫等；酒店门庭地面要定期冲洗，遇有雨雪天气，应适当增减；保持烟灰桶干净，门庭地面无烟头。

2. 停车场的清洁

酒店停车场要定期进行彻底清扫，保证地面无油迹、脏渍；注意清洁司机排队处，保证地面无烟头、杂物；停车场外花盆、花槽、防滑地毯、标牌等每天要定时清洁整理。

3. 酒店外墙的清洁

酒店外墙应定期进行清洗，做到建筑物外墙完整、美观、干净，以符合星级酒店的卫生质量要求。各酒店根据具体情况，可由酒店员工自行清洗，也可委托专门的清洁公司进行。清洁时需要提前通知客人及酒店各相关部门做好准备。

（二）店内前台公共区域清洁保养

1. 大厅的清洁

大厅是酒店的门面和窗口，也是酒店日夜使用的场所，大量的过往客人和短暂逗留者不时带进尘土、脚印、烟灰、烟蒂、纸屑等杂物，而每一位宾客又会对这里形成至关重要的第一印象，所以需要持续不断地进行清洁。

（1）大厅入口处。大厅入口处的清洁保养工作主要是清洁地面和指示牌等处，入口处通常都设有车道，由于车辆和人员往来很容易带来尘土、杂物，白天需要不断地清扫，夜间也要进行冲洗。为了防止或减少行人将尘土、沙石带进室内，酒店要在大门入口处设置防尘格、铺上踏脚垫，踏脚垫需及时更换和清洗。另外，门口还要配置雨伞架及伞套，在雨雪天气，安排专人照看，防止客人将雨水带进室内，减轻对室内的污染。入口处的指示牌也要经常擦拭，保持清洁光亮。

（2）拉手、扶手。拉手、扶手须经常擦拭，清除灰尘、手印、污渍，保持清洁光亮。金属扶手须用金属上光剂擦拭，木质扶手用家具蜡除污上光，通常每天进行一次。

（3）室内地面。大厅通常是硬质地面，在客人活动频繁的白天，必须用尘推、拖把或吸尘器清除灰尘、杂物、脚印等。晚间客人较少时，用打蜡机抛光，还要定期清洁打蜡。大厅地面必须保持无灰尘、无污渍、无杂物，清洁明亮。

（4）沙发、座椅、茶几、茶台。大厅供客人休息、等候用的沙发、座椅、茶几、茶台等，由于使用频繁，必须随时整理，保持清洁整齐。沙发、座椅上面的灰尘、杂物要随时清除，并经常整理复位，如果有污渍，要及时安排清洗，保证清洁。茶几、茶台上的烟灰缸要经常更换。要经常擦拭台面,保证无灰尘、无污渍、无杂物,物品要摆放整齐。

(5) 电话机、电话间。要经常清洁电话机及电话间,保证无灰尘、无污渍、无垃圾杂物。电话机要整理复位并经常消毒,要及时清倒、更换电话间内的垃圾桶和烟灰缸。

(6) 植物。每天要及时清除枯死的树叶、花朵,并按规定浇水、施肥、喷药,及时清除花草中的烟蒂杂物和花盆、盆套上的泥土、灰尘、污渍。如果是人造植物花草,可以直接清洗。

(7) 告示牌、画牌。要经常擦拭告示牌及画牌的玻璃、金属框架,并整理复位,保证无灰尘、无污渍,摆放整齐。

(8) 烟灰桶。酒店大厅通常设有许多烟灰桶(兼作垃圾桶),这些烟灰桶要经常清洁、定期清洗,平时还要检查有无未熄灭的烟头、火种等。

(9) 擦拭灯具。各类灯具,特别是吊灯、顶灯除日常擦拭其表面外,还要定期进行清洗,每次清洗都要做好周密的计划。

①选择适当的时间。公共区域的吊灯清洗应选择在夜里进行,宴会厅和多功能厅的吊灯清洗应根据宴会预定情况而定,一般选在宴会厅或多功能厅连续两三日内无活动的情况下进行。在人员许可的情况下白班和夜班同时清洁,缩短清洗时间,避免影响酒店和宴会厅的正常使用。

②安排有效人力。清洗大型吊灯是项费时费力的工作,须提前安排好人员,特别是要挑选有经验、耐心和细心的员工来做这项工作。因为吊灯价格很昂贵,易损坏,配件不易采购,管理人员一定要在现场监督、检查和指导。

③准备清洗用具和用品。由于吊灯或顶灯在高处,需要准备好升降机或梯子、旋具、水桶或水盆、专用清洁剂或白醋、擦布等等。

④擦拭灯具。擦拭灯具前要切断电源。擦拭时要先用潮湿布擦尘,然后再用干布擦净。根据灯具不同的质地,使用不同的方法进行擦洗。

⑤灯具安装完毕要进行仔细的检查。检查安装的是否牢固,有无部件短缺,安装效果是否与原来一致,既保证安全又达到美观。

⑥检查灯具的照明情况。擦拭、安装完毕后,开灯进行查验灯泡是否有不亮的。

⑦注意安全。在操作中,操作后及使用中都要注意安全,不能有一点疏忽,保证万无一失。

2. 电梯、自动扶梯的清洁

电梯、自动扶梯使用频繁,是需要经常清洁保养的地方。具体内容包括地面、四壁顶部的除尘、除迹,金属部分用金属上光剂擦拭,如果地面铺设地毯,要经常吸尘、除迹,适时更换清洗。清除油污和台阶护板上的尘土污渍,检查灯箱,更换烧坏的灯泡等。

3. 餐厅的清洁

酒店各餐厅营业时的日常卫生通常由各餐厅自行解决,客房部的公共区域组主要负责其彻底的清洁保养工作。为了不影响各餐厅正常的经营活动,彻底清扫的时间应为各餐厅夜晚停业以后到次日开餐之前。其清洁保养的主要内容有:清除餐桌、工作台等处的食物、酒水饮料等的残留物和污渍;沙发、座椅的除尘、除迹；地面的除尘、除迹，定期清洗、打蜡；墙面的除尘、除迹；灯具及装饰物体的除尘、除迹；金属器件的除锈上光；门、窗、风口处的除尘、除迹；木质家具及装饰物的打蜡保养；植物花草的清洁与保养；除虫灭害。

4. 游泳池的清洁

酒店游泳池的清洁内容主要包括：每日要彻底清扫游泳池周围地面；每日一次擦拭池边，注意不要让清洁剂进入游泳池以免污染池水；每日一到两次用吸水管吸池底杂物；池内用水应按规定标准注意消毒；每日上、下午各擦拭一次桌子、椅子、茶几、电话、毛巾柜、垃圾桶等各种服务设施；更衣室衣柜、地面要保持清洁；浴室地面要经常刷洗，瓷砖墙面及金属水龙头要保持光亮，无水印、无水渍。

5. 客用洗手间

酒店客用洗手间使用者众多、使用频繁，清洁保养工作要求高、难度大，酒店必须保证客用洗手间设备完好、用品齐全和清洁卫生。

客用洗手间的清洁保养工作可分为一般性清洁保养和全面彻底的清洁保养。一般性清洁保养可随时进行，不影响洗手间的正常使用，主要内容有：清洁卫生洁具并进行杀菌消毒，对地面、墙面、镜面、门、拉手、手纸架、烘手器进行除尘、除迹，清除异味，清除垃圾、杂物，更换、补充及整理用品。全面彻底的清洁保养工作，往往会影响洗手间的正常使用，因此在时间安排上要有所讲究。其具体内容有洗刷地面、墙面，地面打蜡抛光，清除水垢等。在对洗手间进行全面彻底的清洁保养时，应在门外放置告示牌，解释说明暂停使用的原因、何时重新启用，并告知附近洗手间的位置。

（三）店内后台公共区域清洁保养

除了做好上述前台公共区域的清洁卫生以外，还应该做好后台公共区域的清洁卫生工作，特别是员工食堂、员工更衣室等的卫生。这些场所的卫生状况影响着员工的思想和精神面貌，进而对酒店的服务质量都会产生重要的影响。

1. 行政办公室清洁

行政办公室的清洁主要包括：清理杂物，清理烟灰缸，倒烟灰前要检查烟蒂是否熄灭；擦拭桌子、窗台、门及装饰画等，做到无尘、无污渍；地毯吸尘，如有污渍应及时处理。清洁保养办公室时要特别小心，防止文件丢失。有些办公室由于保密和安全的原因，对清洁保养应作特别的安排，通常要与有关人员或部门协调安排。

2. 员工更衣室

员工更衣室通常安排专人照看，清洁保养工作的内容和要求有：保持地面清洁，清除垃圾、杂物，收拾衣架并送布件房，整理长条凳，清洁浴室卫生间，补充卫生用品，家具设备的除尘、除迹等。

3. 员工电梯

员工电梯的清洁保养工作与客用电梯清洁保养工作基本相同。

二、地面材料的清洁保养

（一）地面材料的种类

酒店常用地面材料的种类按照材质来分，主要分为硬质地面和软质地面两种，其具体分类如图 3－10 所示：

- 酒店常用地面材料
  - 硬质地面
    - 水泥地面
    - 水磨石地面
    - 大理石地面
    - 瓷砖地面
  - 软质地面
    - 沥青地面
    - 亚麻油毡
    - 橡胶地面
    - 木质地面
    - 地毯
      - 羊毛纤维
      - 化学纤维
      - 混合纤维

图 3－10　酒店常用地面材料的分类

1. 硬质地面材料

硬质地面材料主要用于易受潮、灰尘较大的对客区域，主要有酒店的大厅、洗手间、厨房、安全通道、员工通道等。

2. 软质地面材料

软质地面是指那些具有一定“弹性”的地面，包括：沥青地面、亚麻油毡、橡胶地面、木质地面和地毯等。

（二）地面的保养

1. 硬质地面的保养

地板材料的保养主要含有以下几个部分的内容：除尘、去污、喷蜡抛光、施以或除去面蜡、施以或除去封蜡。大多数地板在日常保养中只需要其中的两三种程序，即干吸、抛光或拖拭。

(1) 除尘。这是最频繁的清洁保养工作，有些区域如大堂，甚至需要整天不断地进行。除尘不仅可保证地面的美观，更能够有效地保护面蜡不受太多的污染和破坏，以延长其使用寿命。除尘的方法有扫、拖、推、吸等。

①扫地。扫地比较适合用于垃圾多而杂的区域，或用以清除一些地面上的大垃圾，如烟头、纸张等。

②吸尘。这是清除尘土的有效而快捷的方法。但其发出的噪音颇为扰人，故应选择在合适的场合和时间进行。吸尘对清除角落、墙脚边和家具后面的尘埃非常有用。其操作步骤如下：

a. 检查吸尘器及配件。

b. 预先清除地面上的大垃圾和尖利物品，如大头针、订书针等。

c. 通电后再打开吸尘器开关，同理，关闭吸尘器开关后才可拔出插座。

d. 使用就近电源，避免软管和电线拉得太紧绊住行人，或缠在机器上。

e. 吸尘头要有规律地缓慢地摆动，每次要相互交叉一些，以免疏漏。

f. 家具、楼梯、墙板、边角要选用合适的配件予以清洁。

g. 用完后要拆开配件、吸尘管等予以清洁，清洁或更换吸尘袋，检查完好后妥善存放。

③推尘。与拖把一样，这是一种无声、快捷而有效的除尘方法。为了让推尘头能吸附尘土，一般都要用吸尘剂处理过，待用脏清洗后还应再处理一遍。具体操作步骤如下：

a. 选用合适的推尘器、备用推头及辅助清洁工具。

b. 清除障碍物。从一头开始推尘，平行地来回往复，切记行进中不能抬起推尘器。

c. 拐弯时，地拖要转半圈，然后继续往前推。

d. 尘土积到一定程度时应将其推到一边并用扫帚、簸箕将其清除。

e. 完成后应将家具复位，推尘头应拿到工作间刷净或吸净，如需要则更换干净的或新的。推尘器应推头向上挂起或靠墙竖立。

(2) 去污。清除污垢通常要使用清洁剂。如果清洁剂选用不当,在某种情况下会致地板受到不可修复的损害和破坏地板的保护层。对于大多数地板来说,中性清洁剂比较合适。常用的去垢方法有湿拖和擦洗。

①湿拖。这是一种简便而无噪声的去污方法,但通常只能去除表层的污渍,而且很费时间与气力。

湿拖时应注意:

a. 选用合适的清洁剂(所用的清洁剂应该是无须漂洗,呈中性或弱碱性)。

b. 预先除去尘土,立起"地湿防滑"的黄牌告示,完工后再撤去。

②擦洗。擦洗往往用以除去一些比较重的污垢,有人工和机器两种方式。人工擦洗主要用于一些机器施展不开的地方;机器擦洗则具有速度快、效果好的优点。

机器擦洗的具体操作步骤如下:

a. 选用合适的机器及配件、辅助工具(拖地物品、干净布和摩擦垫等),并检查其完好情况。

b. 清除待洗区域的垃圾和杂物等,立出警示牌。

c. 按规定调配好清洁剂和接通电源。

d. 从远处往通道处清洗,避免遗漏。

e. 如洗涤面积较大,则应洗一段地面,施一些清洁剂,不要预先全部洗遍。

f. 电线应拉在肩上,不要让松弛的电线团在地上或落到擦洗盘下面。

g. 机器洗不到的边角要用手工擦洗,并抹掉溅到墙上的污渍。

h. 待地面干透后将移动的家具归位,按规定清洁摆放工具。

(3) 喷蜡抛光。这是一种打蜡、清洁同时进行的工作,常用于那些不便于经常洗蜡上蜡的区域。此法是先用乳状抛光剂与水溶液或专用抛光溶液先在地板表层上薄薄喷上一层,在蜡未干时用有垫的机器抛光。脏物大多被抛光盘所吸收,所以要经常换洗抛光盘。

其具体操作步骤如下:

a. 选用合适的抛光机及配件、辅助工具(细嘴喷雾瓶、喷射抛光溶液、尘推、桶装热水等)。

b. 检查机器设备的完好情况,接在最近的插座上,把软线放在肩上。

c. 将蜡水喷到机器前 2 米范围内并立即磨光,不要喷到墙上或喷得太多。

d. 视情形更换抛光垫并随即将其泡在热水桶里,以防垫上蜡水变干影响以后清洁。

e. 抛光后,要用拖把清洁地面。用过的抛光盘要及时予以彻底清洗并晾干。

f. 倒干洗净喷射瓶,特别要洗净喷嘴,其他物品按规定放好。

(4) 除蜡、上蜡。上面蜡的地板材料必须除去尘污和原有的面蜡。水性蜡和油性不可混用,其上蜡工具应分开存放并注以标记,混淆使用两种不同的抛光剂会使地板变暗,有黏性,会损害地板表面。地板面蜡宜上得薄而均匀,否则既不雅观又不耐用,还可能打滑。如果局部区域的面蜡磨损较快则可以补蜡,通常可补蜡四五次,直至地面看上去变得较暗淡或尘埃沾在地板表面。此时就需要把原地板蜡取出,再重新上蜡。

除蜡的具体操作步骤：

a. 选用合适的洗地机器、附件和辅助工具，并检查其完好情况。

b. 清除杂物并尽可能使空气流通，拉上警示线或树立警示牌。

c. 用拖把或机器将除蜡水均匀地分布于待洗地面上。

d. 从最远处开始一段段地磨洗，洗后当清洁剂尚未干时即用拖把或机器除去残液。

e. 除蜡时用手擦或小刮刀轻轻地除去墙边角的陈蜡。

f. 一定要用清水漂洗干净，为中和除蜡水的碱性，可在最后一遍漂洗时加入适量的醋酸。

g. 清洁工具，妥善存放。

上蜡的具体操作步骤：

a. 选用合适的工具并检查其完好状况。

b. 清除地面杂物，拉上警示线或立牌。

c. 用落蜡拖或喷蜡器在干净的地面上上蜡，由远及近、左右循序地进行。手法要一致，幅度要大，上蜡要薄而均匀。

d. 待蜡层干后（约半小时），用抛光机配软盘轻度打磨，以使蜡层更为坚硬和平滑。

e. 若要上第二、第三遍蜡，则应待已上的蜡层干后打磨一下为好，后上的蜡层肯定要干得慢一些。

f. 如果条件允许，则待上蜡 24 小时后再撤除工作标识。

g. 所有工具应清洁后妥善安放。

(5) 封蜡的使用。与上面蜡一样，上底蜡前应先将地面彻底清洁，去除污垢和老蜡。木质地板要用磨砂机配细砂盘打磨，彻底清洁后要待一两天后再上油性蜡。这种底蜡往往可保持 3～5 年。水性底蜡的去除要用除蜡水，待布上约 5 分钟后用擦地机配黑色磨盘或钢砂盘擦洗，然后要用清水漂洗干净，待地面干透后再上蜡。这种底蜡一般可保持 1～3 年。

上底蜡的方法与上面蜡基本相同。上蜡后若有粗糙之处即可用手工磨平，底蜡完全干硬需 12～16 小时。打底蜡时最好迎着光线操作以看清蜡道。如有吸烟者在侧，应劝其离开。

2. 主要地面保养

(1) 水泥地面的保养。

①水泥地面应该上密封剂，没有上密封剂的水泥地面总是有灰，并容易吸收脏东西和泼在地上的液体，在地面上留下难看的痕迹。

②每天用扫帚或处理过的拖把清除地面的垃圾、杂物和灰尘。

③避免使用无抑制剂的酸性清洁剂。此类清洁剂会使地面粗糙而失去应有的光泽、开裂，甚至会使地面变黑。

④水泥地面可打蜡。彻底清扫时，可用碱性的去蜡剂去掉地面的蜡层，地面洗净吸干后，上新的蜡层。

(2) 水磨石地面的保养。

①水磨石地面使用前应彻底打蜡，一般可先施以丙烯酸酯涂料起保护作用，再打上水性蜡以利于日常清洁与防滑。

②水磨石地面必须每天除尘，去掉那些磨损地面的沙粒。

③定期对水磨地面进行抛光。抛光时，应使用合成纤维垫，不能用钢丝绒，因为钢丝绒屑容易损坏地面，并将锈斑

留在水磨石表面上。

④不能使用油拖布清洁地面，因为油脂是水磨石地面的敌人，一旦沾上油脂，就很难去掉。

(3) 大理石地面的保养。

①为了防止大理石地板留下污渍，每日除尘的拖布应避免跟油脂多的东西接触。

②清洁保养地面时应用中性清洁剂，避免使用任何酸性清洁剂和重碱清洁剂，它们会使大理石失去韧性及腐蚀大理石表面。

③避免使用粗糙的东西摩擦地面，否则会使大理石永久地磨损。

④避免使用砂粉或粉状清洁剂，因为此类清洁剂干后会形成晶体留在大理石的表层洞孔内，造成表层爆裂。

(4) 木质地板的保养。

①在铺设木地板区域的出入口处铺放地毯或蹭鞋垫，以减少客人带入的沙粒对地板造成的伤害。

②避免用水拖把擦拖地面，更不能用水泼洒地面，木地板遇水后会发生变形、松脱和开裂的现象。

③用喷上静电水的拖把除尘或尘推推尘，也可使用吸尘器吸尘，保持地面光洁无灰尘。

④天气潮湿时要注意做好通风工作。

⑤避免翻刨地板面，否则会使木板变薄而不符合使用要求。

⑥避免用过重的尖锐金属在上面推拉。

3. 地毯的清洁保养

地毯的更新周期一般为5～7年，若保养得好，更新的时间会更长些，但若保养不善，不到两年便面目全非，因此在酒店运转中对地毯的保养不可以掉以轻心。地毯的日常清洁与保养主要包括以下3个方面：吸尘、除渍、清洗。

(1) 吸尘。吸尘不但可除去地毯表面积聚的尘埃，还可吸除深藏在地毯底部的沙粒，避免它们在人来人往时由于摩擦而在地毯纤维根部割断纤维，而且经常吸尘可以减少洗地毯的次数，保持地毯的弹性和柔软度，延长其使用寿命。

①地毯吸尘，一般在客房区域要求每日1次，客人活动频繁的区域每日不得少于3次。平时吸尘可用普通吸尘器，但应定期使用直立式吸尘器彻底吸除地毯根部的杂质、沙粒等。

②吸尘前先清除区域内大的垃圾和尖利物品。

③吸尘时，客房或公共区域的角落、墙边等处应选用合适的吸尘器配件。

④吸尘时应采用由里向外的方法进行，并按一定的顺序，以免遗漏。

⑤吸尘应采用推拉式，推时应逆毛，拉时应顺毛，保证吸过的地毯纤维倒向一致。

(2) 除渍。在日常工作中，发现地毯出现污渍，应立即加以清除。如果超过12个小时，清洁难度会增大，不同的污渍应用不同的方法。酒店常见地毯污渍的处理方法如下。

①黄油。将落在地毯上的黄油彻底刮掉，用海绵蘸上地毯干洗溶液擦拭，然后吸干。如清除不彻底，可重复进行，直到彻底去除为止。

②奶油。先把地毯上的奶油用抹布、纸巾等彻底吸干，再用海绵蘸上清洁

剂溶液擦拭，把溶液吸干，然后再用海绵蘸上温水擦拭，吸干水分即可。

③茶渍。用海绵块蘸上酸性清洁剂（或白醋）擦拭，并吸干溶液。

④果汁。用稀释的苏打水、丙三醇甘油或白醋擦拭，然后用纸巾吸去液体，如需要可反复几次。

⑤咖啡。用海绵蘸上清洁剂擦拭，然后用纸巾吸干。

⑥呕吐物。发现地毯上有呕吐物时，应立即刮去并吸干脏物，用海绵蘸上清洁剂溶液擦拭，把溶液用抹布或纸巾吸干，再用海绵蘸上清水擦拭，然后把水分吸干。

⑦口香糖。先用小刀小心地把口香糖彻底刮去，用海绵蘸上地毯干洗剂擦拭，然后用纱布吸干或用口香糖除迹剂喷在口香糖上，待其硬化后，再敲碎铲除。

⑧唇膏。先用小刀把地毯上的唇膏轻轻刮去，用海绵蘸上醋酸或专用清洁剂溶液擦拭，然后用抹布把溶液吸干，再用海绵蘸上清水擦拭，把水分吸干。

⑨指甲油。如发现客人不小心把指甲油沾到地毯上，应先用小刀轻轻刮干净，后用海绵蘸上醋酸或指甲油去除剂擦拭，用抹布吸干，然后用海绵蘸上地毯干洗剂擦拭，吸干。

⑩ 血迹。对地毯上的血迹，可用纸巾吸干后用蘸上冷水的海绵擦拭，把水分吸干后再用海绵蘸上清洁剂溶液擦拭，用抹布吸干溶液，最后用海绵蘸上清水擦拭，把水吸干或用 1∶50 的稀盐水擦湿，等 2～3 分钟之后用纸巾从旁边向中心擦，然后用清水擦拭、吸干。

⑪ 烧焦痕迹。被燃烧的烟火毁伤的地毯，可小心将地毯上簇绒烧焦的一端剪去后加以擦拭，然后，再用海绵蘸上清洁剂进行擦拭，对毯绒很短的地毯，有时可采用砂纸擦拭，消除烧焦处的痕迹，如果烧焦严重可进行挖补。

（3）清洗。清洗地毯的方法有以下几种：

①干粉洗法。其好处是地毯停止使用的时间最短。只要清洁工作一完成，就可以重新投入使用。因为没有使用水，地毯不会产生霉菌、气味，接缝处不会开裂，地毯也不变形。此方法适用于小面积的地方，属轻便清洁方法，不能用于彻底清洗地毯。

具体操作步骤如下：

a. 准备适当的材料及工具（粉状地毯清洁剂、长扫把或压粉机、滚筒式吸尘器等）。

b. 用吸尘器彻底吸尘。

c. 将清洁剂均匀地洒在地毯上。

d. 用长扫把或压粉机将清洁粉压入地毯内。

e. 让清洁粉留在地毯内 40～50 分钟。

f. 用吸尘器彻底吸尘。

②干泡洗法。适用于任何脏度的地毯清洁，主要用于行人比较多的地毯清洁，可每天清洁，以去除鞋底带入的脏物。其优点是封闭工作区的时间较短，不会使地毯过湿。干泡清洁法的最大坏处是把大量的清洁剂残留物留在地毯上，如果不进行彻底的吸尘，地毯会比清洁前更脏。

具体操作步骤如下：

a. 准备适当的材料及工具（干泡清洁剂、滚筒式干泡机、吸尘器、保护胶垫及水桶)。

b. 彻底吸尘。

c. 将清洁剂按比例兑好倒入水桶中,再倒入干泡机内。

d. 干泡机将清洁泡沫擦入地毯中。

e. 干泡机的走向是方形互叠。

f. 待地毯完全风干后,再彻底吸尘。

③盘形干泡洗法。适用于较脏的地毯,但许多专家认为此种洗涤方法磨损地毯最多。用这种方法清洁地毯,会因弄得太湿而引起霉菌或其他细菌的滋生,地毯也可能变形,接缝开裂。如果机器在有污斑处停留太久,机垫可能会损坏地毯软面,且工作时间较长。

具体操作步骤如下:

a. 准备适当的材料及工具(地毯清洁剂、洗地毯机、软尼龙垫、吸尘机、保护胶垫及水桶)。

b. 彻底吸尘。

c. 将清洁剂按比例兑好倒入水桶内,混匀后再倒入地毯机中。

d. 将溶液喷在地毯上。

e. 机器的走向是由左上角开始向右角作圆形互叠,将机推向左面,向下退一行,再以圆形互叠法向右推。

f. 然后用装有去泡沫剂的干湿两用吸尘器吸走污物。

g. 待地毯完全风干后,再彻底吸尘。

④冷热水抽洗法。专家认为这个方法是最好的深度清洗方法,适用于一切很脏的地毯。但是,如果清洗方法不当会产生许多负面作用。如水温超过66 ℃或清洁剂用得太多,地毯会缩水变形,接缝会开裂。清洁时应避免把地毯弄得太湿。

具体操作步骤如下:

a. 准备适当的材料及工具(地毯抽洗机、吸水机、地毯清洁剂、吸尘器及水桶)。

b. 彻底吸尘。

c. 按比例将冷/热水与清洁剂按说明书的比例倒入水桶中,混匀后加入地毯抽洗机。

d. 开着机器喷水开关直线推动抽洗机,关闭喷水开关,在原线上拖动抽洗机,以吸去多余的水分。

e. 移至另一行,每行要叠盖5~7厘米宽。

f. 可用吸水机彻底吸干地毯上多余水分,待地毯完全风干后,再彻底吸尘。

三、墙面材料的清洁保养

现代酒店对墙面的装饰不亚于地面。墙面装饰得如何,不仅关系着能否为宾客提供一个幽雅的居住、工作、生活环境,而且也反映着酒店的档次,是酒店搞好优质服务不可缺少的组成部分。酒店选择墙面装饰,不仅仅要考虑其购买价格、外观,还要考虑其保养费用、防火性能和防噪声的性能。

酒店墙面常见的有瓷砖、大理石等,这些墙面材料的特性与相同的地面材料有许多相同之处,但在清洁保养的做法和要求上却有所不同。作为墙面,很少受到摩擦,主要是尘土、水和其他污物,日常清洁保养一般只是对其进行除尘除迹。定期清洁保养大多是全面清洁。

(一) 墙面的种类

常见的墙面材料种类,如图 3 - 11。

墙面的种类
- 瓷砖墙面
- 大理石墙面
- 玻璃墙面
- 木质墙面
- 织物墙面
- 涂料墙面
- 墙纸
  - 纸基深塑墙纸
  - 纸基织物墙纸
  - 塑料墙纸
  - 玻璃纤维印花墙纸
  - 无纺贴墙纸
  - 化纤装饰贴墙纸
  - 麻草壁纸

图 3－11　常见墙面材料种类

（二）墙面的保养

相对于地面保养来讲，墙面保养相对简单，使用的工具也较简单，主要是一般清洁工具，如抹布、玻璃组合工具、掸子等。其中，玻璃组合工具平时不太常见，在此作简单介绍。

玻璃组合工具是一种清洗玻璃、镜面的有效工具，操作方便，安全可靠，工作效率高。主要由抹水器和毛头、玻璃刮刀、伸缩杆三部分组成，使用时先将毛头在清水中浸湿，然后均匀地涂在玻璃上，最后用玻璃刮依次刮去脏水即可。（如图 3－12）

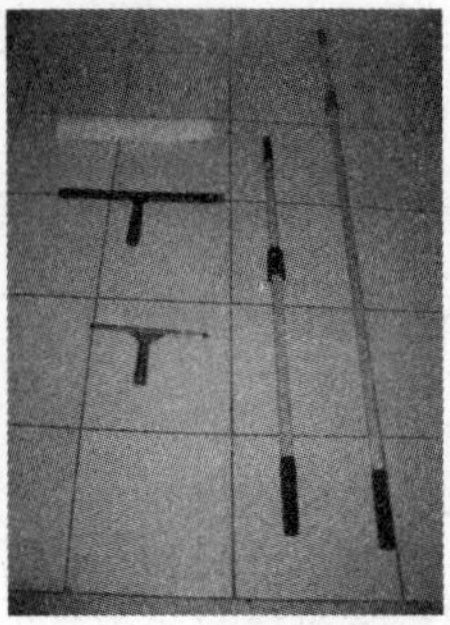

图 3－12　玻璃组合工具

1. 瓷砖墙面的保养

由于瓷砖表面主要是灰尘，日常清洁可以用中性清洁剂擦拭，也可以用水冲洗，然后用软布抹干。

2. 大理石墙面的保养

大理石墙面的保养同大理石地面保养基本相同。重点注意，勿用摩擦清洁剂、钢绒或酸性清洁剂清洁。日常保养方法是每天掸去表面的浮灰，定期用喷淋蜡水清洁。

3. 玻璃墙面的保养

（1）按使用说明要求的比例在提桶内配置好玻璃清洁剂溶液。

（2）准备好一桶清水。

（3）用抹水器上的毛头蘸上玻璃清洁剂从上部开始不断地从左至右擦洗，若是大块玻璃则将伸缩杆拉长，按在玻璃顶端从上往下垂直擦洗。

（4）用玻璃刮将玻璃上的溶液刮净。刮擦时应注意及时用抹布除去刮把上的水分，并用这种方法刮至玻璃底部。

（5）如仍有斑迹，可在局部用清洁剂重新擦洗，也可用小铲刀或剃须刀片轻轻刮去，注意不可刮伤玻璃表面。

（6）凡使用清洁剂或人工合成清洁剂时，须注意的是应先参阅使用说明书，仔细研究后再开始清洁工作。

4. 木质墙面的保养

木墙或镶木板墙面的维护保养方法和木地板、木质家具一样，注意不要用水擦洗，要经常擦拭灰尘，定期打蜡、上光。

5. 织物墙面的保养

每天用吸尘器吸去织物上的浮尘及碎屑，绝对不要用水去洗涤织物，否则，由于处理不当会留下水斑。发现污渍，可用刷子蘸上一点稀释的地毯清洁剂在污渍处刷洗，然后用干净的抹布擦去泡沫，晾干即可，也可以按照厂家的建议去除污斑、顽渍。

6. 墙纸的保养

所有墙纸面的正常保养是定期对墙面进行吸尘清洁，将吸尘器换上专用吸头即可。日常发现特殊脏迹要及时擦除。方法是，对耐水墙纸可用中、弱碱性清洁剂和毛巾或牙刷擦洗，洗后用干毛巾吸干即可，对于不耐水墙面可用干擦法，如可用橡皮擦拭，或用橡胶泥类的清洁剂去除，用毛巾蘸些清洁液拧干后轻擦。总之，要及时清除污垢，否则时间一长即会留下永久斑痕。

7. 涂料墙面的保养

日常清洁是掸尘。墙面一出现霉点即用湿布擦拭。橡皮是较好的除斑用具，但需掌握技巧，否则同样会留下擦痕。

【任务拓展】

某酒店在开业前投资 500 万元，在客房、公共区域满铺高级地毯，在酒店大厅等处铺设了进口大理石。但在酒店开业不到三个月，就出现大理石变色现象，运营不到两年地毯就出现了大面积的陈旧破损并且发硬。酒店高层不得不考虑重新购置并更换地毯和大理石，以保证酒店应有的品质与水准。假设你现在就是客房部的管理者，你准备从哪些方面入手来解决以上的问题。

请分组讨论，拟定出解决问题的方案书。

【任务反馈】

公共区域的工作离不开其他部门的大力协助和配合。同时，清洁保养工作还必须注意不影响客人的活动或给客人留下不好的印象，尽可能安排在营业结束后或非营业高峰时间进行。

酒店客用洗手间使用者众多、使用频繁，能做好清洁卫生工作吗？

释疑：能。客用洗手间的清洁保养工作要随时进行，或全面彻底地清洁保养。酒店整洁程度直接了反映酒店的管理水平。做好清洁保养，保持酒店的设计水准，是酒店管理中的重要工作之一。一家酒店只有做到专业才能做到最好。

◆项 目 评 价

【知识/技能评价】

①酒店公共区域清洁保养工作有哪些特点？

②如何理解公共区域清洁保养工作对酒店运行的影响？

③如何做好清洁剂的储存和发放工作？

④如何做好清洁器具的使用和维护保养工作？

⑤如何做好酒店地毯的清洁保养工作？大理石地面应如何保养？

【实训演练】

序号	项目名称	实训内容及要求	实训操作步骤
1	清洁剂和清洁器具操作	清洁剂和清洁器具用途识别正确 性能掌握准确 手法标准、操作安全	了解市场上的清洁剂和清洁用具商品 准备服务用具 操作演示 教师点评

续表

序号	项目名称	实训内容及要求	实训操作步骤
2	地毯清洁保养	无污渍、完好 洗后地毯柔软、有弹性 地毯梳理平整、恢复原状和色泽	准备好抹布、海绵等工具和清洁剂。 按比例稀释清洁剂后,开始吸尘、去渍、清洗 教师检查
3	客用卫生间的清洁	清洁卫生洁具并能进行杀菌消毒 清除异味、清除垃圾、杂物 能补充及整理物品 地面打蜡抛光	分组:每组2~3人 选择清洁剂及清洁工具 进入场地进行清扫 收拾整理工具 对任务完成情况进行总结 完成实验报告

【项目链接】

公共区域清洁保养管理工作中的四要素

1. 训练有素的员工

训练有素的员工即能够明确其工作内容、工作负荷,合理地评估每项工作的工作量,熟练掌握相关技术的员工。这样的员工越多越有利于清洁保养工作,越有利于增进管理者和员工间的相互理解。

2. 精良适用的设备

公共区域清洁设备机械大多都是很昂贵的,而且数量较多,需要管理者和所有的保洁人员对机器进行有效的保管、保养和使用。

3. 掌握清洁四要素

(1) 清洁时间。尽量在污渍上去的第一时间进行,污渍停留时间越长越难清理干净。还要讲究去迹过程中在污渍上滴涂清洁剂起化学反应的时间控制。

(2) 机械力。在清洁过程中要控制好使用工具的力度,力度过强会损害被清理物品表面,力度太弱起不到很好的去污效果。

(3) 浓度。在清洁过程中要控制好清洁剂的稀释比例,浓度太高会损害被清理物品,而且还浪费清洁剂,浓度太低起不到清洁作用。

(4) 温度。有时使用温水稀释过的清洁剂清理物品会起到很好的效果。

4. 制定科学合理的程序和规范

在公共区域清洁保养工作中要制定科学合理的程序和规范,包括质量标准、工作流程、服务程序、操作规范。如大堂卫生工作程序,卫生间工作程序等等。在制定工作流程时要注意设定过程监控点,以便对工作过程实行监控,保证工作质量和服务质量。

拓展路径

①走访家具装饰市场,了解酒店清洁用具和清洁器具种类和用法。

②登录中国酒店在线网站,学习酒店公共区域卫生规范。

项目四　客房对客服务

◆项目目标

【行业要求】

熟悉客房服务项目，能规范灵活地做好各项常规对客服务工作；能根据客人特点有针对性地为客人提供个性化服务。

【终极目标】

培养学生真诚、友善、细微的服务精神，使"一切为客人着想，视客人为亲人、朋友、上帝"的服务理念贯穿于服务工作的始终，使学生成为酒店优质服务的创造者和推动者，并努力打造旅游服务行业的"白金管家"，让顾客获得至尊享受。

◆项目任务

客人住店期间，不仅要求客房清洁、舒适，还要求有相应的服务。客房对客服务是由客房服务员为满足客人在住店期间提出的各种合法、合情、合理的要求，使客人感到方便和满意而提供的一系列服务。但随着体验经济时代的到来，宾客住店需求呈现多样化、个性化，使客人满意的服务远远不能满足顾客的情感等多方面的需求，这就要求酒店提供有针对性的个性化的优质服务，提升服务的境界，增强服务的魅力，从而赢得忠实的顾客。

鉴于此，本项目将重点介绍客房常规服务和客房个性化服务两大任务。

任务一　客房常规服务
——由我为您全程服务

【任务目标】

掌握客房常规对客工作的技巧和工作流程；能够按程序和标准完成对客日常服务工作。

【案例聚焦】

这样的服务好吗？

一天晚上7:00，韩国客人金先生入住某酒店，办理手续后，行李员将客人引领进房间，按服务规程想给客人介绍一下酒店设施，金先生却对他说："没事了，我想休息一下。"行李员忙向客人告辞离开了房间。金先生想到已经与几个重要客户预约好8:00开始的宴会，想先洗个澡，洗去旅途的疲乏。他在卫生间，正准备放水时，却听到门铃声，金先生犹豫了一下，连忙跑出卫生间，对着房门说："请等一下。"然后以最快的速度穿好衣服，开了门，却发现一个客房服务员站在门口，对金先生说："您好，先生，这是我们酒店的欢迎茶。"客人看着放在盘子里沏好的茶和小毛巾，却一点也没有乐于接受的样子，只说了一句："放在桌上吧。"然后看了看手表，问服务员："还有什么事吗？"服务员说："没有了，希望您居住愉快。"然后告辞而去。

金先生等服务员离开后，到卫生间放好水，脱了衣服正准备进浴缸，却又听到三声门铃响。金先生只好又穿好衣服打开门，看到一位行李员正微笑着站在门口，对金先生说："这是今天晚上的报纸，祝您居住愉快。"金先生叹叹气收下了报纸。刚过一会儿，门铃又响了……

【任务执行】

客人入住酒店期间会提出各种各样的服务要求，这时客房服务人员必须能够积极主动热情地满足客人需求，请看以下场景：

情景 1：客人打电话到客房服务中心，要求送两杯茶水和五听可乐。

情境 2：客房中心接到 506 号房间电话，住客王先生需要帮忙清洗西装一套。

情景 3：接到总台电话，609 号房间李先生要求加一张儿童床。

情景 4：一位美国客人打电话到客房服务中心要求借用手机充电器。

要求学生课外分工协作搜集资料，老师讲解并示范服务程序及标准，以小组汇报表演的形式来展现服务场景，使学生熟悉并掌握工作流程，提前进入工作状态。

下面我们按照客人抵店前—抵店时—住店期间—离店时完整的工作过程来完成本项任务。

一、抵店前准备工作

客人到达前的准备工作是客房接待服务的序幕，要做到充分、周密和准确，并于客人到店前完成。具体服务程序和标准如下表 4－1：

表 4－1　抵店前准备工作的服务程序和标准

程　序	标准要求
1. 了解客情	客人到达前，要详细了解客情，要做到"七知、三了解"。七知：知道接待单位、人数、国籍、身份、生活特点、接待标准、健康状况；三了解：了解客人到（离）店时间，了解车、船、航班时间，了解客人宗教信仰
2. 做好记录	接到客人进店的通知后，应将客人的房号、进房时间、人数、姓名以及性别等记录在"服务员工作日报表"上
3. 布置房间	根据客人的宗教信仰、生活特点、标准及规格，对客房进行布置，并检查有无不妥的地方，在客人到达前还应调节好室温
4. 迎候客人	关好房门，根据进店时间到电梯口迎候

二、抵店时迎接服务

迎客服务是客房对客服务的重要环节，这种服务往往能给客人留下深刻印象，因此客房服务员应努力做好客人抵达时的

迎接服务。(如表4-2)

表4-2 抵店时迎接服务的服务程序和标准

程 序	标 准
1. 迎接客人	服务员站在电梯口迎接客人
2. 问候客人	客人出了电梯后,服务员应面带微笑,主动问候客人 作自我介绍
3. 问清房号	问清客人房号 请客人出示房卡
4. 引领客人进房	主动帮客人提行李 引领客人进房
5. 送上迎客茶,房间服务	送上迎客茶 介绍房间设施及服务项目等

温馨提示

①引领客人进房后,应视客人的具体情况做出相应的服务。

②如果客房服务员接到迎接通知时客人已先行进房,服务员应先敲门,征得同意后方可进入服务。

三、客人住店期间服务

(一) 会客服务

随着酒店业的发展,客房的功能日益增多,它不只是客人休息的场所,在很多时候,也是进行商务会谈、接待来访客人的地方,因此,酒店应能提供相应的会客服务。

1. 访客接待服务

情景一:访客到来时,客人在房内

(1) 当访客来临时,服务员应热情接待来访者,礼貌地询问访客姓名、有无与住店客人预约,问清被访客的姓名及房号。

(2) 请访客稍候,通过电话与住客联系,征得住客同意后,方能将住客房号告知访客或带访客去住客房间。不得未经住客同意,随意将住客的房号、姓名告诉来访者。

(3) 引领访客至住客门前,敲门通报,待住客引访客进入房间后离开。

(4) 如果住客决定在房内会客,服务员将来访者引领进房后,应主动询问住客有无服务要求。

(5) 若住客拒绝见访客,服务员应礼貌地传达住客的意思,委婉地告知访客或请其留言。

(6) 若会客时间较长或来访者人数较多,应增加坐椅,还应主动询问住客有无其他要求,并尽力帮助解决。

(7) 在会客过程中发现任何异常情况,当立即向上级报告并记录在工作单上。

情景二:访客来临时,住客不在房内

(1) 为了住客的安全,服务员不得私自为访客开门。

(2) 向访客说明,并提示其可以去

总台办理留言手续。

(3) 如果住店客人事先要求服务人员为来访客人开门,要请其去大堂经理处办理有关手续。来访客人抵达时,服务人员须与大堂经理联系,证实无误后方可开门。

2. 会客茶水服务

应客人要求提供茶水和饮料服务,须在访客进房后5分钟内完成,并视情况及时续水或加饮料。茶水服务应注意以下几点:

(1) 当客人提出要求时,应询问要几杯,是红茶、花茶还是绿茶,并记清房号。

(2) 在最短的时间内做好准备,要求茶具干净、无破损,茶叶适量,开水冲泡,七八分满为宜;泡好茶,盖上杯盖,放在托盘内,用托盘将茶送往客人房间。另外,根据客人情况,确定是否在送茶时,同时送上小毛巾。

(3) 敲门、通报,征得客人同意后进房。

(4) 按先宾后主、女士优先的原则将茶杯放在客人方便拿取的地方。

(5) 茶水全部放下后,询问客人有无其他要求。若有,按客人吩咐及时提供相应服务;若无,礼貌向客人告退,离开房间,轻轻将房门关上。

3. 送别访客

访客离开时,服务员应微笑相送,对无住客相送的访客要特别留意。征得客人同意后,及时撤出茶具、加椅等,并收拾整理好住客房间,使之保持整洁状态。

(二) 客房送餐服务

(1) 客房部将菜单摆放在客房内。

(2) 协助客人致电餐饮部订餐。

(3) 客房服务员陪同餐厅服务员送餐进客房,摆放好食品,并请客人签单。

(4) 客人用餐完毕,客房服务员将餐具收至楼层工作间。

(5) 电话通知餐饮部派人来收走餐具。

(三) 客房迷你吧服务

1. 酒水发放

(1) 客房迷你吧由楼层领班统一管理,酒水在服务中心领取。

(2) 由领班按规定品种及数量领取,按要求摆放。

(3) 填写酒水领取登记表,品名、数量应相符,并注明发放时间及发放人。

2. 酒水补充

(1) 服务领班根据当日客人消费单进行补充,并检查酒水质量和保质期。

(2) 将客人消费单客房联交于客房服务中心。

(3) 消费的酒水需经客人签字确认后,再行补充。

3. 酒水检查

(1) 领班查房时对迷你吧物品逐项进行检查并登记。

(2) 服务领班对住客房每日三次检查。

(3) 当客人离店时,服务领班在第一时间进房检查酒水消费情况,及时报告服务中心。

(四) 洗衣服务

对客人来说,洗衣是他们很重视的

一项服务。从客人对客房的投诉情况来看,对洗衣服务的投诉已占有相当的比例。因此,提供优质的洗衣服务对提高客人的满意度有着重要的意义。

1. 收取客衣

(1) 客房部可通过以下几种途径收取客衣:

①客人打电话通知洗衣房客衣组,由客衣服务员上楼层收取客衣,这是国际上大部分酒店的例行做法。

②在设楼层值台的酒店,客人通知楼层值台员收取客衣或将客衣直接交给值台员,由其转交给洗衣房。

③客人将要洗的客衣装在洗衣袋内,放在客房明显之处,由服务员在查房或清洁客房时取出交给洗衣房。

(2) 在收取客衣的过程中,要特别注意以下一些问题:

①客衣组在接到快洗及贵宾洗衣电话后,应在 10 分钟内赶到楼层收取客衣;在接到正常收衣电话后,应在 30 分钟内赶到楼层收取客衣。

②客人交洗的衣物或客房服务员和清扫员从房间收洗的衣物,都必须有客人填写的洗衣单并签名。如客人未作交代,放在洗衣袋内未填写洗衣单的,不能交到洗衣房洗涤,需征求客人意见后再作处理。

③凡是放在床上、沙发上,没经客人吩咐,没放在洗衣袋内的衣服不能收取。

④交洗的客衣应进行仔细检查有无破损、衣袋内有无客人遗留物品。

⑤检查洗衣袋内的洗衣单,洗衣单上的房号是否与房间的房号一致,单上的有关项目的填写是否符合要求,衣服的数量是否正确。

⑥在使用塑料洗衣袋的酒店,服务员在收取时应用记号笔在洗衣袋上写上房号。

⑦客人把客衣袋挂在门外后,要将其收至楼层工作间并电话告知客衣组。

⑧要爱护客人的衣服,不要将客衣随意乱放,不要把客衣袋放在地上拖着走,对于需熨烫的高级时装,要用衣架挂好。

⑨如需洗快件,应尽快通知洗衣房。

⑩有特殊要求的客衣,应在洗衣单上注明。

⑪填写收洗客衣记录,尽快将洗衣单传至总台入账。

2. 返送客衣

(1) 返送客衣主要有三种方式:

①由洗衣房客衣服务员直接送回客人房间。

②客衣服务员将客衣送至楼层服务台,再由楼层服务员将其送给客人。

③客衣服务员将客衣送至楼层,由行李员将客衣送入客房,体现一种高规格的服务。

(2) 返送客衣时应注意以下几点:

①洗衣房送回客衣时,应按洗衣单逐件进行清点(不能折叠的衣物需用衣架挂放)。

②检查洗涤质量,衣物有无破损、缩水、褪色等。

③送客衣进房间,请客人检查验收,清点完毕后向客人道别。

④如客人不在房间,应按程序进门,把衣物摆放在床上或挂于衣橱内(将衣橱门打开)。

请思考如下案例:

羽绒衣没有洗“干净”

820房间的客人要求洗涤一件羽绒服，非常细心的她在洗衣单上特别注明：不得有磨损、褪色现象。洗衣房洗涤查验完后将羽绒服送往客人房间，客人细致地将衣服从内至外并沿内边、里缝进行审视后，提出了袖口缝内不洁的毛病，而更加千叮万嘱地要求重洗，洗衣房主管耐心解释由于衣物颜色和穿着程度等原因，不宜再洗和去污，以避免衣物的损伤，但客人提出：洗就得干净，星级酒店应满足客人要求，应让我完全满意。

矛盾出现在哪里？如何解决？

（五）租借物品服务

酒店客房内所提供的物品通常能够满足住店客人的基本需求，但因一些特殊原因，客人有时会需要酒店提供一些特殊的物品，如熨斗、熨板、婴儿车等。酒店应备有此类物品，以及时提供租借服务满足客人的需求。此类服务一般是应客人要求提供的，其方法通常如下：

(1) 为方便客人，在客房内的《服务指南》中应注明客房部可提供此项服务，并告知客人服务的方式和联络的方法。

(2) 客人可通过电话或直接向服务员提出租借物品要求。

(3) 客房服务员应仔细询问客人租借物品的名称、要求，以及租借的时间，如何时要，需用多长时间等。

(4) 应在放下电话后，以最快的速度(5分钟内)或在与客人约定的时间准时将物品准备好送到客人房间。在送租借物品进房时须使用托盘，以显示酒店客房对客人需求的尊重和正式。

(5) 请客人在“租借物品登记表”上签名。“租借物品登记表”上应注明有关租借物品的注意事项。

(6) 过了借用时限或其他客人希望借用时，客人仍未归还物品，客房服务员可主动询问客人，但应注意礼貌和询问方式。

(7) 客房服务员在交接班时，应将租借物品服务情况列为交接班内容，说明客人租借物品情况，以便下一班次的服务人员继续服务。

(8) 客人归还物品时，客房服务员应做好详细记录，并在交班时说明已收回。(如表4-3)

表4-3 酒店客人物品租用记录表

日期	房号	退房日期	经办人	借出物品	借出时间	借用客人签名	收回时间	责任人	备注

(9) 客人离店时，应特别检查客人有无租用未归还物品。若有，应礼貌提醒客人归还，注意表达方式，不可引起客人的误解。

（六）客人遗留物品服务

1. 遗留物品的分类

(1) 贵重物品：珠宝、信用卡、支票、现金、相机、手表、商务资料、身份证、回乡证、护照等。

(2) 非贵重物品：眼镜、毛巾等日常用品。

2. 客人遗留物品的处理程序

(1) 在客房范围内，无论何地拾到客人的物品，都必须尽快交到服务中心。

(2) 在酒店范围内发现遗留物品，应设法交还客人。

(3) 如服务员在检查走客房时发现了客人遗留物品，应及时跟总台联系，将物品交还客人，如客人已经离开，则应及时上交楼层领班。

(4) 服务中心服务员在收到客人遗留物品时，都应记录在“宾客遗留物品登记表”上，写明日期、房号、拾到地点、物品名称、拾物人姓名和班组。

(5) 将物品整理好，与“遗留物品登记单”随物联一起装入透明塑料袋内并封口，写上日期。

(6) 贵重物品送至财务部保管，请接收人在遗留物品登记簿上签收。

3. 遗留物品的保存

(1) 所有遗留物品都必须保存在失物储藏柜里。

(2) 贵重物品与非贵重物品分开存放，贵重物品应由专人管理。

(3) 贵重物品存放时间为一年半，非贵重物品保留时间为半年，开启的食物、饮料及药品保留时间为三天。

(4) 超过保留期的物品，由客房部经理会同有关部门统一处理。

4. 遗留物品认领

(1) 如有失主认领遗留物品，需验明其证件，且由领取人在遗留物品登记本上写明工作单位并签名。领取贵重物品需留有领取人身份证件的复印件，并通知大堂副理到现场监督、签字，以备查核。

(2) 若客人打电话来寻找遗留物品，需问清情况并积极查询，若遗留物品与客人所述相符，则要问清来领取的时间。

（七）加床服务

(1) 接到加床通知后，随即提供该项服务，通常是在客人未住进时完成。

(2) 宾客在楼层要求加床时，必须先征得总台的确认能否加床后，方可给宾客加床，并要客人到总台补办加床手续。

(3) 总台通知服务中心后，必须及时在房间报表上记录加床的房号。

(4) 服务中心通知领班或台班做加床服务。

(5) 检查备用床是否有损坏，并擦拭干净，推入房间后铺好床。

(6) 加床后，需增加房内相关低耗品及备品的数量。

(7) 续住房提早退床，需在“房间报

表”上注明退床，并通知总台。

(8) 退房后，床铺要尽快收好归位，备用枕头、棉被等检查无问题后，折叠整齐放回原位。

(八) 擦鞋服务

1. 接到要求

(1) 在接到客人要求后，应及时前往客房收取擦鞋篮。

(2) 在过道巡视时，发现住客房门前的擦鞋篮，应立即拿到工作间进行擦拭。

2. 按要求擦鞋

(1) 将鞋篮编号，并将客人的房号写在纸条上放入鞋篮或用粉笔在鞋底注明房号，防止弄混。

(2) 将鞋放置于工作间或服务中心，按规程擦鞋，应注意避免混色或将鞋油弄在鞋底。

3. 送还

(1) 一般应在半小时后、两小时之内，将擦好的鞋送入客人房内。

(2) 对于提出特别时间要求的客人，应及时将鞋送回。

(3) 送还时如果客人不在房间，应将擦好的皮鞋放于行李柜侧。

(九) 托婴服务

为了方便带婴幼儿的住店客人不因孩子的拖累而影响外出，高星级酒店客房部通常会为客人提供看护婴儿服务，并根据看护时间的长短收取相应的服务费。

1. 接受客人申请

接到客人托婴服务要求后，服务员应请客人填写“婴儿看护申请单”(如表4-4)，并就有关特别提示向客人说明。

2. 上报

服务员及时向客房部领导上报，由领导在申请单上签字，并安排专门人员看护婴幼儿。

3. 看护

(1) 看护者在接受任务时，必须向客人了解其要求、照看的时间及婴幼儿的年龄及特点，提供针对性服务，以确保其安全、愉快，使客人满意。

(2) 看护者应在酒店规定区域内根据客人要求照看婴幼儿，一般不能将小孩带出客房或酒店。尤其不能带小孩至游泳池边、旋转门及栏杆等地方，这些是孩子们感兴趣的地方，但也是易造成意外的地方。

(3) 不得随便给婴幼儿吃食物。

(4) 不得随便将婴幼儿转托给他人看管。

(5) 不得将尖利或有毒的器物给婴幼儿充当玩具，以确保安全。

(6) 在提供此项服务时，还应考虑到一些意外或紧急情况的处理，请客人留下联络电话或方法。比如在照看期间，若婴幼儿突发疾病，应立即请示客房部经理，并与客人联系，以便妥善处理。

4. 结束工作

托婴服务完成后，立即将“婴儿看护申请单”送到总台收银处。

表 4－4 婴儿看护申请单(Baby Sitter Request)

客人姓名 Guest's Name______ 房号 Room No.______ 日期 Date______

婴儿年龄 Baby Age______

尊敬的宾客：

应您的要求，我们安排了保姆服务，

姓名：________

时间：由___时___分至___时___分

Dear Guest:

As requested by you, we have arranged for BABY-SITTING from________ to________

请您在所需的项目上打"√"，Tick(√) the appropriate.

早餐	是	□	否	□
Breakfast	Yes	□	No	□
午餐	是	□	否	□
Lunch	Yes	□	No	□
晚餐	是	□	否	□
Dinner	Yes	□	No	□

托婴服务的最初两小时，按________收费，其后每小时按________收费。

所有费用都在前台收银处直接结算，酒店将不承担因看护非故意因素造成的事故从而引起的任何赔偿。

Kindly note that there is a minimum charge of ________ for the first 2 hours of baby sitting. A fee of ________ is charged for each additional hour.

All payment should be made directly at the Hotel Cashier. Under no circumstances shall the hotel be liable to compensate the guest for any accident caused by the babysitters for no purpose.

申请人愿意接受以上全部条款。

I fully accept the above terms and conditions.

经理签名	客人签名
Signature	Signature
Housekeeper________	Guest________

注：一式三联，客人一联，前台收银一联，客房部留存一联。

四、客人离店时服务

(一) 客人退房前的准备工作

(1) 楼层服务员应通过前厅提供的有关报表或电脑,了解预期离店客人的房号、姓名和离店时间。

(2) 检查账单,及时与前厅收银处联系,了解预期离店客人费用是否结清,在客人离店前将洗衣费及饮料费等账单送到,以保证及时收款。

(3) 检查客人委托事项是否已经办妥,提前将客人送洗的衣物送回。

(4) 如果客人是次日早晨离店,问清客人是否需要叫醒服务、是否在房内用餐,如客人提出要求,应做好记录并与有关部门联系,以保证第二天圆满地为客人提供服务。

(5) 如果客人有要求,可帮助客人整理行李,如团队行李较多,就要事先通知大厅服务处,安排好行李员为客人提供行李服务。

(6) 客人临行前,服务员应利用房间服务的机会,检查各种物品及设备有无损坏,物品有无遗失以及饮料有无消耗等。

(7) 客人离店前,应主动向客人征求对客房服务质量的意见,如有投诉,应详细记录,并诚恳表示感谢,欢迎客人下次光临。

(8) 提醒客人检查自己的行李物品,不要遗留物品在房内。

(二) 客人离开时的送别工作

(1) 按客人要求协助总机提供叫醒服务。

(2) 协助行李员搬运客人行李。

(3) 热情地将客人送到电梯口,主动为客人按下电梯按钮,以敬语向客人告别,等电梯门合上后,方可离开。

(4) 对无人陪伴的老弱病残客人,要有专人护送。

(5) 团队客人离开时,要协助行李员在规定时间内把行李集中起来,放到指定地点,清点数量,并会同接待单位核准行李件数,以防遗漏。

(三) 客人离开后的检查与善后工作

(1) 检查客人有无遗留物品。

(2) 检查房间设施设备有无损坏。

(3) 检查客房内有无物品缺失。

(4) 检查客人有无消费房间内的额外付费物品。

如有以上情况,应及时通知总台,以便总台在为客人办理结账手续时一并处理好。

请思考如下案例:

11 月 13 日,4803 房退房时,服务员报收银,称客人动用了小依云一瓶,客人质疑,要求复查。稍后,服务员又报小依云没动用,由于客人对服务员前后所报结果产生怀疑,拒绝买 4803 酒水单。经查为 4803 房原本无小依云,因交班不清导致误报。

客人为何拒绝买单?客房服务中的漏洞何在?应该如何改进以避免错误?

【任务拓展】

优质的客房服务需要服务员有良好的服务意识、丰富的服务经验,并能对客人的行为做出准确的判断。

请分析判断客人下列举动体现了怎样的需求?该如何应对?

①服务员清扫客房时,发现客人将毛毯、棉织品等硬物垫于枕头下。

②服务员清扫房间时，发现客人将毛毯或棉织品等物品折叠好平铺在被子下方。

③发现客人住店期间，对酒店免费赠送或自带的水果中偏好吃某种水果。

④发现房间客人将毛巾弄湿放于灯罩上，或所有杯子里盛满水放于各处。

⑤发现房间客人使用笔记本电脑、鼠标下放纸张或杂志等物品。

⑥发现房间客人有药品，放于写字桌、床头柜、迷你吧台等处时……

【任务反馈】

要使顾客高兴而来，满意而归，光凭标准的、严格的、规范化服务是不够的，如何才能给客人以惊喜，才能让客人感觉到宾至如归，使客人流连忘返？客房服务员要了解客人住店期间的心理特点，以便有针对性地开展生动和有效的服务。

入住客人一般有哪几种心理需求？

释疑：客人的基本心理需求一般有四种：一是求整洁干净。客人来到客房最先关注的是房间的卫生状况，每位客人对客房的用品都十分敏感，他们要求客房的用具必须是清洁卫生的。二是求舒适。住店客人都希望客房能提供舒适的休息条件，使客人觉得有在家的感觉。三是求安全。住进客房的客人十分重视他们的财产及人身安全保障，希望客房是个安全场所，不要受到干扰。四是求尊重。住店客人希望自己是受客房服务员欢迎的人，希望见到服务人员热情的笑脸，希望自己受到尊重。当然，客人也希望服务人员能够自我尊重，有良好的职业形象。

任务二　客房个性化服务
——给您带来满意＋惊喜

【任务目标】

领会客房个性化服务内涵，能够为不同类型客人提供个性化服务，给宾客最大程度的满意加惊喜；通过对不同类型客人的服务设计，培养学生自身的服务创新能力。

【案例聚焦】

别忘了电脑存盘

王先生带着手提电脑入住某酒店的805房间，他每天都有大量的文件需要处理。一天晚餐前，王先生打完一个文件后，没有关闭电脑便去餐厅用餐。当他用餐完毕返回房间后发现夜床已经做好，他在插牌取电处插入的卡片仍在原处。在他的床头柜上有一张留言单，上面写着："尊敬的先生，请您将电脑上的文件及时存盘，以免我们做夜床时切断电源给您带来不便。"下面的落款是客房服务员小韩。王先生看完后心里很感动，认为酒店的服务能全面考虑宾客的需要，处处从客人的角度考虑问题。

在离店时，王先生特意找到客房服务员小韩，向她表示谢意，也特地向大堂副理感谢酒店的优质服务。

【任务执行】

由于客人来自不同的国家和地区，其民族、宗教信仰、风俗习惯等方面有较大差异，又有年龄、性别、文化教养、职业、消费水平等区别，仅仅提供标准化的服务是不能使不同的客人完全满意的，因为客人的需求变化莫测，而标准化的服务只能满足大多数客人表面的基本需求，不能满足客人更深层次的个别需求。酒店要满足客人的各种需求，让客人满意，使他们成为回头客，这就必须要给客人提供个性化服务。

某著名武侠小说家下榻在国内某五星级酒店，对那里无微不至的服务倍感满意。一天清晨，他刚出门，遇上服务员小沙，她轻声称呼道："早晨好，大师兄。"精神矍铄的小说家为之一愣，旋即开心地笑了。因为这是他最喜欢的称呼，但他不明白服务员是如何知道的。原来为了接待好这位小说家，服务员花了两个晚上的时间上网查询关于他的资料，得知他笔下的"大师兄"均是集高强武艺、侠肝义胆、乐于助人于一身的英雄人物。这就是超值的个性化服务，也许仅仅是这一点体贴，就会为酒店培养一批忠诚的宾客。

请学生分组讨论，为服务员小沙策划一套专门针对该武侠小说家住店期间的服务方案，并分别扮演不同角色进行情景表演，其他同学和老师可以给出改进意见。

一、客房个性化服务内涵

（一）个性化服务

1. 个性化服务的定义

个性化服务就是以客人需求为中心，在满足客人共性需求基础上，针对客人个性特点和特殊需求，主动积极地为客人提供特殊的服务，是对客人采取"量体裁衣"定制式的服务，能给客人带来惊喜、意外，甚至感动。

个性化服务分为两个层次：第一层次是被动的，是由客人提出的非规范需求；第二层次是主动的，是服务人员主动提供的有针对性的服务。如客人生病时，除可以主动帮客人联系医生，提供特殊照顾外，还可以送束鲜花或一张贺卡表示安慰和祝福。

2. 个性化服务的内容

个性化服务的内容很广泛，主要体现在以下几个方面：

(1) 灵活服务。这是最普通的个性化服务。即不管酒店是否有相应的服务规范，只要客人提出的要求是合理的，酒店就应尽最大可能去满足他们。

(2) 癖好服务。这是最具体的个性化服务。客人的需求千差万别，有些客人的需求更是独特少遇，需要服务人员仔细观察，投其所好。

(3) 意外服务。这是最有针对性的个性化服务。服务人员急客人之所急，想客人之所想，在客人最需要帮助的时候提供雪中送炭式的个性化服务。

(4) 心理服务。这是最用心的个性化服务。凡是能满足客人深层次的、隐含的心理需求的个性化服务，都将给客人带来一份意外的惊喜。这要求酒店服务人员有强烈的服务意识，主动揣摩客人的心理，服务于客人开口之前。

(5) 自选服务。这是高品质的个性化服务。随着电脑技术的发展，个性化服务可通过电脑中的 Guest Operated Devices（宾客自选装置）来实现。客人的留言、查询消费账目、结账、叫醒服务、客房送餐和 VOD 点播（客房视像点播系统），都可以由客人通过客房电视电脑系统自由选择并处理。

（二）优质服务

1. 优质服务的内涵

优质服务意味着最大限度地满足客人的正当需求。客房优质服务必须是站在客人的角度，依客人之需而随机应变，在标准化服务的基础上提供有针对性的超常的个性化的服务，以达到或超过不同住宿客人的期望。所以：优质服务＝标准化服务＋个性化服务。

规范服务是一种标准化的服务模式，而个性化服务更多的是以人为本的服务艺术。

(1) 给客人一份亲情。情感关怀是服务之魂。于细微处见精神，于善小处见人情。酒店必须做到用心服务，细心观察客人的举动，耐心倾听客人的要求，真心提供真诚的服务，注意服务过程中的感情交流，并创造轻松自然的氛围，使客人感到服务人员的每一个微笑、每一次问候、每一次服务，都是发自肺腑的，真正体现一种独特的关怀。

请看某服务员所写的服务卡：

尊敬的邹教授：

欢迎您入住13楼，在此我们衷心祝愿您旅居愉快！您一路辛苦了，我们特为您准备了洋参片，放在吧台上，请您享用。明天气温25℃～33℃，多云转阴，有时有雨，请您外出时注意天气变化。最后，我们衷心希望您能为我们的服务提出宝贵建议，以便我们能为您提供更加完美的服务。

祝您晚安！

您的服务员：××

(2) 给客人一份理解。由于客人的特殊心态和酒店的特定环境，有的客人往往会有一些自以为是、唯我独尊的态度，出现一些大惊小怪、无理指责的行为。对此，酒店应该给予充分理解与包容。比如：

长住在上海某宾馆的一位商务客人，一天，他在回浦东公司前留言："请将明天有人送来的实验仪器寄放好。"次日他在浦东打来电话质问："为什么没有将实验仪器送到浦东？"礼宾部员工小包在电话里没有作任何解释，立即将仪器送到了浦东。随后，那位客人回到宾馆时，小包才将他的亲笔留言拿出来，并婉言说明。那位宾客在歉意之下，惊奇地问小包："为什么昨天你不作解释呢？"小包笑了笑答道："为了不影响您的假日情绪或可能要进行的工作，把仪器及时送到您的手中是最好的选择，至于您当时说我们什么，这并不重要。"这种想客人之所想、急客人之所急的行为，当然打动了客人的心。

(3) 给客人一份自豪。"给足面子，挣足票子。"这可谓是酒店的生财之道。只有让客人感到有面子，他才会听从你的"调遣"，只有让客人感到愉悦，他才会常到酒店消费。所以，作为酒店的员工，必须懂得欣赏客人的"表演"，让客人找到自我的感觉和当"领导"的快乐。

2. 优质服务技巧

(1) 了解客人兴趣爱好。投其所好的服务是在规范服务基础上的升华，是让客人对酒店产生信任和认同感的有效手段。

①眼观六路，洞察客人兴趣。客人的兴趣爱好多种多样，服务员善于发现，才能做好针对性的服务。例如服务员在清扫房间时发现客人房间里经常会有一瓶打开的红酒，可见该房间的客人有喝红酒的习惯，那么，服务员就应及时补进酒启、餐巾甚至红酒架，客人再次入住时就可以预先放置这些用品。

②耳听八方，捕捉客人爱好。要做好客房优质服务，不仅要善于"看"，还要

善于“听”，通过与客人的交流发现客人的爱好，并为之提供相应的服务。

例如当了解到某位客人有某一方面的兴趣（音乐、运动、烹饪、茶道等）时，在与该客人进行交流时，主动谈及该类话题；在一些特别的日子里，可主动赠送客人一张客人喜爱的音乐CD、一件与运动有关的小饰物、一本关于烹饪的书或一杯风味独特的茶等。

(2) 尊重客人的生活习惯。客人房间任何一点细小的变化和摆设，都可能是服务员发现客人生活习惯的载体，而根据客人生活习惯提供个性化服务，无疑会让客人感受到不一般的惊喜。

①根据客人意愿调整客用品的配置。客房内的客用品摆放都有一定规范，客用品摆放的原则是让客人使用方便。有些客人根据自己的习惯会对客用品的摆放做一些调整，服务员要尊重客人意愿，而不必按规范恢复。如客人自带食品要存放冰箱而将酒店配备的饮料挤成一堆或放到冰箱外面，服务员不能为坚持标准而将饮料复原。如果客人食品很多，并且一直没有使用酒店提供的饮料，可在征求客人同意后将冰箱清空以便客人存放自己的食品。

有的酒店规定客房电视一律调在中央台一套，这对国内客人是可以的，但如果根据客人国籍来调整电视频道，效果会更好一些。

如果客人是“左撇子”，服务员应主动按照客人的习惯将房间客用品向左摆放，如“夜床”开在床的左侧，遥控器放在电视机的左侧，卫生间的物品盘及面巾纸摆在洗脸台的左侧，衣架也挂在衣柜左侧等等。

②根据客人要求安排清扫时间。每位客人作息时间不一，清扫客房时一定要根据客人的需求，事先征求客人的意见。某酒店住了一位法国来的工程师，他习惯于晚上办公，上午睡觉，楼层服务员按照惯例上午进房清扫，客人很不满意并提出下午来清扫。到了第二天，另一名服务员上午又去敲门清扫房间，法国客人十分恼火，当天中午就离开了该酒店，换到了另一家酒店。

③根据客人情况调整服务规范。服务规范是根据客人共性需求制订出来的，但遇到具体客人时还是要变通。例如客房部员工要养成敲门进房的习惯，一定要敲三次。但遇到空房、走客房是否还要按规范去敲门，答案是肯定的，也必须敲门，但可以减少敲门次数。再如，服务员平时进入客房是不用脱鞋的，而且清扫房间时最好是趁客人不在房间时进行。但当发现客人有洁癖时，服务员进入该房可以考虑脱鞋，或者脚上套上塑料套，清扫要耐心细致，当着客人的面进行清洁工作，以实际行动来消除其顾虑。

(3) 做好服务的延伸。服务的延伸是优质服务的必备条件。服务员可以通过客史档案、住店登记、客人言谈举止、行李物品等方面来确认客人的身份、喜好及潜在需求，通过主动服务及服务延伸，提高客人的满意度。

比如，当见到床头柜上客人看的一本书倒扣着，服务员主动给夹上一张小书签或便条纸，标明该处书页的页数；当见到床头柜上放着一瓶已开启但未喝完的饮料，服务员主动盖上瓶盖，遮挡灰尘，确保卫生；当见到客人的剃须刀粘满须眉，或者梳子上绕有不少断发，服务员主动为客人将其清洁干净放回原处；当见到客人衣服旁放着一颗松脱的纽扣，服务员主动将针线包置于一旁，或替客人缝补好；当查询到某对夫妇客人住店期间恰逢其结婚纪念日，有家酒店的做法是精心布置一个中国式的新婚“洞房”，当夫妇俩步入房间时，一阵喜气洋洋的鞭炮声从录音机里传来，卧室里面装饰着五彩缤纷的彩带，鲜艳夺目的大红“喜”字，温馨浪漫的粉红床单，热烈喜庆的大红床缎，让那对夫妇再一次回味新婚的甜蜜。以上这些延伸服务给客人带来的惊喜，已是不言而喻。

3. 优质服务“三境界”

(1) 让客人满意——让顾客满意的服务，基本要求是：

①正确的理念：把客人当亲人，视客人为家人。

②积极热情的态度。

③合乎规范和标准的服务。

(2) 让客人惊喜——用心去做事，向顾客提供个性化服务，从满意提升到惊喜。基本要求是：

①理念深化：客人就是亲人，就是家人。

②识别顾客潜在需求。

③“查、问、听、看、用”五字方针：前四个字要求通过查看客史档案、询问客人要求、倾听客人谈话、观察客人行色及时获取客人需求信息，第五个字要求运用好顾客信息，把它转化为服务行动。

(3) 让客人感动——用情服务，在生理感受和心理感受上都超出客人的预期值，达到双满意。基本要求是：

①理念升华：客人胜似亲人，客人胜似家人。

②追求的结果：把顾客变成真正的忠诚顾客。

③超级服务标准：超常超值，投入情感。用超值服务感动顾客，用服务情感打动顾客。比如，问寒问暖、扶老携幼，为客人排忧解难，救急救险，义务性的额外投入等等，这是服务的深层内涵，也是服务的最高境界。

请看以下某优质服务的案例：

一日某酒店接待了一位公司老总。酒店按A级VIP接待程序，做了细致、详尽的准备工作。但客人入住酒店后，高档次的礼宾规格，员工热情礼貌的微笑、问候和服务都没有引起客人的关注，客人脸上反而似乎有些不悦。服务员小胡想：客人一定是哪不顺心或是有烦心的事，我该为客人做些什么呢？

通过打听，小胡得知上午客人兴致勃勃地前往南岳衡山参观，并在大家的怂恿下抽了一个签，不料恰恰抽了一个“下下签”。原本不怎么在意的客人心中却有了个疙瘩。同时在清理房间时，小胡发现客人的桌上还放了许多药，猜客人一定是原本身体就不舒服，加上抽了一个下下签，所以心里总是不快。

想到这，小胡主动为客人倒了一杯白开水，把药的用法与用量清楚地写在便条上。同时，为了让客人宽心，她还特意为客人做了一个别具匠心的晚安卡，上面画上了俏皮的小卡通画。晚安卡上这样写道：“尊敬的客人：欢迎您莅临××大酒店，希望这里的一切能让您满意。听说您近来身体不太舒服，工作太忙，请您要保护和爱惜好自己的身体。南岳衡山的签有许多是相反的，我也试过，真的！我想运气和命运应该都由自己把握的，对吗？愿您每天都有好心情。健康、快乐、平安才是最重要的！客房部全体员工敬上。”

目前无论国内还是国外，应采用标准化服务还是个性化服务是一个引起争论的话题，人们的共识是：标准化服务是基础，个性化服务是趋势。采用个性化服务还是标准化服务与酒店的档次也有关，中低档酒店倾向标准化服务，高档酒店倾向标准化和个性化服务的统一。

二、客房个性化服务表现

（一）不同宾客类型服务

1. 初次入住客人服务

初次入住酒店的宾客，一般对酒店的服务和设施都有着新鲜感和体验热情。由于这一部分客源对于酒店来说，是数量最多的也是最不稳定的一部分客户，因此给客人一个美好的第一印象，让他们快速地建立起对酒店服务的信任感，无疑是其迅速转化为酒店的回头客的关键所在。

小组讨论

傍晚 6 点半，客房服务员小张接到 2503 房客人入住的消息，立即准备好香巾茶水送入房间，刚好他听到了客人夫妇的如下一段对话：

吴先生：老婆，不是说好 6 点在大堂等吗？怎么迟到啦？

吴太太：没事没事，下楼时脚扭了一下，晚了点儿。现在没事了。

吴先生：是吗？小心点啊！

吴太太：知道啦，真没想到咱们的结婚纪念日刚好是周末啊，你说，咱们明天去哪玩儿？

吴先生：既然到海滨城市了，那不如就去海边转转吧。

吴太太：好啊！还要去尝尝当地的美食，平时工作太忙没空出去，这次要补课啦！

吴先生：好好好，都听你的！

请三位学员分别扮演吴先生夫妇和小张，表演该场景，重点思考小张应该为客人做些什么。

服务要求

（1）入住之前。对于预订入住的宾客，客房服务中心应提前从前台预订处或向营销员了解客人基本信息，如姓名、人数、类型、抵店时间等等，提前安排相对应的房间，而对于直接入住的新宾客，由前台登记人员快速将客人基本信息传送给客房部。

（2）迎接客人入住。在客人入住时客房部楼层人员及时送入香巾茶水，注意了解并及时处理客人有关需求，将涉及其他岗位或部门的服务需求及时传递，便于提供个性化服务。

（3）客人入住期间。客房服务人员应在客人住店期间积极提供各种细微服务，进一步加深和提高客人对酒店的良好印象。

服务员在整理客人房间时，应从客人的房间细节情况及时地发现并提供相应的细微服务乃至个性化服务。比如当见到客人房间有自带的水果时，当见到客人自带熨斗时，当见到客人携有较多衣物时，当发现客人吃水果只吃某一两种时，当发现客人是穆斯林时等等。

4. 客人离店。服务人员对当天退房的客人要着重了解其具体退房时间，在楼层送别客人，询问客人是否需要协助收拾行李或叫来行李生协助，征询客人对房间服务的意见，并欢迎客人下次光临，客人下楼时应将信息及时传递给前台结账人员及大堂副理，以便及时做好结账及送行事宜。客人走后对其个性化信息进行记录存档，以便在客人再次入住时提供个性化服务。

服务提示

①对于新入住客人，由于了解不够充分，因此提供相应服务时须特别慎重，以不打扰客人、方便客人为原则。

②所有服务均应在酒店规定范围内进行，不触犯相关法规或宾我双方利益。

③对于客人提出的合理化建议，应及时地向客人致谢并上报，如客人提出意见或投诉，应立即致歉及感谢，有条件的在客人入住期间即予以改善，如客人已离店的应在客人再次入住之前做好整改，如问题较为严重的应交大堂副理与客人取得联系。

2. 常熟客人服务

与本地业务来往密切，同时又认可酒店的常熟客，经常是频繁而有规律地入住酒店。要特别注意使这一部分客人能稳定地享受到我们为其量身定做的个性化服务。通过长期、真挚的服务使他们逐渐与酒店建立感情，成为忠实的客人和酒店长期义务宣传员。

服务要求

(1) 客人入住之前。

①接到预订信息后，及时联系前台安排好客人喜好的房间。

②查询客人相关客史档案，了解该客人的个性化服务信息，提前对房间进行个性化布置。

③如是重要的常客，则还应准备印有客人姓名的浴衣包、信封信纸等专用物件，使客人在进入房间时倍感亲切。

(2) 客人入住时。

①准备香巾茶水送入房间。

②如为 VIP 熟客则应提前在通道等候客人。

③客人到达楼层时，楼层服务人员应以客人的姓氏称呼客人，欢迎客人的再次光临。

④对于较为熟悉的常客，在不打扰客人的前提下，让客人认识或熟悉的服务人员也一同到场，让客人进一步有回家的感觉，进而向客人征询服务意见和服务要求。

⑤接待的时间要掌握得当，在服务完成后应及时退出房间，以免影响客人休息，同时将客人吩咐的各项服务事项做认真记录并交接到相关岗位。

(3) 入住期间。

①按常熟客人以往的作息时间对服务内容做出相应调整。

②在客人外出用餐时及时进房整理，并送上客人喜欢看的报刊。

③根据房间的实际情况，适时提供相应的细微服务。

④对于观察到的新现象，应及时将新个性信息记录在宾客档案里。

⑤客房部管理人员应在适当时机与客人交谈，如客人从通道经过时、客人早餐的闲暇时间，或专门与客人约定一个交谈时间，一方面了解客人的意见和建议，另一方面加强和客人的交往，加深宾我感情。

(4) 客人离店。

①楼层督导及服务员在客人退房时前往房间协助客人收拾行李，并适时询问客人的服务意见或需要我们协助完成

的事项。

②对于客人交代完成的事项，应认真听取并做必要记录，最后送客人至电梯间，欢迎客人再次光临，目送客人下楼。

③将客人交代完成的事项上报部门，安排专人落实，将客人留在房间的遗留物品(如衣物、洗漱用品等)想办法交还客人或送交部门遗留物品仓库，妥善保存并做好记录。

服务提示

①建立档案——对于常熟客，做好客史档案的记录是提供好这部分客人细微服务的前提，通过详细的档案记录使每一个新老服务人员都能有章可循，使得我们为客人提供的细微服务始终如一，备受信任。

②全面服务——常熟客因为经常入住酒店，在对他们的习惯了解较详细的基础上提供周全的服务，不要因缺漏而影响稳定的服务质量。

③准确服务——要能在服务过程中积累客人真正的生活习惯和爱好，不要将客人临时的要求错认为他的习惯，使客史资料杂乱，继而提供多余的服务。

④创新服务——服务人员在为常熟客提供细微服务时，应适时有所创新，根据实际情况灵活变化，给宾客新鲜感甚至惊喜，避免重复、无新意的服务让客人感觉麻木。

3. 旅游团队客人服务

旅游团队的活动一般有组织有计划，日程安排紧凑，活动时间统一，店外活动较多，游客特点多是自由组合，职业各异，年龄有时相差很大，客人白天在外观光体力消耗较大，因此照顾好每一位旅游团队客人就需要酒店适当加大人力投入，保证给游客创造一个良好的休息环境。

小组讨论

某五星级酒店接待一个日本的观光旅游团，团员几乎都是老年人，其中还有两位腿脚有残疾，行走需要拄拐杖，请为此团队设计客房服务方案。

服务要求

①住店期间一定要做好第二天的叫醒服务，服务员在接到客人的叫醒要求时，一定要确认好房号和叫醒时间，叫醒时一定要听到客人的回应，必要时进行第二次叫醒，以免耽误客人活动。

②服务过程中要做到走路轻、说话轻、操作轻。

③开夜床服务周到及时。

④对于住店期间生病或者患有残疾的客人要给予适当的关心和问候，如果客人病情较严重，要协助客人就医。

⑤旅游团队如遇到困难，应提供尽可能的帮助。

⑥客人离店时，做好查房工作，查看客人有无遗留物品，如有，及时送还客人。

（二）不同身份宾客服务

1. 知名客人服务

作为高星级酒店，由于档次较高，往往成为社会知名人士选择下榻之所。对社会名人提供的服务应更加谨慎，力求做到零差错，服务贴近客人，保护客人私人空间，营造一个让这一高端群体客人信任及体现其尊贵身份的服务环境。

小组讨论

一位著名女演员入住客房时应如何接待?

服务要求

（1）入住之前。

①接到名人预订信息后，客房应做好充分的准备工作，提供最佳房态的房间给前台安排。

视不同名人布置房间物品，若是明星则在房间加入多瓶蒸馏水、纸巾、棉球，若是文化名人则在房间摆放多份报纸、相关杂志或其感兴趣的著作等。准备高级别的时令水果盘、艺术插花，撰写欢迎函。

②安排服务技能娴熟的员工和楼层督导指定全程负责对客服务，培训他们熟悉和掌握客人的各种生活习惯、喜好和禁忌。

③在有条件的前提下，掌握客人的行程安排，对从入住到退房全程安排做到心中有数。如即将下榻的名人为政要或文体坛明星，则视需要安排 24 小时专人服务。

（2）入住之时。

由客房部经理和专职服务人员在通道迎候客人，准备级别较高的迎宾茶服务，由于名人所带随行人员较多，香巾茶水的数量准备要充分。当客人进房后，服务人员要准确称呼名人的姓氏和职务，并送上独具地方特色的迎宾茶。

服务提示

①重点突出：对名人的个性服务重点在于满足客人高层次的精神需求，如本地籍文化名人对乡土的怀念尤为突出，房间摆放本地风物的一些旧照片，满足客人回乡感受乡情的怀旧之情。

②专人服务：名人入住后因为房间经常要进行小整理，以保持美观，在进行此类服务时一定要在客人外出后立刻进行。而在名人入住期间为保证安全隐秘和服务连贯性，需安排固定两或三名员工对客人进行专人服务。

③保密意识：作为一名合格的服务人员，应该具备为名人客人保密的意识，客人的个人资料、生活习惯都不应该随便泄露，以免产生不必要的纷争与纠纷。

2. 新婚客人服务

对新婚客人的个性化服务主要集中在房间布置上。

小组讨论

请小组讨论对新婚客人的服务程序和要求。

服务要求

（1）入住之前。

①得到信息：接到新婚房的通知，服务中心立即通知新婚房所在班组及综合组的督导。

②具体布置：为烘托喜庆进行气氛布置，将床上用品换成新婚房专用的系列用品，在房间各处如房门、灯罩、镜面等处张贴“喜”字，用彩色饰带点缀天花板，应客人要求将壁画换为结婚照或将镜子用红纸封起来。

③根据需要配备物品：将白色餐巾换成红色的，准备绣有“喜”字的红棉拖鞋，用巾类折叠鸳鸯一对，祝福客人相亲相爱。如果是本地客人在酒店宴请的，需增加折椅。将开水、茶叶、杯具、托盘、烟灰缸提前备足，一部分先放入房间，一部分放在工作间。

④符合习俗、赠送花果：插花配以红掌或百合（取“百年好合”之意），使用新婚房专用果盘，摆放柑橘及利是糖（取

"大吉大利"之意),配上用大枣、花生、桂圆、莲子等干果封装的红包(取"早生贵子"之意)。

(2) 入住期间。

在客人抵店前做好一切准备工作,在客人入住后尽量不要打扰客人,遇到客人应致以祝福,尊重客人习俗。当发现房间有贺喜的来访客人,及时送入茶水。

当通过客人的谈话、举止发现住店客人为蜜月旅行的新婚夫妇时,或在与客人的交流中得知当天是客人的结婚纪念日时,在征得客人同意的情况下,及时通知服务中心安排该房按新婚房布置并送上鲜花和时令水果向客人表示祝贺。同时在客史资料上加入结婚纪念日的记录。

服务提示

①尊重风俗——中式的婚礼一般根据当地不同的习俗而有较严格的讲究。服务人员不但要对这些讲究有充分的了解,还要通过服务认真配合,符合民间好兆头的风俗。

②捕捉准确——在积累了一定丰富服务经验的基础上,员工们有足够的服务灵感,才能准确发现入住的客人是蜜月新人或是恰逢结婚纪念日,而不会因发现服务机会而出现失误引起笑话,画蛇添足。

3. 长住客人服务

酒店的长住房收入是酒店客房收入的重要组成部分,而长住房数量的增加与高质量的客房服务密不可分。

长住房服务有别于普通客房服务,它要求每一位服务者花费更长的时间和精力,让长住宾客真正感受到酒店"家外之家"的温馨。其服务的特点是:事无巨细,体贴入微,个性服务,想客之所想。

小组讨论

A. 某酒店长住客人、外资公司总经理 Mr.Martin 每天坚持晨跑。昨夜下了一场小雨,草地是湿的。他晨跑半小时后,球鞋全湿透了,因赶着去上班,就随便将鞋放到一旁。

B. 长期住在酒店 608 房间的郑小姐,每天总会在房间内一个精美花瓶里插入一束洁白的百合花。但这两天,随着郑小姐的行色匆匆,鲜花像要凋谢一样。

针对上面两个场景,可设计怎样的服务,如何实施?

服务要求

(1) 入住之前。

①客房中心在接到长住客预定的当时,就迅速将信息反馈到部门相关服务岗位。

②客房部长住房小组负责人主动联系营销人员了解宾客的第一手信息,如宾客类别、住店时间、住店原因及有无居住禁忌等等,务求尽可能的详细。

③根据客人特点对房间进行针对性布置,如在房间增加晾衣杆、衣柜、书柜等物品。

④检查好房间各类设备包括电器用品以及所附说明书是否齐全,是否按即将到来的客人的语种做了准备。

(2) 入住当天。

房间所在区域主管在当天客人到达之前送入精美的艺术插花及客人喜好的时令水果。客人到达时,由该楼层管理人员、员工在门口迎接客人，送上欢迎客人的香巾茶水(外国客人可改送咖啡、冰香巾)。

楼层主管主动向宾客介绍房间设施及相关服务人员，并在沟通过程中适时了解客人的服务要求，同时服务于客人开口之前。主动为初到本地的客人介绍当地的风俗习惯、风土人情，介绍酒店内相关情况，可带客人熟悉酒店环境，如介绍公寓特别配套设施等。

(3) 在住期间。

①入住初期。了解客人基本情况，如了解客人基本作息时间，以便合理安排清扫时间;了解客人基本喜好，如客人兴趣爱好、食品喜好或各种禁忌。(提示:服务员在了解的基础上特别注意尊重客人习惯以争取赢得客人信赖。)

②熟悉融合阶段。深入了解客人需要，分析客人类型，如性格是开朗型还是沉默型，根据客人的不同特点采取不同的沟通、服务方式。

③稳定亲切阶段。服务员在每天清洁房间过程中应仔细观察房间的细微变化，发现和掌握各种服务信息;安排的服务人员要相对稳定，以便客人熟悉，产生亲切感;经常征求客人意见，发现问题，及时解决。

服务提示

①恰到好处——在实施每一项对客服务(尤其是个性化服务)时，一定要做到事前充分了解，仔细研究，服务中要把握分寸，使每一件细微服务都能收到良好的效果，避免适得其反的尴尬。

②不失原则——一切行动均在不违反酒店规定、不损害宾我利益的前提下开展，不提供超出酒店能力的服务，不提供有违各种法规的服务，不提供有损宾客利益的服务。

③分清宾我——客人始终是客人，在工作时间里，在面对宾客时，应始终保持一个良好的服务者的形象，不可以因为客人的不在意而降低服务标准，不可以因为与客人熟悉而在客人面前有过于随便的言行，对于客人赠送的钱、物应上报由楼层主管视情况处理。

④贴身管家——有条件的酒店也可以为长住客人提供贴身管家服务，由贴身管家提供 24 小时开机的联系方式，随时保证为客户在居住期间解决遇到的问题。

4. 行政楼层客人接待

现代高档、豪华酒店一般都设有行政楼层(The Executive Floor)，专门接待往来于国内及世界各地从事商务活动的客人及名人和高级人士。该楼层提供有别于普通客房楼层的贵宾式服务，因此，被人们誉为“店中店”。

服务特色

(1) 向商务客人提供更多、更细致、更具个性的专业化服务。

专业化服务具体表现在单独设接待处、单独设酒廊、单独设商务中心上，提高了行政楼层客人始终被尊重的身份感，使客人体会到家的感受。

(2) 服务人员的专业素质和特殊素质要求高。

在行政楼层从事接待服务的管理人员及服务人员，在形体、形象、气质、知识、技能及外语等方面条件突出，均接受过严格、系统的专业培训。他们在熟练掌握了前台预订、接待、结算等技能的同时，还应掌握商务中心、餐饮方面的服务技能和技巧，尤其善于与宾客交往、沟通，能够圆满地处理客户关系，协调性强。

(3) 个性化的私人管家服务。

商务客人之所以优先选择行政楼层，设施及环境的舒适条件固然是重要因素，但最为他们看重的是行政楼层所提供的细致入微、个性化的“私人管家”服务。

①对客人一见如故。行政楼层的接待服务人员只要见过客人一次，第二次再见面时就可以称呼客人的姓名和头衔，客人由此产生被重视和被特别关照的心理满足感和荣誉感。

②对客人体贴入微。行政楼层的接待服务人员对每一位在此下榻的客人都要做详尽的客史档案记录，记录下客人的喜好、嗜好、偏好，使客人每次下榻时都会惊喜地看到按自己的习惯和喜爱的方式所布置的房间，甚至连所喜爱的某种品牌或特殊规格的物品都已放在熟悉的位置。因此，行政楼层的房价虽然大大高出普通客房的房价，但是仍不断吸引着众多的回头客及商务客人。

服务项目

(1) 轻松入住。由专人负责办理入住登记手续，气氛怡然。

(2) 丰盛早餐。自助餐台上各种食品、饮品丰富，任客人自选，就餐酒廊环境幽雅，接待人员态度热情、动作敏捷、服务意识极强。

(3) 时事动态。还附设有多种中外报刊，供客人选择浏览，同时播放国际卫星传输的电视新闻、专题节目等，使客人随时了解世界各地要闻及商业经济动态。

(4) 悠闲午茶。每天下午按时布置好茶水台，各种茶饮、茶具、软饮及点心免费供客人选用。

(5) 鸡尾酒会。行政楼层在晚间还精心安排免费为本层客人提供结识新老朋友、沟通关系的鸡尾酒会，使客人度过美好之夜。

(6) 商务洽谈。行政楼层所设置的各种会议室和洽谈室及配置的复印机、传真机、电脑工作台、多功能投影仪等设备一应俱全，并提供打印、翻译、装订文件、发送文稿等商务秘书服务。

(7) 委托代办。行政楼层为商务客人出行、中转提供票务、订房、订车等代办服务，使客人足不出户，便可享受快捷、方便的服务。

(8) 快速结账。行政楼层接待服务人员可以为客人在本层或房间办理离店结账手续，并提前安排行李员或代订交通工具，最终给客人留下美好的印象。

服务程序

(1) 行政楼层客人接待程序。

①为客人准备好登记卡，如果有客人以前的记录，则客人只要签名就行了。

②在客人到达前 1 小时，客人的房间就应该准备好，在职的行政楼层接待员将检查客房所有物品、登记卡、欢迎卡和钥匙。

③在客人到达时，行李员将陪同客人到总台，大堂副理或前台接待将和行李员陪同客人到行政楼层做入住登记。

④在行政楼层上，给值班职员介绍

客人，并为客人提供饮品。

⑤行政楼层接待员为客人填写入住登记卡。

⑥行政楼层接待员将陪同客人到他们的房间，介绍行政楼层的设备和各项优惠政策。

(2) 行政楼层客人离店程序。

①询问客人离店时间以便做好车辆的安排。

②如果客人想用信用卡、现金或支票付款，收银员将根据标准程序解决。

③如果客人的账单说明要送到公司付款，则账单应该得到客人的签名，确保以后的费用都已登记。

④叫行李员收集行李，陪同客人到大堂。

⑤行政楼层的接待员应该通知大堂副理，确保车辆已安排好。

⑥大堂副理在大堂看到客人离开应该说："谢谢光临本酒店，祝您旅途愉快，欢迎下次光临。"

服务提示

①针对客人需求，为客人定制个性化的创意客用品，如信封、信纸、打火机等。

②完善客史档案，提供个性化服务。

③商务客人叫醒服务、邮件传递服务、洗熨衣服务等较多，要特别留意做好服务。

下面是某五星级酒店对商务客人客房物品设置的细节调查结果：

现在的商务客人显现出一个显著特点，即这个群体越来越年轻化，也喜欢追求时尚，追求品位，追求温馨享受。统计表明，90%的商务客人关注客房是否具备满足现代商务客人的多功能特点，是否可以在客房内足不出户就能满足其商务活动的要求。因此传真机、电话、宽带是必备条件。客房灯光也是一个重要考核因素，客房内需要有一块光线充足的区域以供商务客人从事公务或阅读。几乎每位受访的商务散客都对酒店客房内布件有要求，希望可以拥有全棉织品，织品、巾类的纤维指数要高，这样会感觉舒适。80%的商务客人对客房内摆放水果、矿泉水这一类物品认为是应该的，但对于摆放的内容有不同意见，多数人并不喜欢也没有时间将水果削皮、洗净后再吃，他们宁愿酒店提供给他们的是巧克力、精致俏皮点心或饼干、盒装牛奶，甚至还有口香糖。他们更喜欢浴室内有一枝娇艳欲滴的玫瑰花，尤其是女性商务客人。

这样的调查资料可以给酒店管理者不少启示。

(三) 特殊宾客服务

1. 生病客人服务

生病的客人大致有以下几类：在住期间不慎染恙，或身体存在一些"老毛病"，再或者发生意外受伤事件。身处异地的客人，不适的时候最需要的是服务员真诚的关怀和恰当的协助，这样客人才能感受到家一般的温暖。

小组讨论

遇到以下问题时怎么办？

当做房时发现客人抱恙在身——

当见到书桌上突然多了几盒"感冒药"——

当见到房间内放着几剂中草药——

如果在流行病高发时期发现房间有相关的治疗药物，或者客人有明显的传染病、皮肤病症状——

如果客人发烧或反映其腿脚酸痛——

如果客人胃痛或畏冷——

如果客人受了风寒——

服务要求

(1) 入住之前。如果熟客在订房时顺便提到近期身体不适,例如腰疼,客房部应主动联系客人,征得其同意后将备用的硬床板加入房间,再在沙发上放一个抱枕。

(2) 入住当天。在楼层欢迎客人,嘘寒问暖,表示关心和慰问,询问特殊需求。

(3) 在住期间。发现客人生病,服务员应表示关心问候,若客人自备药品,应按医嘱或药物说明帮助服药,并作出代请酒店医生或送往医院的建议。此后应格外关注客人的起居饮食,提供一切其可能的需要。还要向上级汇报,视情况送鲜花或水果慰问客人,做好跟踪服务。

服务中心接到客人的求助电话时,应根据实际情况选择合适的服务人员。服务员接到通知后应立即赶到房间,配合医务室医生对客人进行救护。在未弄清楚原因之前,不得移动客人,以免造成更大伤害。必要时灵活变通服务规范及程序。

服务提示

①严守规范——服务员应熟知酒店医疗室的地点、电话、出诊程序,以便清晰地向生病客人介绍。服务员需严格遵守不得擅自承诺客人外购药品的规定。

②完善客史——分辨清楚客人此次反映的身体不适是偶然而至还是"老毛病",在客史资料上详细注明,以免下次客人入住后闹笑话。

③把握分寸——服务员在关注生病的客人,为其提供服务时,注意不可热心过度。

④用药安全——为了保证客人的用药安全,服务员绝对不能自作主张给客人提供药品或向客人推荐药名。

⑤信息保密——对于生病客人的病情等各种信息,服务人员有为客人保密的义务,不得随意将有关信息泄露。

2. 醉酒客人服务

客人醉酒在酒店是经常出现的情况,对于醉酒客人的服务经常要落在客房服务员的身上。用不正确的方式处理醉酒的客人会增加客人的痛苦,严重的可能会产生生命危险。

小组讨论

晚上9点,客房部小金在20楼巡楼时,发现1005房门口躺着一位酒气熏天的客人,客人口袋里的东西散落一地,其中刚好有房卡和证件,他拿起房卡和证件对照后证实客人的确是1005房的王先生,于是他打开房门将王先生扶了进去,尚存一丝清醒的客人对他说了"谢谢"后就进了洗手间,小金退出门外,还是不放心,5分钟后再次回到房间门口,发现里面非常安静,为防不测,小金在敲门无应后再次打开房门,这时他发现客人已经光着身子躺在浴缸里睡着了……

面对这种情况,小金应该怎么办?

服务要求

(1) 进房之前。

①接到前台通知有醉酒客人开房,服务中心应做好记录,通知相关人员,以确保服务的快捷、周到、安全。

②当楼层女员工接到为醉酒客人服

务的通知时，应尽量找男同事一同完成，服务时注意语言简洁、反应迅速，适当保持距离。

③在通道发现客人喝醉酒时，服务员应主动搀扶或护送客人回房间，注意验证房号、钥匙。

④应注意性别问题，如果是男宾醉酒应安排男服务员进行服务，同时尽量安排两名服务人员同时在场，避免产生不必要的误会。必要时通知大堂副理和保安到场。

(2) 进房服务。

①发现客人醉酒，服务员应主动送上热毛巾或大量温开水解酒，也可提供柑或橙之类的水果。

② 劝慰客人卧床休息，帮助客人保持侧卧姿势，将枕头适当垫高，避免客人因呕吐物妨碍呼吸而窒息。将垃圾桶、纸巾放在床前，如客人呕吐需及时清理。

③撤出房间内的锋利物品，以免客人受到伤害。

④当客人看起来很痛苦或情况危急时，应通知医生上房诊治。

⑤如果客人有不当行为，应及时回避，做好自我保护，同时上报。

(3) 服务延续。

①醉酒客人有人陪护时，服务员应告知客人需要服务时致电服务中心。

②较严重醉酒客人独自在房，服务员应联系其亲戚朋友或接待单位，以便看护。

③遇到醉酒客人要及时上报及交班，注意观察动静，以防意外。

④再次整理房间时，应注意查看房间设施是否被损坏或受污染，打开窗户排气。

3. 残疾客人服务

残疾客人是一个极为特殊的客人群体，虽然人数比例极少，但服务员对这些客人要特别细心、周到，要能设身处地地站在每一位残疾客人的角度考虑他们的特殊需求以提供恰当的服务，要充分了解他们的心理，避免一些容易引起他们猜疑的行为。

服务要求

(1) 入住之前。

①将客人安排在靠近客梯间并且卫生间较宽敞的房间，方便搀扶。为方便客人走动，可将原来放于卫生间地板的脚巾收起放回浴缸边上，为方便客人洗澡，可在卫生间增加塑料凳。

②将房间有棱角的家具更换成圆形家具，以免碰伤客人。

③了解客人伤残情况，做到心中有底，以免见到客人时大惊小怪。

④如果伤残客人是来酒店开会的，在会场的布置方面，尽可能保证通道宽敞，以方便客人进出会场。

⑤如果是伤残人士团体入住，客房部应对员工进行针对性的培训。

(2) 入住当天。

①在楼层迎接并帮助客人安顿下来，询问特殊需求，尽量给予满足。

②有亲友陪同的伤残客人，要及时向其亲友了解客人的起居情况、生活习惯和对服务工作的要求。

(3) 在住期间。

①当服务员发现客人打开房门探出身子欲言又止时，当服务中心接到从房间打来的电话而对方一直沉默无语时，应多想一想其中的原因，到房间查看一下情况。如果是聋哑客人，应通过笔谈

或比划示意弄清楚客人的需求，及时解决问题并随时关注。

②对无人陪同的伤残客人，客房部应调配合适的服务员照顾客人的生活起居，随时了解和征求客人意见，提供针对性的服务和护理。客人外出时主动询问是否需要轮椅和叫车服务。

③残疾人士团队入住时，客房部应在楼层增设临时台班，24 小时值班服务，最大限度地给客人提供方便。

④与客人沟通时，使用恰当的语言。

⑤伤残客人在酒店开会，开始和结束时需安排员工在会场门口、通道、电梯间引领、搀扶客人进入会场或到餐厅用餐。对手部残疾的客人，可选用温度适中的饮品并配以吸管，方便客人饮用。

服务提示

①真诚相待——一般的残疾客人虽然在生活上不如常人那样方便，但他们自理能力非常强，他们也不愿意常人对他们另眼相看，因此在对他们的服务上除了提供必需的设备外，在态度上要让残疾客人觉得他们和普通客人没什么不同。

②尊重客人——当残疾客人入住后，要提醒服务员不要做出夸张的表情或窃窃私语，同时禁止员工将客人作为话题到处议论。

4. 儿童客人服务

酒店房间的设计一般是以普通成人为目标人群的，因此儿童的到来就需要客房部针对这部分客人的特点进行一番精心布置安排。对于住在酒店的孩子和他们的家长来说，安全、卫生、舒适是让他们满意的至关重要的环节。

服务要求

(1) 入住之前。

①客房部在接到有儿童入住酒店尤其是团体入住的通知时，应向营销人员了解儿童的年龄、国籍、此行目的等情况，提前做好准备工作。

②如果是六岁以下婴幼儿入住酒店，免费提供婴儿床。

③房间加入儿童澡盆、儿童衣架、儿童拖鞋等物品。给身份特殊的小客人准备简单的糖果及安全的玩具。

④做好房间细致卫生，特别是地毯的清洁。如为爬行阶段的婴儿，可准备洁净的报废床单，待客人入住时征求意见后铺在地毯上。

⑤在不影响起居的情况下，将带棱角的家具集中放在房间角落，给插座孔贴上绝缘胶布或插上专用保护插头，避免儿童受到碰撞或触电等危险的伤害。

⑥幼童入住，给床铺、沙发做好保护措施，避免便溺污染；学龄儿童入住，应适量增加纸张，避免涂鸦污染。

(2) 入住当天。

①在楼层欢迎客人，对“小客人”给予真诚的赞美，蹲下来和孩子说话，介绍酒店内他们感兴趣的地点及设施。

②征求客人对房间布置的意见，尽量满足其需求。

(3) 在住期间。

随时关注儿童入住期间的动态，提供必要的细致和有针对性的服务。

服务提示

①亲切热情——客人带儿童入住酒店往往有许多需要帮助的地方，客房服务员在对这类客人服务时一定要主动、热情，使客人感觉像在家中一样方便。

②保证安全——许多儿童都很活泼可爱，很容易引起服务人员对他们的喜爱，因此在逗孩子或带孩子玩耍时一定要先征得家长的同意，在给孩子食品、玩具时一定要注意保证安全。

三、客房专职管家服务

当乘坐的飞机还在空中盘旋，你的习惯、爱好已经被"他"掌握；你一天中最早见到的人是"他"，晚上不论多晚回来，"他"都在等待；"他"帮你订餐、订车、订票……

"他"对当地的各种娱乐活动、餐饮地点了如指掌，能够适时推荐，如果你有需要，"他"可以临时充当秘书或翻译……有这样一个"他"在身边，不但你的生活无后顾之忧，而且一种尊贵感也会油然而生。

这个"他"是谁呢？

"管家服务是管家协调所达成的无缝隙的服务，是实现客人高度满意的服务途径！"英国专业管家行会会长兼董事长罗伯特·沃特森如是说。

英文为 BUTLER SEVICER 的"管家服务"，源于英国早期贵族家庭中的管家服务，如今已经演变成酒店业的专业。无缝隙服务，是中国酒店业新兴的服务岗位，其充满个性化、细微化的客房服务往往令宾客获得出乎意料的惊喜。

专职管家服务在国内酒店中还处于发展阶段，国内很多酒店都开始开发专职管家的服务功能。由于很多单体酒店因人力、物力条件的限制，配备的专职管家数量偏少，无法同时兼顾数百间客房的服务，且该岗位的服务职责、服务方法尚待摸索。

(一) 管家特色

(1) 他们坚持以人为本、待客为尊，是一批用自己的知识和技能为尊贵的高端客人提供优质服务的服务人的杰出代表。

(2) 他们更是这样一个优质服务提供者的代表——"择业爱心、敬业诚心、勤业恒心、专业细心、乐业贴心、职业用心、事业尽心"。

(3) 他们以绅士和淑女的姿态、职业般的素养和专业化的服务出现在尊贵的顾客面前。

(4) 他们提供的服务不仅包括承接客人的委托代办事项，而且要预测和分析客人需求，主动设计并提供符合客人需求的服务产品。

(5) 他们提供的服务是专业的、超值的，是为顾客着想的，是富有人情味的，是用心极致的，是不断满足并超越顾客需求和期望的。

请看以下案例：

9月20日是刘女士第99次入住某酒店，为了让其在第100次时充分体验到酒店精细、圆满、周到、美好的服务，作为她的管家张艳开始了精心的准备。

首先为其准备了女士用房，提前两天要了2枝百合(花期7天)放在茶几上；绣有其名字的浴袍、毛巾等用品，都摆在了相应的位置；一个1米高的洋娃娃和一个乖巧可爱的小玩偶手牵手坐在沙发上；一盒德芙巧克力悄然地在床头等待着；一封黄金管家言恳意切的感谢信放在了抽屉里；一双厚厚的、暖暖的棉拖鞋摆在了床前……

9月20日20:15，刘女士进入大堂，一切依计划行事。张艳带着2名曾受过刘女士好评的员工，手托着2瓶软饮、1个烛碗、2杯红酒、2碟西点、1只信封(内有她今晚的住房押金)、1篮水果来到刘女士房间。刘女士看着这一切惊讶地问张艳:“小张,我住的这是谁的房间?你们怎么不收我的费用?”

张艳轻轻地告诉她:“刘女士,到今天您入住我们酒店已经100次了。为了感谢您三年来的光顾,我们特意准备了这一切。”“是吗?”刘女士有些不相信地搂了搂那个洋娃娃。张艳把信封交到她手中:“是的。这钱您收好,这间房是我们专门为您免费提供的,希望您以后会一如既往地选择我们酒店。”“谢谢!谢谢你们!”刘女士不住地感谢:“这么多客人你们都能记住我,服务员对我像自己家人一样。你看,又是红酒、又是百合的,这么隆重又这么浪漫,我都不知道该说什么好了。谢谢!”

100次的入住,而且次次都是全价,这对于一个尚还年轻的酒店来说是一种莫大的支持。此次的无缝隙式服务,让刘女士得到了尊崇与专享的体验,使其更加坚定了对酒店品牌的信任度,成为酒店最为忠诚的客人之一。

(二)管家服务理念

文化理念:礼诚相待、和谐致亲。

服务理念:精细、周到、圆满、美好。

品牌理念:创造舒适、个性化服务。

(三)管家服务要求

1. 掌握客情信息,适时选择服务对象

作为客房对客服务的窗口,专职管家每日必须获取酒店经营场所的信息,如宴会情况、VIP、团队会务房间号、大型团队早餐(叫醒)时间、酒店各岗点的促销活动等,以便回答宾客的咨询。

当VIP抵店时,专职管家为VIP提供贴身管家服务,当酒店没有VIP下榻时,专职管家可以根据客情灵活调整对客服务名单:团队会务客户、楼层投诉客人、酒店常客、酒店会员卡客户、网络订房散客等,从中选取5至10名服务对象,并在当日工作日志中反馈,从而促进客房服务质量长期保持在良好的水平。

2. 收集宾客喜好信息

专职管家在服务过程中,应尽可能多地通过多种途径收集服务信息,如楼层夜床服务、主动拜访宾客,或在专间摆放“宾客喜好调查表”等方法,获取宾客的喜好信息,汇总到电脑客史档案中,构建常客个性化档案库。在对贵宾服务时,专职管家可以主动与宾客进行交流与沟通,了解宾客饮食、生活喜好,如宾客身份较高,则可从贵宾的司机、秘书处了解宾客的喜好,以便为宾客提供细微化服务提供丰富的信息来源。

3. 针对不同类型客人进行细微化服务

专职管家在服务过程中,应体现不同于日常的服务方法,服务中可以将宾客细分为十种,即对常住客人、初次入住客人、常客和熟客、久别客人、知名客人、新婚客人、儿童客人、生病客人、醉酒客人、残疾客人采取不同的服务方式,体现酒店的差异性、针对性、细微化的服务。

在为宾客提供个性化服务的过程中,专职管家还可以从不同客人的生活习惯、行李物品、兴趣爱好、宾客的身份等方面着手,合理布置房间,从细微之处体现酒店的真情服务。如宾客喜欢观看凤凰卫视的节目,专职管家在房间布置时,可以将电视机的频道提前调整到凤凰卫视频道,使宾客在打开电视时即能收看到自己喜欢的频道。

请看以下案例：

有洁癖的顾客

2010年5月26日，某酒店接待了一位有洁癖的特殊顾客马小姐。晚上，马小姐回到酒店房间不一会儿，就气冲冲地打电话投诉：有人进过她的房间，而且动了她的东西，还重新擦了整个卫生间！

经了解，白天马小姐出门后，男管家小郭到她房间打扫过卫生，他按照工作程序开窗通风、整理床铺、擦拭灰尘、倒垃圾、收拾卫生间等。除此之外，没有任何人进过1611房间。

马小姐疑心很重，对卫生的要求也很高，几乎到了苛刻的程度。她回到房间第一件事就是检查卫生，正因为她对1611房间已经自己消过毒，所以对酒店的再次擦拭服务感到生气。

有此发现后，酒店为1611房间调换了一名更加优秀的女管家小赵为其服务，因为马小姐不喜欢男士进入她的房间；并且与马小姐约定了打扫房间的具体时间。

接下来，贴身管家撤掉了卫生间的牙刷、牙膏、水杯等一次性用品，面台上只留下马小姐自己的物品。小赵每次进入房间都必须穿上鞋套，清扫房间也要佩戴白色手套。除此外，管家小赵还要做到：对马小姐的私人物品不触摸、不挪动位置；每次对卫生间的水龙头、马桶都用酒精消毒；每天增多对1611房间的打扫次数；对马小姐送洗的客衣、要求擦的鞋，都要认真仔细对待；对房间的每个角落都要仔细打扫；对床品、四巾等都要仔细检查等。

还有，马小姐喜欢吃水果，细心的小赵想到，她对洗水果也一定很讲究，于是，特意在卫生间面台上准备了一个盐罐，并放置了一个玻璃器皿，里面放盐水，以方便马小姐对水果进行浸泡消毒，并附上温馨提示卡片解释，说明盐罐和玻璃器皿均已消毒。

两天下来，1611房间都相安无事，出乎意料的是马小姐退房时对小赵的“盐罐服务”赞赏有加！小赵虽然很累，但听到马小姐的表扬，仍然非常欣慰！

4. 做好迎来送往

专职管家应尽可能多地获取与宾客接触、交流的机会，通过迎接重要贵宾抵店、欢送大型团队离店，都能增进专职管家与宾客互相了解。

5. 利用好工作日志和报表

工作日志包括如迎来送往团队入住、退房的时间；进房拜访记录与“宾客喜好调查表”的收集数量；每日重点服务宾客名单与服务事项；楼层特殊、紧急情况的处理记录；楼层宾客抱怨处理记录、当日楼层巡查与设施设备的检查等等相关内容，从而保证专职管家在关键时间出现在关键场所，使客房的整体服务更上一层楼，处处体现服务的细心、细致。

6. 利用好“宾客喜好调查表”，记录存档

“宾客喜好调查表”区别于“服务质量调查表”，是严格按照宾客的喜好来设计的，其表单内容往往有：宾客喜欢的房型（大床、小床）、床上用品（是否对羽毛用品过敏）、枕头菜单、阅读的读物（杂志、报纸）、水果和鲜花种类、饮料（绿茶、咖啡、红茶）、喜欢的电视频道、清洁房间的时间、客房温度等多项内容。宾客填写的“宾客喜好调查表”由客房回收，统一将“宾客喜好调查表”的内容输

入电脑系统中。在宾客下次抵店前,专职管家将在查看每日抵店信息中宾客的客史档案后,根据宾客档案提前布置房间,以创造惊喜。为保证"宾客喜好调查表"的有效回收,酒店应明确专职管家每日主动拜访宾客、收集表单的数量,征访宾客的名单可以是VIP、会员卡客户、酒店常客等等,从而保证电脑客史档案库的迅速建立。通过一两年的时间,酒店在完成常客资料档案库后,细微化服务也就迈上了新的台阶。

7. 不断提升专业能力

随着专职管家服务年限的延长,酒店在培训上也应逐步进行深化,如对宾客抱怨的处理技巧、楼层疑难问题的处理、旅游咨询与安排服务等。这会逐步强化专职管家面对客房紧急、特殊情况以及宾客抱怨情况的处理能力,从而提升专职管家应对突发事件的能力。

【任务拓展】

为了使酒店长住客人在他乡有家一样的体验和感受,酒店服务者应该能想客人之未想,为客人设计并创造一些特别的经历和体验,让客人惊喜之外还有感动,从而提升服务境界,给顾客留下难忘的回忆。比如:

1. 特殊日子的祝福

生日——在这个特别的日子里,主动为客人送上……

结婚周年纪念日——在这个值得回忆的日子里,精心布置……

外国客人的传统节日(如圣诞节)——主动送上……一切令他感觉仿佛身在故乡。

当获悉客人得到某项荣誉,取得某种成就或荣升了某较高职位时……

2. 组织文娱集体活动

风景名胜游——利用节假日组织长住客人们游览当地名胜古迹……

文化艺术荟萃——安排一些长住客人感兴趣的培训班……

要求学生分组讨论并通过校外调研完成此任务的设计。

【任务反馈】

总之,个性化服务大大丰富了优质服务的内涵,它是一门富有灵活性、创造性的高超艺术。灵活性在于不照抄照搬酒店服务的条条框框,因人而异,因时而变;创造性则在于给客人的服务超过酒店服务规范中的内容。标准化服务好比是躯壳,个性化服务则是灵魂。所以做好个性化服务不是一朝一夕的事情,要所有的管理人员和员工共同努力,带给客人最优质的服务!

个性化服务是不是要满足客人提出的任何要求?个性化服务中要注意哪些问题呢?

释疑:个性服务不能违背客人的意愿;个性服务要顾及客人隐私;个性服务不能影响酒店收益;个性服务要把握和客人之间的距离;不能因为个性服务间接损坏设备设施;不能因为个性服务忽视安全问题。

◆项目评价

【知识/技能评价】

①如何理解优质服务的内涵?优质服务有哪些要求?

②为什么要提倡个性化服务?

③客房专职管家的特色体现在哪几

个方面？管家服务要求有哪些？

④试述行政楼层的服务项目和服务接待规程。

⑤试根据不同的标准对酒店宾客类型进行科学梳理，在此基础上对不同类型宾客的特点、客房服务需求进行分析，并提出有效的服务对策。以小组为单位制定出服务方案策划书。

⑥分组走访酒店，调研宾客对客房服务的要求，并写出调研报告。

⑦假设某酒店将要入住一位 VIP 客人，请制定一份客房部的 VIP 服务接待方案。具体包括客史档案资料的查询、客房布置、餐饮安排、贴身管家服务、迎送接待安排等内容。

【实训演练】

序号	项目名称	实训内容及要求	实训操作步骤
1	模拟演练宾客到店、住店、离店环节各项对客服务的操作规程	真诚主动、热情礼貌、言语规范 服务接待准确高效、耐心细致 突发事件处理圆满	拟定角色，角色扮演 创设情景，准备相关服务用具 模拟演练操作 学生互评 教师点评
2	个性化服务程序	态度到位、技能到位、效率到位、方式到位、细节到位 服务主动性、灵活性、针对性强 为客人创造满意＋惊喜	按照客人类型分配任务给学生 学生收集相关客人资料 创设情景，准备相关服务用具 制定相应的个性服务方案 分角色演练，展现服务特色 学生互评 教师给予指导，提出改进意见
3	客人投诉处理	能正确理解客人投诉心理 心平气和、以礼相待、能设身处地地为客人着想 稳重、真诚、应变能力强 处理措施和技巧得当	网络查阅资料 收集客房服务经典案例 角色扮演演示客人投诉情景 演示投诉处理过程 教师点评

【项目链接】

如何做好客房服务

1. 服务质量的标准化

客房部规定按每间床位配备客用品就是标准化管理之一。

2. 服务质量的规范化

客房服务规范化是按照不同的客人服务档次和标准进行的，客人类型不同，制定的服务规范也有差异。比如在接待 VIP 客人时，安排专人负责，从客房卫生设备检查、鲜花水果的摆放、客人到达前住宿欢迎卡和 IC 钥匙的制作，到楼面迎客送茶送香巾、多次进房整理、离店的送别工作，这些都是事先制定好了的。

3. 服务过程的程序化

如我们清扫整理客房，从敲门征求客人意见到客人外出时清扫及环视检查、关灯锁门，先干什么后干什么都有要求，属程序化的范畴。由于客源不同，客人需求各异，对客服务的随机性和灵活性大，千篇一律地按程序化要求也不行，服务员只有想客人所想，时时处处以方便客人、以客人满意为目的开展服务，才会取得事半功倍的效果。

4. 无形产品的有情化

无形产品的有情化就是指情感化的服务，也就是说把情感服务融入有情化之中，服务热情周到、有人情味。

服务工作无小事，只要多留心做有心人，对客人多一份关爱，酒店的服务就会给客人留下难忘的印象。

拓展路径

①到图书馆查阅酒店服务相关的书籍，学习酒店客房贴身管理相关知识。

②访问与客房服务与督导相关的课程网站，查寻客房服务疑难问题处理等资料。

③搜索有关商务房、情侣房、海景房、温泉房、养生房等不同类型客房的布置与服务差异，结合客房个性化服务理念，谈谈个人看法。

项目五　洗衣房与布草房的运行与管理

◆项目目标

【行业要求】

了解洗衣房、布草房的主要职责及运行程序等相关知识，能做好布草收发、分类、储存、盘点和送洗等工作，并掌握客衣服务的方法与技巧，能按程序和标准完成衣物的水洗、干洗、污渍的去除等洗衣服务工作。

【终极目标】

使学生树立正确的布草管理理念，掌握布草房、洗衣房的管理要求和方法，具有较强的沟通协调能力、团队合作意识和节能意识，最终能胜任洗衣房和布草房的基层管理工作。

◆项目任务

在酒店经营活动中，布草房与洗衣房主要负责酒店所有布草与制服的分类、收发、洗涤等工作。洗衣房与布草房的管理水平、工作效率和服务质量，会直接影响到酒店经营活动的正常开展及成本消耗，而且影响客人对酒店形象及服务质量的评价。因此洗衣房与布草房的运行和管理是酒店客房部整体管理水平和服务质量的综合体现。

任务一　洗衣房的运行与管理

【任务目标】

熟悉洗衣房的组织结构、场地布局、清洁设备和工作流程；能够按程序和标准完成洗衣房制服、布草洗涤及洗送客衣的工作。

【案例聚焦】

"干洗"还是"湿洗"

一天，某位常住客的西装套装脏了，需要清洗，见服务员小李进房打扫卫生，便招呼说："小姐，我要洗这套西装，请帮我填一张洗衣单。"小李想客人也许是累了，便答应了客人的请求，随即按她所领会的意思帮客人在洗衣单上注明"湿洗"，然后将西装和单子送洗衣房。当班的洗衣工是刚进洗衣房工作不久的新员工，她毫不犹豫地按照洗衣单上的要求对这套名贵西装进行了湿洗，结果造成衣服洗后严重缩水。客人收到西装后，十分恼火，责备小李说："这套西装价值上万元，理应干洗，为何湿洗？"小李连忙解释说："先生，真对不起！不过，我是照您交代填写湿洗的，没想到会……"客人更加气愤，打断她的话说："我明明告诉你要干洗，怎么硬说我要湿洗呢？"小李感到很委屈，不由分辩地说："先生，实在抱歉！

可我确实……”客人气愤之极，抢过话头，大声嚷道：“我要向你们经理投诉！”

【任务执行】

住在305房的王先生明天上午9:00要参加一个重要的会议，需要洗衣房帮助他干洗一套西服，并尽快送还给他。请学生模拟服务场景，完成此项洗衣服务任务。

一、洗衣房基础知识

(一) 洗衣房的组织机构

1. 洗衣房的设立形式

洗衣房的设立形式与酒店的管理机制、规模大小、经营范围和客源状况有着密切关系，通常有三种情况：

(1) 洗衣房隶属于客房部。洗衣房所洗衣物大多来自客房部和住店客人，把洗衣房归于客房部管理，可以减少部门与部门之间的摩擦，保证客房部客衣服务的质量及所需布草的正常供应。洗衣房隶属于客房部是现今大部分大中型酒店的设立方式。

(2) 独立的洗衣部或洗涤公司。按这种方式设立的洗衣房一般具有先进的洗熨设备，不仅担负酒店的内部洗涤任务，还承接酒店以外的洗涤业务，在经济上也实行独立核算。

(3) 不设洗衣房，利用其他酒店或社会上的洗衣店和洗衣公司。中、小型酒店，由于需要洗涤的衣物和布草的量不是很大，以及资金和场地等方面条件的限制，通常不会拥有自己的洗衣房，而是采用把洗涤物送出去的方式，以降低在各方面的开支和消耗。

洗衣房的设立，除了酒店的规模、场地、资金、技术及对布草洗涤的要求外还需要考虑本地洗涤业的社会化程度。如果当地洗涤业社会化程度较高，酒店可采用与店外洗衣公司签订长期洗涤合同的方式，由洗衣公司负责酒店的洗涤业务。如在香港地区，社会化服务程度高，酒店基本上都不设洗衣房，洗涤业务由专业的洗衣公司承担。

2. 洗衣房的组织机构

洗衣房组织机构是根据洗衣房设备、规模和洗涤业务范围及其管理体制而设计的，某大型酒店洗衣房组织机构如下图 5-1 所示。

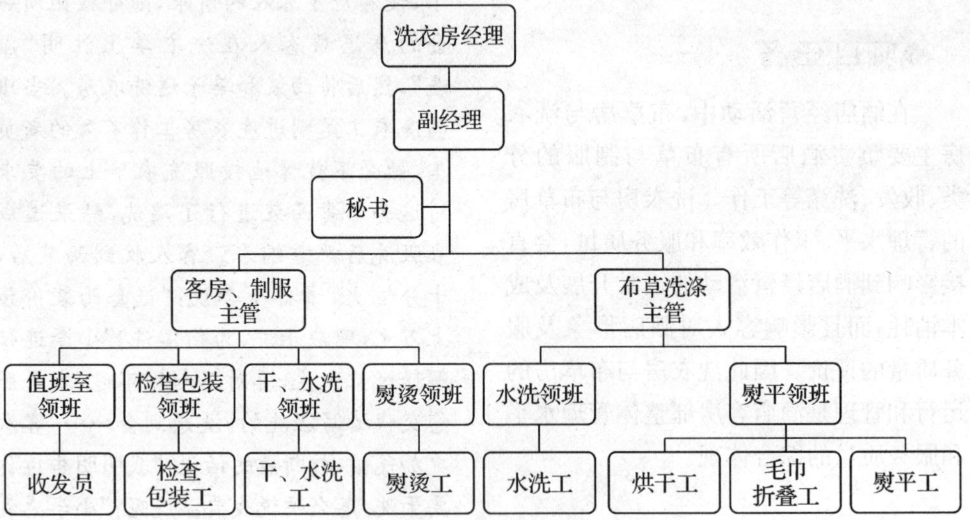

图 5-1　洗衣房组织机构图

(二) 洗衣房的布局

洗衣房应最大限度地利用空间、节约能源、提高工作效率,并尽量减少噪音及污染等负面影响。洗衣房的内部布局要根据其功能及洗涤流程设计,方便运行,提高效率。

洗衣房通常可分以下几个功能区:脏布草、脏衣物处理区,水洗区,熨烫折叠区,干洗区和内部办公区。

1. 脏布草、脏衣物处理区

脏的布草、衣物与干净的布草、衣物应从不同的出入口进出。送进洗衣房的脏布草和脏衣物需要分类,所以靠近进口处应留有分拣的地方,并配有打码机和称重器,以便进行衣物打码、编号,布草称重。

客房脏布草数量较多,有的酒店直接在建造时就设置专门的滑道,在每个楼层的工作间设有窗口连接该滑道,服务员可将脏布草直接倒入滑道,减少了搬运所需的人力和时间。使用该专用通道时各楼层服务员注意交错时间使用,应注意安全,不可将头、手等伸入通道,避免由于高处抛物带来的伤害。

2. 水洗区

通常设在脏布草、脏衣物处理区的旁边。一般酒店配有容量不同的洗衣、脱水机若干台。洗衣机旁应放置烘干机。

3. 熨烫折叠区

应靠近烘干机,以便于对洗过、烘干的布草进行熨平、折叠处理。熨烫折叠区配有熨平机、折叠机等设备。

4. 干洗区

通常在洗衣房内单独划出,将所有与干洗有关的设备放置在一起,如干洗机、光面熨衣机、绒面熨衣机、人像熨衣机、抽湿机等。机器熨烫和人工熨烫部分相对集中在一起,最好靠近出口处。

5. 内部办公区

通常设在进出口处,办公区内设有洗涤用品储存室。

(三) 洗衣房的设施设备

1. 机器设备

(1) 水洗机。水洗机是洗衣房最基本的洗衣设备,又称湿洗机。它主要用于洗涤床单、枕套、毛巾等布件,分全自动、半自动、机械操作三种。洗衣房一般根据洗涤量的多少配备容量不同的水洗机,既能保证大宗布件的洗涤效率,又能满足小件衣物的洗涤需要,节省能源。(如图 5-2)

图 5-2 水洗机

(2) 烘干机 。经水洗机洗净甩干后的布件及衣物仍含有较多水分,若直接整烫,会耗时、耗力,所以洗衣房应配置不同容量的烘干机。烘干机分电烘干机和蒸汽烘干机两种,酒店应根据能源供应情况选择。(如图 5-3)

图 5－3　烘干机

（3）熨平机。熨平机主要用于熨烫床单、枕套、台布等面积较大的棉织品。新一代的熨平机只需人工将甩干后的棉织品平整送入熨平机传送带，机器便能对棉织品自动熨平、熨干、折叠，有些机器还能在折叠时辨别棉织品的洗净度和破损情况，不合要求的会自动剔除。员工将床单等物送入传送带时要注意手与机器保持一定的距离，不能因为放入的床单等物品不平整而用手拉扯，以免发生意外。（如图 5－4）

图 5－4　槽式熨平机

（4）干洗机。干洗机是用一种叫四氯乙烯的干洗油来洗涤衣物的，因不用水洗，故称为干洗机。一些会缩水、变形和褪色的织物是不适合水洗的，而干洗油能除去衣物上的污渍，特别容易溶解衣物上的油污。（如图 5－5）

图 5－5　干洗机

（5）人像熨衣机。人像熨衣机主要用于熨烫干洗后的上装，由于其外表酷似人形，所以称人像熨衣机。其工作原理是将上装套在人像熨衣机上，打开蒸汽阀门，蒸汽使人像熨衣机的汽袋鼓起来，将套在人像熨衣机上的服装撑开，达到定型衣物的目的。（如图 5－6）

图 5－6　人像熨衣机

（6）绒面蒸汽熨衣机。绒面蒸汽熨衣机是根据熨烫原理而设计的，可以熨烫大部分的衣物，因而有“万能熨衣机”之称。此类机器操作方便、熨烫质量好、省时省力。

（7）光面蒸汽熨衣机。光面蒸汽熨衣机是根据熨烫原理设计的，主要熨烫一些能耐一定温度和可直接加热的纤维织物，对纯棉、混纺或某些化纤类织物熨烫效果更好，具有省时、省力、效率高、熨烫质量好等优点。

(8) 打码机。打码机是专为洗涤客衣而设置的。打码机的工作原理是:将不干胶打压在衣物的领腰袖等处,不干胶上的数字可同时打印出来,不论干洗水洗都不会脱落,方便快捷。(如图 5-7)

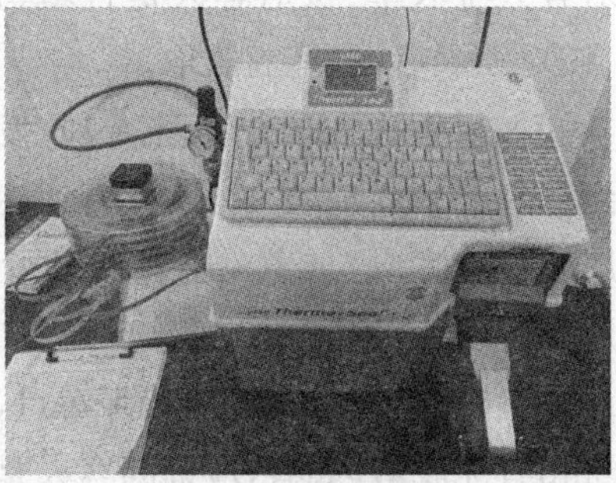

图 5-7　打码机

(9) 去渍台。去渍台用于布草衣物的去渍,在去渍台上能对织物各部位进行清楚的检查和去渍,与真空抽湿机配套使用。

2. 手工工具

(1) 熨斗。几乎可以熨烫所有的衣物,特别适宜熨烫某些特殊的服装或衣物的某些部位,如肩、领等。洗衣房通常选用自动调温型蒸汽电熨斗。

(2) 烫床。与熨斗配套使用,可以将整件衣物平铺在上面熨烫。

(3) 烫台板。烫台板的面积只有普通烫床的1/4～1/3,熨烫西裤、裙子、衬衣等,比较灵活方便。

(4) 喷水壶。即普通市售喷雾式塑料喷水器,熨烫衣物时根据需要喷水。

(5) 棉枕头。用棉花作枕芯,外包软布缝制而成,作为垫子用在一些不规则形状的衣物部位,如某些衣物的肩部、胸部、裤腰等。

(6) 木手骨。用木板制成,木板以长 70 厘米、宽 12 厘米为宜。上层木板垫有棉毯,用软白布包好并缝合,上下两板相隔 20 厘米左右,在熨烫衣物袖子等处时使用。

(7) 去渍刷。可用于刷除衣物上的污渍,有黑鬃刷和白鬃刷两种。黑鬃刷一般用于干性溶剂,白鬃刷用于湿性溶剂。

(8) 刮板。这是一种去渍的辅助工具,用来软化污渍,使去渍剂更易渗透到织物中。刮板可用骨头、金属或塑料制成。

(9) 地磅秤。专用于称布草重量,根据布草重量投放洗涤剂用量,以达到最佳的清洗效果。

(10) 桌子。洗衣房应配有若干张桌子,用于折叠布草、衣物。

3. 洗涤用品

(1) 棉织品主洗剂(pH=10)。主洗剂通常为有机合成类,除含主要成分碱(碳酸钠)之外,还含有表面活性剂、过氧化氢(起氧漂作用)、增白剂(起增白和漂白作用)、泡沫稳定剂(控制泡沫量高低)、酶制剂(分解蛋白质、淀粉、脂肪性污垢)和香精(使衣物洗涤后带有香味)等。

(2) 化油剂(pH=13～14)。化油剂是专为洗涤餐巾和台布而配置的,通常与主洗剂同时使用。

(3) 酸粉(pH=3)。主要成分为柠檬酸和醋酸,起到中和碱的作用,有粉状和液体状两种,与主洗剂配套使用。碱性的主洗剂在漂洗时不仅会缩短衣物寿命,还会使人体皮肤感觉不适。因此,在棉织品洗涤最后一次过水时,加入适量的酸粉去中和碱，能使棉织品的 pH 降至 6.5 左右，与人体皮肤的 pH 相似。

(4) 氧漂剂（pH＝3～4）。氧漂剂即过氧化氢漂白剂，专用于彩色织物，主洗时适量加入能避免碱对色彩的破坏，从而保持布件原有的光泽。

(5) 氯漂剂，有次氯化钠（pH＝8～9）和过硼酸钠（pH＝10）两种。次氯化钠适用于丝、毛织物的漂白，过硼酸钠除漂白作用外，还能除去浅色色斑。

(6) 上浆粉，上浆粉主要是针对台布、餐巾、某些制服等配置的。通过上浆，能使被浆织物表面挺括、防止纤维起毛，有良好的观感，同时使被浆织物表面有一保护层，可延长织物的使用寿命。

(7) 柔软剂，洗衣房的织物水洗属于工业形式洗涤，通过洗涤，织物可达到良好的清洁度，但有明显的粗糙手感，如床单、内衣，尤其是毛巾，使用时会使人的皮肤有不舒适之感，柔软剂是为解决这一问题而配置的。在洗涤的最后一次过水时加入适量的柔软剂，可使织物表面和内部平滑，增加其柔软感。

(8) 干洗剂，四氯乙烯，专用于干洗织物。目前酒店使用的四氯乙烯主要是进口的。国产四氯乙烯为工业用料，并非专门为织物洗涤而研制生产，对织物纽扣的腐蚀性较严重，不适于干洗织物。

(9) 领洁净，用于除去客衣（尤其是领口）污渍，可洗去油斑、色斑和其他脏迹，洗前使用，不影响衣物色泽。

二、洗衣房运行与管理

（一）洗衣房工作程序

洗衣房的工作主要包括：客衣洗涤、制服洗涤和布草洗涤三个部分。

1. 客衣洗涤工作程序

(1) 收取客衣。

①客房服务员或洗衣房收发员直接对客服务，收取客衣。在收客衣的过程中要做到“三核对”，即核对客人房间号、核对客人洗衣单、核对客人是否填写姓名，核对无误后，将客衣收取。

②如果客人要求加急洗衣，收发员接到客人电话后应在 10 分钟内到达客人房间收取客衣，加急洗衣应在 4 小时内送回客房，交给客人。

③检查衣物有无破损、特殊污点，检查纽扣有无脱落，如有，应询问客人是否需要织补或配扣，如需要，要在洗衣单上注明。客人不在时，可给客人留一份相应的“客衣服务单”，并在洗衣单上注明情况，客人回来后，再向客人说明。

④检查时，还要注意掏清口袋，如有钱物，要及时交还客人并进行登记。

(2) 打号、洗涤。

①客衣到达洗衣房后，应进行核对、检查。核对无误后，应进行打码分类。打码一般是上衣打在领子上，裤子打在裤带上（或打在裤腰上），袜子打在袜底。因衣物面料原因不能直接打码的，应用布签代替，不得损坏衣料。打码后的衣服，如是同一种洗烫方式的，再按衬衣、上衣、长裤等分类放，手帕与丝巾另外处理。

②将送洗衣物按湿、干洗和手洗分类，对于易掉色的衣服单独处理。

由于国内外纺织品和服装行业的迅速发展，新型面料、缝纫技术不断面世，给酒店的洗衣服务带来了挑战。例如，日本生产的一次性纸质衣服，由于技术先进，外观几乎和普通衣服一样，稍一疏忽，后患无穷；某些女士的晚礼服、上衣等饰物、挂片众多，洗涤时容易脱落，装配不易；有的皮衣是各种皮毛相间，质地不一，洗涤方法和效果不同。因此，要加强调查研究，不断熟悉和掌握新型纺织面料的特性和服饰工艺特点，为客人提供令人满意的洗衣服务。

③根据衣物面料的质地及不同衣物的熨烫要求进行熨烫。衣物洗烫完毕后，要检查洗烫后的衣物是否洗净、熨干、熨平、挺括、有型。衣物应符合本酒店的洗烫质量标准。

④按照酒店规定的标准折叠各类衣物。按衣物上的码号对照洗衣单上的房号，将衣物放入客衣存放柜的相应木柜内，同时检查衣物折叠是否符合标准。查核过的衣物一般按楼层顺序排列好，不得挤压，以免影响客衣质量。

(3) 送还客人。

客衣洗烫完好后，通常于每天下午由客衣服务员送回。客衣送入房间时，若客人在房内，应向客人说明，征求客人意见后摆放在合适的位置；若客人不在房内按规定放在固定的地方。

2. 制服洗涤工作程序

(1) 收取制服。

①坚持交回一件脏制服领一件干净制服的制度，发出的制服必须以衣换衣，编号相同。

②收回脏衣服时，查看破损污渍，点清件数，提醒衣主将东西掏净。

(2) 制服洗涤。

制服可按衣料的性质，分为干洗和湿洗，洗涤方法与客衣洗涤方法相同。

(3) 归还制服。

①干净制服取回后检查制服有无破损，若有，要及时修补。

②取回已补好的衣服，套上衣架，按编号挂到规定的位置。

③经常检查衣物的质量，核对衣物，发现问题及时上报领班。

3. 布草洗涤工作程序

(1) 客房、餐厅布草的运作流程。

①客房、餐厅的布草点数后送达洗衣房。

②将收回的棉织品根据种类与洗涤方式分类整理，特别要注意客房和餐厅的分类、毛巾同床单的分类。

③根据洗衣机的使用容量称量布草放进洗衣机。

④布草洗涤并脱水。

⑤在床单、枕套压烫前有一个整理过程。若发现有洗不净的，挑出交回再处理。

⑥床单、枕套经压烫处理，毛巾经烘干处理。

⑦对压烫好的床单、枕套进行自动折叠机折叠或人工折叠。烘干后的毛巾进行人工折叠或机器折叠。折叠前做检查，发现问题的，送回再处理。

⑧根据不同的要求进行整理，例如，床单每十张作一包装捆绑。

⑨点数送至客房、餐厅。

(2) 洗涤棉织品注意事项。

①餐厅与客房的棉织品不能放在一起洗，因为洗涤使用的洗涤剂不同。

②色彩不同的棉织品必须分开洗涤，以免混在一起进水后互相染色。

③特别要留意检查棉织品里有无夹杂遗留物品。

④分类处理后，要根据机器的承载

能力放入允许重量或数量的棉织品。

⑤床单要在甩至五六成干后直接送入整熨机整熨，其效果较之烘干后再熨要好。这样可提高工作效率，又可节约用电。

⑥卫生间的棉织品不熨烫，所以必须完全烘干。在最后漂洗时，加一些柔软剂会使毛巾柔软如新，达到预期的效果。

⑦白色台布、餐巾必须使用碱水、漂白粉洗涤，然后上浆风干、烫干，使之有挺括感。有颜色的台布和餐巾必须选用化学油剂洗涤或碱粉高温水洗。

⑧各类棉织品所需烘干的时间要严格控制，并且不能超载入机。

⑨有褶皱、未熨平或未干的棉织品要重新熨干烘干。

4. 店外客衣洗涤工作程序

(1) 接收客衣。接收客衣时，请客人在洗衣单上填写姓名、电话、工作单位和地址等内容，收发员将清点的件数和项目填入洗衣单，当着客人的面点清衣物。发现客衣有破损或有不能清除的污渍，应向客人委婉解释，经客人同意后，方可送洗衣房洗涤。客人对洗衣的特殊要求应注明在洗衣单上。

(2) 计价、收费。按客人洗衣件数和洗衣价格计算费用，并请经手人在洗衣单上签名。洗衣单共四联，第一联交客人作为取衣凭证，第二联和第三联做营业报表后送交财务部，第四联随客衣交洗衣房，待核对客衣时使用。

(3) 客衣洗涤。与店内客衣洗涤相同。

(4) 取回客衣。

①客人取衣时应出示洗衣单，再请客人验收。

②将款额等信息填入营业报表内，并注明客人取走的时间。

(二) 客衣纠纷的预防与处理

1. 客衣纠纷的预防

对客人衣物的洗涤要求做到干净、整洁、送准、及时、不丢失、无损坏，否则可能发生纠纷。为了预防客衣纠纷的发生，洗衣房管理人员应从以下几个方面入手，加强对客衣流通及洗涤各环节的管理。

(1) 收取客衣时，认真细致地检查待洗衣物，发现可能洗不净的严重污渍、衣服破旧可能洗坏、口袋内有物品等应事先告知客人。

(2) 分类处理。打号时要将客衣按干洗、湿洗、熨烫和手洗等几类进行分类、登记，同时要严格检查，需要去扣、装袋洗涤、先去油污、机洗、手洗的客衣，要严格分开。

(3) 客衣洗涤、熨烫要严格按照操作程序办理，对不同质料的衣服采用不同的洗涤方法，选用不同的洗涤剂，确保一定的洗涤时间。这样既可保证洗净衣服，又可避免损坏衣服。

(4) 将洗好的衣物按不同的楼层、客房进行分拣。

(5) 工作细致、质量检查、分号装袋不发生差错。

(6) 为了防止丢失衣物或出现其他差错，明确洗涤责任，客衣在流通过程中要做好交接记录，检查客衣的数量与质量。

(7) 客衣在洗涤速度上可分为快洗和普通洗涤两种类型。无论是哪种类型，都要求洗衣房按时洗涤完毕，及时送还客人。

2. 客衣纠纷的处理

(1) 纠纷原因分析。当客人提出投诉，引起客衣纠纷时，主管首先要认真听取客人意见，态度要诚恳、耐心，接着迅速分析和查明具体原因，以便有针对性地处理问题。容易引起客衣纠纷的原因主要有：客衣丢失、衣服破损、污渍未洗净、纽扣丢失和客衣染色褪色等。

(2) 客衣纠纷具体处理。对于客衣纠纷，要在查清原因、掌握事实的基础上区别不同情况进行处理。凡属客衣洗涤过程中由酒店方面的原因引起的客衣丢失、洗坏、染色及熨烫质量差等客衣纠纷，应主动承担责任，该赔偿的赔偿，该修补的修补，该回收的回收，该回烫的回烫。凡属客人或客人衣物本身原因引起的洗坏、口袋物品丢失、污渍洗不掉等客衣纠纷，酒店不负赔偿责任。整个处理过程应做到友好协商，事实清楚，原因明确，处理得当，让客人满意。

【任务拓展】

学生分组洗涤学生系服、实训室餐巾台布、口布、床单和被套等酒店布件用品。

【任务反馈】

洗衣房工作量大、技术含量高、工作环境温度高，在进行布草、衣物熨烫时还具有一定的危险。在工作中一定要注意安全第一，衣物清洁、熨烫不好的可以拣出重来，不要急于求成，造成劳动伤害。

客衣纠纷应承担的赔偿额度是多少？

释疑：如果是由酒店方面的原因需要赔偿，赔偿费最高不超过洗衣费的10倍，具体数量可由双方根据具体情况协商解决。

任务二　布草房的运行与管理

【任务目标】

熟悉布草房的组织结构、布局以及布草分类、设备用品和工作流程；能够按程序和标准完成布草房清点、储存、分发布草的工作。

【案例聚焦】

床单中的护身符

一天，布草房的师傅正在仔细地清点客房服务员送来的客房撤换下来的棉织品时，一个红色的东西从一团卷着的床单中掉了出来。布草员捡起一看，是一件护身符。布草员明白，这又是客房服务员在清扫客房卫生换床单时，没有发现床单中的物品，随换下的床单一起卷了出来。

布草员把这件护身符交给客房服务员。客房服务员小王每次为客人换床单时，都没有按照操作要求，一层一层地撤，把床单抖开检查，而是为了省时、省事，总是把床上的两层床单非常迅速地揉成一团，撤下来扔进布草袋内。客房服务员看到把客人的护身符夹带出来了，有些着急。现在她根本不可能知道这个护身符是从哪个房间撤出来的。这件护身符对客人肯定很珍贵，等客人晚上要睡觉时，发现护身符不见了，肯定会造成客人着急和不便，客人会因此对酒店留下不良印象。

【任务执行】

餐饮部新进员工小王上岗后首先到制服房按照程序申领了制服，同时向制服房工作人员了解制服日常换洗程序。

一、布草房基础知识

随着社会化程度的提高，洗衣房已经不再是每家酒店必备的部门，但无论有无店属洗衣房，布草房的配置都是很有必要的。

(一) 布草房的业务范围与组织机构

1. 布草房的业务范围

布草房负责酒店所有布草、制服洗涤后的储存与发放业务，保证酒店所需合格布草的供应。具体业务范围包括：

(1) 与洗衣房协调，做好制服和布草的清点、送洗与验收。

(2) 对客房部、餐饮部的布草进行收集、分类与发放。

(3) 负责布草的存放与保管。

(4) 定期对布草进行盘点。

(5) 负责员工制服的更换、保管与修补。

(6) 负责制服和布草的更新与报废。

2. 布草房的组织机构

常见的布草房组织机构以主管级来设置，其机构形式如下图 5-8 所示。

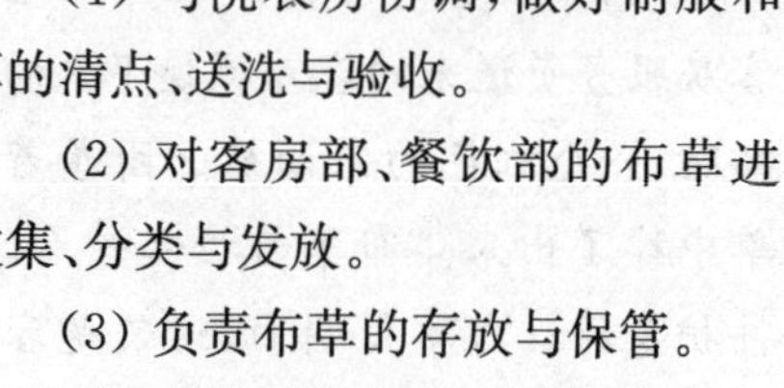

图 5-8 布草房组织机构图

(二) 布草的分类

布草的分类可按其用途以及质地来划分。

1. 按用途划分

布草按用途划分可以分为床上用布草、卫生间布草、餐厅用布草和装饰性布草四种。

2. 按质地划分

布草按质地划分为全棉织物、棉麻混纺织物、化纤织物和棉、化纤混纺织物四种。

(1) 全棉织物。全棉织物的特点是手感柔软、舒适、吸水性强、透气性好，但耐洗性较差，易褪色、泛黄。如卫生间的毛巾。

(2) 棉麻混纺织物。棉麻混纺织物的特点是档次高、挺括、吸水性好。如台布和餐巾。

(3) 化纤织物。化纤织物的特点是耐洗不起皱，不褪色，价格便宜，但手感差，透气性不好。如薄纱窗帘等。

(4) 棉、化纤混纺织物。棉、化纤混纺织物在一定程度上弥补了各自的不足，既保持了棉织物的舒适、透气，又具有化纤织物的耐洗和不褪色特点，且不易发霉，价格适中。因此，越来越多的酒店采用棉、化纤混纺织物作为床单与枕套。

(三) 布草的数量

1. 布草的数量

布草的数量往往以“套”来表示。不管是哪一种布草，只要能将所有客房、餐厅都配套齐全，其需要的量就称为一套。酒店一般的配套量为四套：一套在用，一套在洗，一套在周转，一套备用。其中，前三套称为在用布草，一直在客房餐厅、洗衣房、布草房之间周转，第四套称为备用布草，放在布草房内，以备更新和补充。

具体而言，酒店在决定所需的布草数量时，除确定基本配备量外，还应考虑以下因素：

(1) 酒店的星级档次。星级档次越高的酒店，清洁质量的要求高，布草更换的频率就高，周转周期就越短，数量要相应增加。

(2) 酒店洗衣房的运转情况。主要指洗衣房的正常供应能力。

(3) 是否送店外洗涤公司洗涤。送洗涤公司洗涤的布草，有时会出现运送不及时的情况，酒店应增配一定数量。

(4) 储存条件和资金占用损益分析。布草数量配备不足，会影响经营业务的正常开展，但配备过多，不仅要考虑相应的储存空间和条件，以及因库存时间过长而造成的自然消耗，而流动资金占用过多，必然会影响酒店的资金周转和经济效益。

(四) 布草房的布局

布草房要合理布局，既要保证功能完善，空间能够得到充分合理的利用，又要合理安排作业流程，以保证运行的快捷、高效、安全、低耗。

布草房通常分为棉织品房和制服房。为了便于布草的运送，棉织品房一般设在洗衣房附近；制服房则设在邻近员工更衣室、员工浴室处，以方便员工更换制服。布草房主要包括收发区、储存区、加工区和内部办公区。

(1) 收发区应设在邻近布草房门口的地方，有些酒店设有开放式的收发台，且收发台设计成可活动式的，以便于布草的交换。收发区应备有布草分拣筐。

(2) 储存区是布草房的主要功能区，配有棉织品架和制服架，设在收发区的内侧。

(3) 加工区一般设在布草房的里侧，靠近窗户、自然采光比较好的地方，或室内灯光比较明亮之处。加工区配有缝纫机和工作台。

(4) 内部办公区通常设在收发区，以便控制管理。

(五) 布草房的设备用品

(1) 棉织品架。棉织品架用于存放床单、枕套、毛巾等棉织品，应设计成开放式的，以利于棉织品通风。棉织品架上需贴有标签，注上分类号，以方便查找。(如图 5－9)

图 5－9　棉织品架

(2) 挂衣架。制服房需配有若干高低不同的挂衣架，衣架杆上最好有固定挂钩并标有工号或姓名，以便制服对号上架。工号或姓名可按数序或姓名拼音字母顺序排列，以方便存取，提高效率。(如图 5－10)

(3) 工作台。棉织品及制服房应配有若干工作台，用于收发、登记、临时放置布草。

图 5-10　制服挂衣架

(4) 缝纫机。布草房配有缝纫机、锁边机等缝纫设备,以供缝补加工布草、制服之用。(如图 5-11)

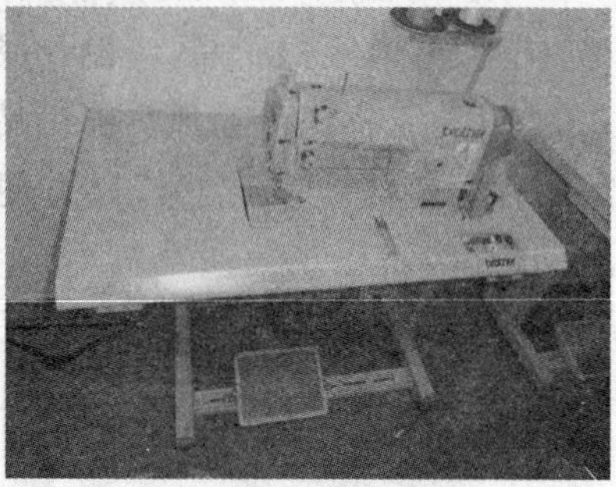

图 5-11　缝纫机

(5) 布草分拣筐。用于分拣棉织品及制服,一般是塑料制品,也可用竹制品或柳编制品。

(6) 叉衣杆。制服房应配有叉衣杆若干个,长短可灵活调节,可用于挂取制服。

(7) 包装袋。制服房应备有大小不同的包装袋,用于存放制服。

(8) 表格。布草房的各类表格用于记录布草房的运行情况。

二、布草房运行与管理

(一) 布草房的运行流程

布草房每天需收发大量的布草、制服,工作任务比较重,为保证运行效率和效果,必须科学地设计布草房各项工作的运作流程。

1. 布草的采购

布草的采购有两种情况:一种是酒店开业前的一次性采购;另一种是酒店开业后,由于布草的不断报损,需要更新和补充而进行的采购。

一次性采购由于量大,应采取比较谨慎的态度,而同时和几家供应商联系,从质量、规格和价格上综合平衡,避免购进价高质次的布草。

补充性采购量不是很大,关键是保持与以前所采购的布草在规格和质量上的统一。酒店应保持一两家固定合作单位,以保证质量和争取价格上的最大优惠。

2. 布草的收发

(1) 客房布草的发放。

①楼层提出申请。每天由楼层客房服务员根据出租率提出"每天楼层布草需要单",并交领班核准签名。

②配货。布草收发员根据需求单上的品种和数量准备干净布草待运。

③运送。用布草车将配好的干净布草送到楼层。

④签收。布草收发员将送到楼层的干净布草与需求单一起带到楼层,让该楼层服务员核对,并在需求单上签收。

(2) 餐厅布草的发放。

①接收。布草收发员逐一点收餐厅脏布草的品种、数量并做好记录。

②发放。收发员按记录本上的数量逐一清点,发放干净布草。餐厅布草一般采用"以一换一"的发放方法,即以脏布草换回同等数量的干净布草。

③签收。餐厅服务员在领取干净布草后,要在表单上签字。

(3) 制服的领换。

①制服的领发。

a. 申领。由申领部门填写“制服申领单”,注明员工部门、工种,经部门经理审批。

b. 发放。制服房根据员工身材准备制服,可能需要加工或改动制服的肥瘦、长短。员工试穿合适后,将号码标记在制服上,并将配套的其他物件按规定统一发给员工。员工制服有两套:一套制服交员工自己保管,另一套由制服房保存。

c. 记录。将发放制服情况记在“员工制服登记卡”上,并存档。

②制服的换洗。

a. 收取脏制服。制服房服务员将员工送洗的脏制服清点准确。

b. 分类。将脏制服分类放入不同的布草分拣筐内。

c. 发放干净制服。取出相应的干净制服(干净制服与脏制服号码须一致,以保证专人专用),在员工领用时,再次核对,并送交员工手中。

d. 换洗制服应按规定时间进行。

3. 布草的修补加工

(1) 检查。从洗衣房返回的所有布草和制服,都要彻底检查是否有破损。

(2) 修补。制服如出现破损如开裂、脱线、脱扣等,由缝纫工统一缝补。

(3) 鉴定。所有低于标准的布草,都要经客房部经理鉴定后,才能决定是否继续使用或作报废处理。

(4) 加工。将可再利用的报废布草进行加工,改制成婴儿床单、枕套、洗衣袋等。

4. 布草的盘点

(1) 通知。预先通知有关部门及人员做好准备。

(2) 清点。对所有布草进行清点,包括储存在楼层工作间、工作车、洗衣房、布草房的布草以及餐饮部存放的脏布草和干净布草。根据不同规格、颜色,在同一时间段内对所有项目进行清点。盘点时,需停止布草的流动,防止漏盘和重盘。

(3) 记录。将全部盘点结果填写在盘点表上。

5. 布草的报废与再利用

(1) 提出申请。因下列情况布草可以申请报废:

①布草破损或有无法清除的污渍。

②使用年限已到。

③统一调换新品种、新规格等。

通常由布草房主管核对需报废的布草,并填写报废单。

(2) 审批。布草的报废由洗衣房或客房部经理审批。

(3) 报废布草的处理。报废布草应洗净,做上标记,捆扎好集中存放。

(4) 报废布草的再利用。报废的布草如果可以再利用,可由布草房缝纫工加工,改制成其他用品。

(二) 布草房的管理

布草房主要是做好设备、安全管理及日常工作的安排。

1. 布草房的设备管理

(1) 专人负责。布草房所有设备均须指定专人负责,并报客房部办公室备案。

(2) 做好日常清洁工作。布草房必须保持整洁,设备周围地面清洁,每天擦拭设备,设备内外凡是可以清洁的部位,要求无灰尘、无杂物、无油污。

(3) 制定维护保养方法。布草房每一种设备都应制定相应的维护保养方法,并培训员工,使其掌握设备日常保养的基本内容。其主要包括以下几点:

①除尘。每次机器使用完毕,即进行除尘工作,保持机器干净、运转正常。

②上油。每周一、周四给机器除尘并上油保养,要求无遗漏。

③检查。上油后检查机器使用是否正常,有无污染面料等异常情况。

(4) 建立定期检修制度。有关人员应定期检查布草房设备,以便及时发现问题进行处理,保证设备处于正常完好的状态。

2. 布草房的安全管理

(1) 员工的安全。培训员工正确使用布草房设备,制定安全操作规范。如搬运重物操作规范等;给员工灌输安全生产意识,避免一切不安全事故的发生。

(2) 设备的安全。布草房的设备较多,有关人员必须正确使用和保养各种设备,尽量减少设备损坏,以保证布草房工作的正常运行。

(3) 防盗。布草房为酒店棉织品及员工制服的集中存放处,日常工作中应落实防盗措施,如布草房门窗的防盗;制定有关制度,如交接班制度、定期盘点制度等;加强对内部员工的管理,防止偷盗事件的发生。

(4) 防火。布草房物品大多是易燃品,客房部必须采取有效措施,防止火灾事故的发生。要加强对员工防火意识的教育,普及灭火知识与技能的教育与训练,提高火灾发生时的自救能力;制定防火措施;配置防火及灭火设施,并定期检查。

3. 布草房的工作安排

(1) 加强计划安排。

①一日工作的安排。布草房工作有一定的规律性及阶段性。管理人员应合理安排一天的工作,做到忙时不慌乱,闲时有事做。

②员工制服更换的安排。布草房应主动与洗衣房取得联系,对不同部门、不同岗位员工制服的换洗频率、换洗时间作出统一安排。

③布草盘点、大批更换的控制。布草盘点、大批更换工作的工作量大、涉及的部门岗位多,布草房在进行这两项工作前,一定要考虑周全、合理安排、制定计划、预先通知,尽可能不影响到相关部门工作的正常运行。

(2) 做好人员安排。

布草房的工作通常分为两个班次,日常工作量受酒店经营活动的影响,不易控制。因此,管理人员应合理安排各岗位员工的工作量,避免出现忙闲不均的现象。另外,管理人员必须重视布草房不同岗位员工之间的交叉培训工作,把员工培训成为多面手,以利于内部人员的调配。

(3) 制定规章制度。

没有规矩,不成方圆。必要的规章制度是布草房管理的重要组成部分。布草房规章制度主要有:①员工劳动纪律;②交接班制度;③清洁卫生规定;④布草存放规定;⑤安全管理制度。

【任务拓展】

走访调查当地两三家不同星级和类型酒店的洗衣房和布草房，了解洗衣房和布草房的结构布局、运行模式和工作流程，结合该酒店的星级档次、客源结构等实际情况，提出合理化建议。以小组为单位，撰写调查报告。

【任务反馈】

无论是洗衣房还是布草房，都要合理布局，一要保证空间能够得到充分合理地利用；二要做到功能完善；三要合理安排作业流程，以保证运行的快捷、高效、安全、低耗。

为什么不同酒店甚至同一酒店的不同岗位的员工制服不同？

释疑：酒店制服不仅体现不同部门不同岗位的识别功能，还体现了企业精神，许多酒店把制服的实用性、艺术性、区域特色性和企业精神融合在一起。

◆项目评价

【知识/技能评价】

①酒店是否配置店属洗衣房，主要考虑哪些因素？

②洗衣房一般都有哪些功能区域？

③简述布草房的业务范围。

④布草洗涤的程序是怎样的？

⑤客衣洗涤的服务程序是怎样的？客衣洗涤服务中发现问题应如何处理？

⑥简述布草采购、收发、修补加工、盘点、报废与再利用的运行程序。

⑦如何做好布草房的管理工作？

⑧认识酒店各种布草，能准确完整地列出做一间房所需要的全部布草。

【实训演练】

序号	项目名称	实训内容及要求	实训操作步骤
1	客衣送洗服务	收取客衣细心、细致 洗衣单填写正确 客衣分类、打码、折叠操作标准 选择合适的洗涤用品 送回客衣程序标准规范	拟定角色、角色扮演 创设情景、准备相关服务用具 模拟演练操作 学生互评 教师点评
2	处理客衣纠纷	态度真诚 查明准确原因 处理得当 表现出优良的服务意识和职业操守	创设情景 角色演练，展现服务情境 模拟处理 教师点评
3	制服的熨烫	能正确识别衣物的质料 熨烫温度选择合适 熨烫手法标准、熟练、安全操作 熨后衣服挺括、平整、美观、折痕清晰	准备衣物及熨烫设备 根据不同材质进行衣物熨烫 收拾整理工具 对任务完成情况进行总结 完成实验报告

【项目链接】

阅读下表，了解常见国际洗涤符号，以正确进行客衣、制服及布草等洗涤物的清洗工作，并且增强洗涤衣物的工作能力，减少洗涤工作中意外事故的发生，从而提升酒店的服务水准。

常见国际洗涤符号

类型	标志	含义	标志	含义
水洗标志		只能用手洗，不能使用洗衣机		不能水洗
		50 ℃机洗，1 表示轻柔挡，2 表示标准挡，3 表示可用强洗挡		可以使用洗衣机洗涤，但必须使用弱挡
		不能使用搓衣板搓洗		不能用沸水，或者温度过高的水洗
晾晒标志	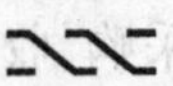	可以拧干		不可以拧干
		要悬挂起来晾干		不能挂在衣架上晾干，要放在平面处晾干
		不能拧干，宜悬挂起来滴干		可以用衣架晾干，但不能放在阳光下暴晒
		可以用烘干机烘干衣服	—	—
干洗标志		可以干洗		不能干洗只能水洗
		可以干洗，P 表示可以使用任何干洗剂洗涤		可以干洗，圆圈内的字母则代表可以使用的干洗剂的型号
		可以干洗，但只能使用石油类的干洗剂干洗		不能使用滚筒式干洗机洗涤
		可以干洗，圆圈内字母表示可以使用的干洗剂洗涤型号，圆圈下的直线表示洗后衣服的处理要格外小心	—	—

续表

类型	标志	含义	标志	含义
熨烫标志		不可以熨烫		可以熨烫，但必须低温熨烫
	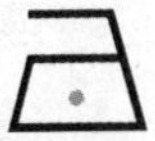	可以低温熨烫，使用的熨烫温度为 110 ℃～120 ℃	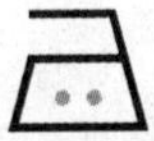	可以中温熨烫，使用的熨烫温度为 130 ℃～150 ℃
		可以高温熨烫，使用的最高温度为 171 ℃～220 ℃		可以低温熨烫，但必须垫烫布
		可以高温熨烫，但必须垫烫布		

拓展路径

①查阅酒店制服类网站，了解不同酒店不同制服的文化内涵。

②网上搜索各种洗衣纠纷事故的投诉事件，进行讨论和分析，制定针对性解决方案。

岗位提升

项目六　客房质量管理

◆项目目标

【行业要求】

掌握客房清洁保养、客房服务质量、客房安全管理等相关知识，具有制定各种清洁保养制度、检查执行、服务质量管理和进行客房安全管理的能力。

【终极目标】

使学生树立客房全面质量管理的理念，具备客房清洁保养质量、客房服务质量、客房安全质量控制的管理思路及基本理论，培养学生的督导能力，为今后从事基层管理工作奠定基础。

◆项目任务

质量控制是客房部管理工作的重要内容，是一项全员、全方位、全过程的工作。客房部要加强全面质量控制，确保客房部的工作达到应有的水准。本项目将重点介绍客房清洁保养的质量控制、客房对客服务的质量控制和客房部的安全质量管理。

任务一　客房清洁保养质量管理

【任务目标】

了解客房清洁保养的质量标准和检查制度；能够制定检查标准和执行检查工作。

【案例聚焦】

客房卫生严把关

6月某日晚上10点半，曾多次入住的外籍贵宾一行五人莅临度假村。集团工作人员到前台提取客房钥匙时告知前厅接待员有VIP客人入住，集团工作人员直接把客人领到客房。前厅领班马上通知D座楼层服务台有VIP客人入住6218、6219、6221、6288四间客房。由于客人未先预定，夜班楼层领班接到通知赶到VIP房做全面检查时，客人已经入住客房。第二天，VIP客人投诉房间不干净，说床底下有垃圾。接到投诉后，酒店和部门领导高度重视，就客房卫生工作的督促与检查召开专门会议来解决这一问题。

【任务执行】

客房清洁保养工作包括客房的清洁卫生和维护保养两方面的内容，是客房部的中心任务。这项工作直接影响酒店的主要产品——客房的质量。因此，客房部必须加强对客房清洁保养工作的质量控制。

一、树立正确的清洁保养意识

(一) 树立以“预防为主”的清洁保养意识

客房清洁质量的控制必须以“预防为主”,就是要变客房清洁质量的“事后把关”为以“事前预防”为主,把管“结果”变为管“过程”和管“因素”,使清洁卫生的质量问题消失在质量的形成过程中,做到防患于未然。

1. 在酒店的大门前铺设隔尘垫(蹭鞋垫)

酒店的管理者应有这样的观念:既要舍得花钱买大理石、花岗石及羊毛地毯等豪华的地面材料,又要舍得花钱买相应的高效率的清洁工具和设备。选择耐磨性强、吸水性、贴地性好、长4～6米的深色隔尘垫铺在酒店大堂的门外,并及时更换被雨水和泥土弄脏的隔尘垫。

2. 随时清洁大堂地面和电梯轿厢

大堂地面面积较大,只要随时用经牵尘剂处理过的尘拖清洁大堂地面,及时清除脚印及其他污染痕迹;用吸尘器及其他清洁工具定时清洁电梯轿厢,客房区域被污染的机会就会大大减少。

3. 及时去除污渍

客房区域的地面一般用地毯铺设。由于地毯是用纤维制成的,很容易吸附灰尘及沾染污垢,日久污垢会渗入地毯底部,从而孳生细菌,发霉发臭。不仅破坏地毯,而且危害人体健康。客房部的管理者应教育员工并建立相应的管理制度:只要有人使用过的地毯,每天都必须吸尘,一旦发现污渍,必须当天清除。因为污渍留在地毯上的时间越长,清除的难度就越大。

4. 做好计划性的清洁保养工作

任何酒店的设施设备都应有预防性的清洁保养计划,抓好事前控制,坚持计划卫生和计划保养制度。坚持有计划、定时、定人的清洁保养,不仅能省时、省力,保洁效果好,还能有效地延长客房设备和用品的使用寿命。这是管理人员应有的质量控制意识。

(二) 使清洁保养工作全员化

为了使酒店达到清洁保养的标准,必须培养全员的主动意识,提高整体的配合度,使清洁保养工作全员化。

1. 整体配合

清洁保养工作不是专属于某个人、某个部门的职责,而是涉及酒店各个部门、各个岗位环节。因此,各部门之间的相互配合是实现酒店清洁保养工作全员化的基本保证。

2. 全员观念

从清洁保养工作本身而言,管家部的PA组是该项工作的主要承担部门,但清洁保养工作应该是上至酒店总经理,下至酒店每位员工都有责任和义务去做的工作。

3. 通过服务环境约束宾客

酒店通过良好的整体氛围,轻柔的背景音乐,洁净无尘的地面,色彩斑斓的花木,富丽堂皇的装潢使宾客感受到一种无形的约束力,从而使一些不文明的行为受到约束,这就是服务环境的约束力。

(三) 使清洁保养成为一种职业习惯

酒店的清洁卫生是宾客对酒店的一项基本要求,同时,也是酒店服务工作的一项重要内容。约束宾客应从约束自己开始，因此，清洁卫生是酒店的一项长期、持续的工作内容，酒店管理者要向员工灌输一种理念，使清洁保养成为一种职业习惯。

二、制定科学的清洁保养规程

客房部要对客房清洁保养工作进行质量控制，首先必须制定一整套相关标准。客房清洁保养的质量标准包括结构性标准、时效性标准和功能性标准。结构性标准强调的是工作过程的质量，时效性标准强调的是时间和效率，功能性标准强调的是结果的质量。一套科学的、系统的质量标准有利于规范操作过程、提高工作效率和保证工作质量。

客房清洁保养的质量标准主要包括以下几个方面：

（一）客房清扫整理的次数

按大多数酒店的传统做法，一般住客房每天清扫整理三次，即上午全面清扫整理、午后简单整理、晚间做夜床（寝前整理）。一般来说，客房清扫整理的次数与此项工作所投入的费用是成正比的，次数越多，费用也就越高。但是，确定客房清扫整理的次数，要综合考虑各种因素，不能顾此失彼、因小失大。

（二）布置规格

布置规格是指客房的布置要求。客房内所配置的设备和用品在品种、数量、规格、质量以及摆放的位置和形式等方面都应有统一的要求，做到规格一致、标准一致。很多酒店都用表格和图片的形式来规定和解释这一标准，使标准容易被员工理解和执行。

（三）工作定额

客房的清洁保养工作通常实行定额管理，即规定各类客房的清扫整理工作的时间消耗标准或者规定客房服务员所承担的客房清扫整理的工作量。在制定客房清扫整理工作的定额标准时，要综合考虑各种因素，力争使定额标准先进合理。

（四）操作程序

操作程序是经验的总结，是人们在长期的工作实践中总结出来的一套操作标准。按操作程序操作，能够使工作有条不紊，避免时间和体力的浪费，增加操作的安全性，同时，也便于管理人员对工作过程的检查和控制。客房清洁保养工作的操作程序主要包括各项具体工作的操作步骤、标准做法和注意要点等内容。

（五）清洁卫生标准

客房的清洁卫生标准主要包括两个方面的内容：一是清洁标准，二是卫生标准。清洁标准又称视觉标准，即客房是否清洁，是可以通过人的视觉或嗅觉等感觉器官来感受和评价的。如眼睛看到的地方无污渍，手摸到的地方无灰尘，设备用品无病毒，空气清新无异味，则符合清洁标准。卫生标准又称生化标准，即是否卫生，仅靠人的感官是无法测评的，还需要使用一些专门的仪器设备来测试和检验。它所包含的内容有洗涤消毒标准、空气卫生质量标准、微小气候质量标准、采光照明质量标准及其环境噪声允许值标准等。生化标准是客房清洁卫生质量更深层次的衡量标准。酒店要有一套细化、量化的客房清洁卫生标准，而且要使所有相关的员工都能了解和掌握这套标准，并在工作中严格执行。

三、建立有效的清洁检查制度

(一)检查制度

1. 服务员自查

客房服务员在每次清扫整理完毕后,都应进行自我检查,防止疏漏和差错。自查以后再报上级督导人员检查。这种做法有利于加强员工的工作责任心,提高工作的合格率和减轻上级督导人员的工作量,可以充实、丰富服务员的工作内容,促进工作环境和谐与协调。

2. 领班检查(如表 6-1)

通常领班要对所辖区域的客房进行全面检查,以确保客房清洁保养的质量。领班检查是服务员自查后的第一道关口,往往也是最后一道关口,领班有权决定客房是否合格。领班查房的作用主要有:

(1)拾遗补漏。服务员在工作中有疏漏和差错,领班通过检查可以发现并加以补充和纠正。

(2)帮助指导。对于业务尚不熟练的服务员来说,领班的检查也是一种帮助和指导。如果领班的工作方法得当,这种检查可以成为一种有效的岗位培训方式。

(3)督促考察。领班检查是对服务员的一种督促和考察,能有效地防止客房服务员在工作中出现违反操作规程、消极怠工等现象,并可对客房服务员的工作表现和实绩进行考核和评估。

(4)控制调节。领班通过检查可以了解很多基层情况,并反馈给上层管理人员,为他们提供决策依据。酒店可通过领班检查来实现管理者的意图,并实现全方位的控制和调节。

表 6-1　领班查房表

楼层:　　房号:　　服务员:　　领班:　　检查时间:

项目		清洁情况	性能	项目		清洁情况	性能
房间卫生	门			卫生间卫生	门		
	窗户				天花板		
	窗帘				墙面		
	天花板				地面		
	墙面				灯具		
	地面				面盆、台面		
	家具				浴缸、淋浴、喷头、浴帘		
	床铺				恭桶		
	灯具				电话副机		
	酒具				镜子		

续表

项目		清洁情况	性能	项目		清洁情况	性能
房间卫生	电器			卫生间卫生	不锈钢配件		
	镜子				吹风机		
	饮具				体重秤		
	文具夹				客用品		
	印刷品				换气扇		
	垃圾桶						
	其他						
计划卫生：			维修项目：			备注：	

3. 主管抽查

由于主管所管辖的范围比较大，客房数量比较多，主管通常是对客房进行抽查，抽查的数量一般不少于其所管辖房数的10%。主管抽查的作用是：一方面可以了解基层员工的工作情况；另一方面监督和考察领班的工作。

4. 经理检查

客房部经理每天都应安排一定时间到客房楼层进行巡视和检查，这是了解楼层工作状况、控制楼层工作质量最为可靠的有效办法。对于经理来说，通过检查可以加强与基层员工的联系和交流，掌握第一手资料，这对于改善管理和服务都十分有益。

5. 大堂副理检查

大堂副理也要经常到客房楼层进行检查，尤其要对所有的贵宾房进行检查。很多酒店规定贵宾房必须经大堂副理检查认可。

6. 总经理检查

酒店总经理的工作虽然千头万绪，但还是应该抽出一定的时间对客房楼层工作进行检查，一方面是对客房工作的重视，另一方面也是了解酒店客房的现状、客房员工的思想和业务状况的措施之一。这对于加强沟通、收集信息、掌握决策依据、改善管理和提高质量都是非常有益的。

7. 联合检查

酒店定期由总经理室召集各有关部门，如工程部、保安部、前厅部、营销部等对客房的清洁保养工作进行联合检查。这种联合检查有利于加强相关部门之间的沟通协调和解决实际问题。

8. 客人检查

酒店客房是提供给客人使用的，所以，评价客房的清洁保养质量时要重视客人的意见和建议。因此，酒店常在客房内摆放征求意见书，管理人员等也常主动当面征求客人的意见，或通过意见书收集来了解客人的意见和建议。

（二）客房检查的程序和标准

客房检查的内容一般包括四个方面：清洁卫生质量、物品摆放、设备状况和整体效果。查房的项目和标准如下：

1. 房间

表 6－2　房间检查项目和检查标准

检查项目	检查标准
房门	无指印、划痕，锁完好，安全指示图、请勿打扰牌、餐牌完好齐全，安全链、门镜、把手清洁完好
墙面和天花板	无裂缝、漏水或小水泡现象，无蜘蛛网、斑迹，无油漆脱落或墙纸起翘等现象
护墙板、地脚线	清洁、完好
地毯	吸尘干净、无斑迹、烟痕。如需要则做洗涤、修补或更换标记
床	铺法规范，床罩干净，床下无垃圾，床垫按时翻面，床单更换后，位置端正，无破损、毛发
硬家具	干净明亮，无刮伤痕迹、木刺，坚固无松动，位置正确
软家具	无尘无迹，如需要则做修补、洗涤标记
抽屉	干净，无污渍，推拉灵活自如，把手完好无损
电话机	无尘无迹，指示牌清晰完好，话筒无异味、功能正常，电话线整齐有序
镜子与挂画	框架无尘，镜面明亮，位置端正
灯具	灯泡、灯罩清洁无尘，功率正确，接缝面墙，开关正常
垃圾桶	状态完好清洁，位置端正
电视机与音响	接收正常，清洁无迹，位置正确，频道设在播出时间最长的一个上，音量调到偏低
壁柜	衣架品种、数量正确且干净，门、橱底、橱壁和格架清洁完好，柜内自动开关灯正常
窗帘	干净、完好、无破损、位置正确，操作自如，挂钩无脱落
玻璃窗	清洁明亮，窗台与窗框干净完好，开启轻松自如
空调	滤网清洁，工作正常，温控符合要求
小酒吧	清洁无异味，物品齐全，冰箱温度设在低挡
客用品	数量、品种正确，无涂抹、褶皱，状态完好，摆放合格

2. 卫生间

表 6－3　卫生间检查项目和检查标准

检查项目	检查标准
门	正反面干净、无划痕，把手洁亮，状态完好
墙面	清洁完好，无松动、破损
镜子	无破裂和水银发花现象，镜面干净无迹
天花板	无尘无迹，无水漏或小水泡，完好无损
地面	清洁无迹、无水、无毛发，接缝处完好无松动
浴缸	内外清洁，镀铬件干净明亮，皂盒干净，浴缸塞、淋浴器、排水阀和开关龙头等清洁完好、无滴漏，接缝干净、无霉斑，浴帘干净完好，浴帘扣齐全，晾衣绳使用自如，冷热水压正常
脸盆及梳妆台	干净，镀铬件明亮，水阀使用正常，无水迹、毛发，灯具完好
恭桶	里外均清洁，使用状态良好，无损坏，冲水流畅
抽风机	清洁，运转正常、噪音低，室内无异味
客用品	品种、数量齐全，状态完好，摆放符合规范

3.楼面走廊检查

表6-4　楼面走廊检查项目和检查标准

检查项目	检查标准
地毯	吸尘干净，无斑迹、烟痕、破损，地毯接缝处平整
墙面	干净，无破损
照明及指示灯	使用正常，无尘无迹
空调出风口	清洁，无积灰
落地烟灰缸	位置摆放正确，清洁无迹
消防器材	消防器材、安全指示灯正常完好，安全门开闭自如

各个酒店由于设施设备条件不一，检查标准和项目会略有差异。随着酒店业的发展，检查表的内容会更丰富。在检查过程中做好检查记录是保证客房清洁卫生质量的有效方法。

（三）检查的方法

对客房进行检查时，主要采用看、摸、试、嗅、听等方法。

①看。检查人员通过目测，看客房的整体状况是否合格。

②摸。检查人员通过手摸，看客房各处是否有灰尘。

③试。检查人员通过试用，检测设备是否正常完好。

④嗅。检查人员通过鼻子嗅，辨别客房内有无异味。

⑤听。检查人员通过耳朵听，检查客房内有无异常声响。

由于客房内需要检查的部位和设备用品很多，为了防止疏漏，检查客房要按顺时针或逆时针方向循序依次进行。

（四）检查的注意事项

管理人员对客房清洁保养工作进行质量检查时，要注意以下五点。

1. 检查要全面

(1)保证所有客房都能查到。所有客房都查到并不是要求所有管理人员都要对每间客房进行检查，但酒店必须保证每间客房每天都要有人检查，这样才能全面保证客房的合格率。

(2)保证所有员工都查到。由于全部客房的清洁保养是由多名服务员负责的，因此管理人员要对所有服务员的工作进行检查，保证每个员工都能保质、保量地完成任务。

(3)保证全过程检查。管理人员不能只重视工作结果的检查，更应重视对工作过程的检查。对工作过程进行检查，能有效地规范员工的操作，保持员工良好的工作状态，提高员工的工作效率，可以及时发现和解决问题，总结、推广先进的做法和经验。

2. 把检查和培训结合起来

管理人员对员工的工作进行检查，既是质量控制的手段，又是非常有效的督导培训方法。在检查过程中，管理人员要根据员工的实际情况，进行有针对性的指导与培训，提高他们的思想和业务水平。

3. 把检查与沟通、激励结合起来

管理人员在检查过程中，要注意与员工进行交流与沟通，这是增进相互理解、消除隔阂的有效措施。另外，在检查中，要运用激励的方法调动员工的工作积极性，提高他们的自豪感和自信心，调节他们的情绪。

4. 把检查与考核结合起来

管理人员把检查与考核结合起来，可以通过检查，对员工的工作表现和实绩进行准确、公正的评估。考核要量化，考核的结果要公开，要把考核的结果作为薪资分配的依据。

5. 检查其他相关内容

员工的工作状态、劳动纪律、操作规范、礼节礼貌等都会影响其工作的效率和效果。因此，管理人员要将清洁卫生的质量检查同其他相关内容的检查结合起来，将客房质量控制落到实处，做到细处，以期收到满意的效果。

（五）客房常用表格和报表

表格和报表是实行规范化管理的一种定型和定式化的手段，用于及时、具体地记录各种原始数据，客房常用表格和报表则为客房部的管理者考核员工业绩、控制营业费用提供准确的信息。

酒店的等级、规模以及管理者管理风格不同，使用的表格和报表种类常有差别，但常用的应有以下几种。

1. 房务报告表（如表 6－5）

表 6－5　房务报告表

楼层：　　　日期：　　　时间：　　　姓名：

房号	住客房	空房	外宿	住客数	行李数	不能进入房	维修房	备注
01								
02								
03								
04								
05								
06								
07								
08								
09								
10								
……								

（1）用法。

①每天早班服务员上班后及傍晚做夜床时各查一次客房状况。

②除请勿打扰房和双锁房之外，如果每房必查，则需由客房服务员来填写，然后由领班将其管辖区楼层的报告表收齐，交客房中心。

③若只查空房、维修房及走客房，则可由领班填写。

④每份房务报告表一式两份，一份送总台，一份留底，以备查询。酒店设立客房中心的，由客房中心汇总各楼层报告表；设楼层服务台的也可由各楼层分别送总台，或由客房部办公室汇总。

（2）作用。

核实前台的客房状况，通报最新房态信息。

2. 客房领班工作单（表 6－6）

表 6-6　客房领班工作单

日期________am/pm　　　　　　　　　　清扫员________ ________

领班________　　　　　　　　　　　　　　　________________

楼层	房号	状况	床位	时间	检查记录	楼层	房号	状况	床位	时间	检查记录	借/加	房号
	01						01					加床	
	02						02					婴儿床	
	03						03					枕头	
	04						04					毛毯	
	05						05					电吹风机	
	06						06					插座	
	07						07					椅子	
	08						08					水果刀	
	09						09					充电器	
	10						10					特殊客人	房号
	11						11					贵宾	
	12						12					病客	
	13						13					外宾	
	14						14					特需服务	
	15						15					长住客	

（1）用法。

①在客房服务中心领到查房表后，首先了解本区段客房状况并在表上做相应的标记。

②根据服务员的工作进度确定检查顺序并及时检查，随查随记。

③确保每间必查房被查到，并在合格后尽快申报其为 OK 房。

④下班时将全部项目填写完毕，交客房中心或办公室。此表保存期通常为一年。

（2）作用。

①作为工作凭证，防止忙中出错。

②作为考核的依据。

3. 做客房返工单（表 6-7）

（1）用法。

①此表为空白式返工单，具体列项可视客房情况设计，也可临时填写。

表 6-7　做客房返工单

序号__________ 日期__________
姓名______________
请完成下列工作：
完成后请交还，谢谢！
领班（签名）__________
主管（签名）__________

②将检查不合格的较大的漏项列出或圈出，交服务员补漏。

③小的漏项，领班可及时补漏，但若重复出现，应返工并追究原因。

④完成后，服务员将此单交还领班。

⑤领班凭此单进行复查。

⑥保留返工单，备查。

(2) 作用。

①指示服务员该做的项目。

②作为业务总评估的依据。

4. 维修通知单(表 6-8)

表 6-8　××大酒店维修通知单

年　　月　　日

申请单位		申请时间	
申请人		填单时间	
报修项目			
负责派工人		派工时间	
维修人		出修时间	
维修内容	维修区域		
	维修项目描述		
	维修完成情况		
领料人		发料人	
材料名称		数量	
单价		金额	
材料名称		数量	
单价		金额	
材料名称		数量	
单价		金额	
总计金额			
维修开始	日期　　时间	经手人	备注
维修完工	日期　　时间	经手人	
验收合格	日期　　时间	经手人	

(1) 用法。

①本单通常一式三份。两份送工程部，最后一份留底。有的酒店一式四份，将第四份送给质检部，以便协调和督促。

②如遇紧急情况可先电告工程维修部补单，但需在单上注明联系人与时间。

③客房中心每天汇总客房维修报表，并每周送一份给工程部；每月制作一份维修报表，呈递总经理。

④如果维修项目迟迟不见回音，则客房部经理应与工程部经理协调，以求得解释和采取相应的措施。

(2) 作用。

通知工程部需维修的项目及备查。

5. 客房维修表(表 6－9)

表 6－9　客房维修表(Room Maintenance Chart)

亲爱的来宾: 欢迎您入住本店。为了给您提供更为舒适、满意的居住条件,烦请就我们维修工作中所忽略之处提出宝贵的意见,并祝您居住愉快! Dear Guest, Won't you please help us maintain our room in the best possible condition by repairing little things that are wrong, and may have been over-looked by the Housekeeping or Maintenance Department. If there is anything in the room that needs attention by our Maintenance man or Houseman, please tell us. Wish you a most plesant stay. 房号(Room No.)__________　日期 (Date)__________ 多谢您的相助,并请将此单交往前台,以便使意见尽快得到解决。 Please leave at Front Desk for prompt action. Thank you for your time.

本表供客人提出客房维修意见用。

(1) 用法。

①此表一式两份,最好采用无碳复写式表格。

②客人填写后可交总台或留房中,也可直接交客房中心。

③接表后立即查实。

④一份送工程部,另一份留在客房部。其他程序与维修通知单相同。

(2) 作用。

①客人有机会发表意见,可弥补酒店工作的不足。

②让客人感到酒店对其住房状况的重视。

【任务拓展】

实地考察两家以上酒店,对他们在清洁保养方面的工作现状进行分析,并以其中一家为例,对其在清洁保养上存在的问题进行诊断,并结合酒店实际情况提出可行的改进措施。以小组为单位完成此项任务,并撰写调查和分析报告。

【任务反馈】

美国一家机构曾经对客人选择酒店各种要素的先后顺序做过调查,其结果显示:卫生因素为 63%,服务因素为 42%,设备因素为 35%。客人选择酒店的诸因素中,卫生状况为主因素。也有研究机构专门对宾客是否初次或再次选择一家酒店的诸多因素进行了排序,发现清洁卫生质量均排在第一位。可见清洁保养质量不仅影响酒店的形象、氛围、环境,还影响到客人对酒店的选择,影响到酒店的销售。

造成客房清洁卫生不合格是因为"脏"的存在。客房"脏"的存在形态有哪几种?

释疑:一是垃圾、灰尘和泥沙;二是水溶性污渍，如茶渍、水渍及饮料渍等；三是油溶性污渍，如机油、动植物油或公路上带进来的柏油等；四是胶类污渍，如口香糖或胶鞋印等。

任务二　客房对客服务质量管理

【任务目标】

了解客房服务质量的理念、了解服务质量的管理；培养学生提供个性化服务的能力以及对客服务质量管理的能力。

【案例聚焦】

客人的收藏品被当垃圾收走了

7月9日晚，服务员在清理8236房间时，把所有的垃圾都收走了。22:02张先生回房间后反映，他花费了好长时间才收藏的一可口可乐瓶子被我们当垃圾收走了。这件事引起了张先生的极度不满。事后我们向客人道了歉，主管李世辉去垃圾站找回收藏品，并和总值班王经理一同送到客人房间，再次向客人赔礼道歉，并做了增值服务，以消除顾客的不满。

【任务执行】

客房服务是酒店服务的重要组成部分，其质量高低直接影响酒店服务质量和客房出租率。因此，客房部以及整个酒店都必须高度重视客房对客服务工作，采取一系列措施和方法加强对客服务质量的控制。

一、客房服务质量内涵

（一）客房服务特点

客房服务与酒店的前厅、餐饮等服务，既有相同点，又有不同之处，对它的特点进行研究有利于加强服务的针对性。客房服务的主要特点是：

1. 体现出家的氛围

既然酒店的宗旨是为客人提供一个“家外之家”，因此是否能够体现出家的温馨、舒适、安全、方便等，就成为客房对客服务成败的因素之一。在对客服务中客房服务人员扮演着“管家”“侍者”的身份，因此要留意客人的生活习惯等。例如，客房服务人员清晨为客人整理房间时，如果发现客人毛毯上盖着床罩，说明客人夜里嫌冷，那么应在交班时请中班服务员在做夜床时加床被子。

2. 对客服务的表现形式具有“明暗兼有”的特点

客房部有别于其他部门，它的服务是通过有形的客房产品表现出来的。例如，客人进入客房后，是通过床铺的整洁、地面的洁净、服务指南的方便程度等感受到客房服务人员的服务的。客房对客服务的这一特点使客房服务人员成为酒店的幕后英雄，但这并不表示客房部没有面对面的对客服务，其面对面的对客服务包括送、取客衣，清扫客房，递送客用品等。综上所述，客房的对客服务形式“明暗兼有”，这一特点对客房服务人员的素质提出了很高的要求。

（二）客房服务质量的构成

客房服务质量是由以下三方面内容构成的。

1. 客房设备设施用品质量

其包括客房家具、电器设备、卫生间设备、防火防盗设施、客房备品和客房供应品的质量。这些是客房服务提供的物质基础，其舒适、完好程度如何，直接影响到整个客房服务的质量。

2. 客房环境质量

其主要是指客房设施设备的布局和装饰美化、客房的采光、照明、通风、温湿度的适宜程度等。良好的客房环境能使客人感到舒适惬意，产生美的享受。

3. 客房对客服务质量

客房对客服务质量是客房部一线服务人员对客人提供的服务本身的质量。它包括服务态度、服务语言、服务的礼节礼貌、服务方法、服务技能技巧、服务效率等。

在这三方面中，设备设施用品和环境的质量是有形的，对客服务质量是无形的，却又是服务质量的最终表现形式。三者的有机结合，便构成了客房服务质量。客房管理的目的，就是促使客房服务质量得到全面提高，满足客人物质需求和精神需求，从而创造经济和社会两方面的效益。

二、客房对客服务的质量控制

客房服务质量是衡量整个酒店服务质量、维护酒店声誉的重要标志，也是酒店等级水平的重要标志。因此，客房部管理人员必须把对客服务质量的控制，当作一项最重要的工作去抓，必须对对客服务第一线进行反复的宣传、鼓动、督促、鞭策，将简单的、重复的、乏味的劳动变为积极主动创造性的劳动；让有形的设备设施和无形的服务产生最大的经济效益，达到预期的效果。

（一）对客服务质量控制的三大目标

对客服务质量的控制，必须有明确的目标，才能提高对客服务的整体水平和顾客的满意程度。

1. 以顾客为中心

酒店依存于顾客，因此酒店应理解顾客当前和未来的需求，满足顾客的需求并争取超越顾客的期望。

（1）对客服务项目的设定和质量标准的制定，必须符合顾客的需求与期望。顾客的需求和期望主要表现在三个方面：

①物质享受。即为客人提供一个舒适宜人的住宿环境。

②精神享受。即提供符合自身星级和档次的多种服务。

③发展要求。即为客人提供获取知识和信息，以及进行商务活动的服务。

（2）及时将反映顾客需求和期望的质量标准与相关信息在客房部全体员工中进行沟通，达成共识。

（3）测试顾客的满意程度并根据结果采取相应的措施。

2. 促进酒店的持续改进

顾客的需求和期望是不断变化的，同时，社会经济的发展、科学技术的进步以及酒店业的竞争，驱使酒店通过对客服务质量控制，持续改进酒店的产品以及服务项目和服务进程，增强竞争力，提高酒店的整体效率。持续改进服务质量，应成为酒店的一项制度；持续改进酒店的产品和服务是酒店追求的永恒目标。

3. 预防客房产品不合格

客房产品及服务是否合格，最终以其是否能满足客人的要求和期望为判断的依据。不同的客人对服务接待的要求不尽相同，客人对服务质量的感受往往带有较大的个人特点。因此，对客服务质量的控制，不能仅仅满足于对客的规范服务，而应采取积极的措施，争取满足不同顾客的个性化要求，做好针对性服务，以此作为客房产品合格与否的控制标准。

（二）规定质量标准

1. 对客服务标准制定的基本原则

对客服务标准的制定，必须遵行方便客人、方便操作和方便管理的基本原则。

（1）方便客人。制定、实施对客服务标准，是为了使客人获得满意的服务，使其有宾至如归的感觉，因此，对客服务标准的制定必须以此作为出发点。脱离了客人的需求，单纯强调标准和程序是没有任何意义的。

（2）方便操作。节约时间，方便操作，减少不必要的体力消耗，提高工作效率是制定标准应遵行的另一个原则，因此制定对客服务标准应以具体、实用、可操作为主。如果对客服务标准难以让员工掌握和操作，就失去了制定标准的意义。

（3）方便管理。实行标准化管理，在于减轻管理者的负担，易监控，易于贯彻管理意图，使客房对客服务有一个统一的质量标准。

2. 对客服务的基本标准

（1）服务程序标准。服务程序标准是服务环节的时间顺序标准，即在服务操作上应先做什么，后做什么。该标准是保证服务全面、准确及流畅的前提条件。

（2）服务效率标准。服务效率标准是对客服务的时效标准。这项标准是保证客人能得到及时、快捷、有效服务的前提条件，也是客房服务质量的保证。不过，这项标准的制定，要视各个酒店的具体情况进行，且要有专业管理人员、具体操作人员的参与。（如表 6－10）

表 6－10　服务效率量化标准

部门	服务效率量化标准
客房中心	电话铃响 3 声内接听 查询客人数据在 30 秒内完成 要传达的信息，在 20 秒内通知到相应楼层及有关人员
客房楼层	接到贵宾到达通知，服务员在 3 分钟内到电梯口迎接客人 为客人整理床铺，中式小床在 3 分 30 秒内完成，中式大床在 4 分 30 秒内完成 客人借物、送物（日用品、插线板、充电器、网线等），5 分钟之内送到客人房间 送欢迎茶 5 分钟之内完成 送香巾 5 分钟之内完成 需要加椅 5 分钟之内送到客房，加茶在 5 分钟之内送到客房 做住房（标准间）20 分钟/间 做退房 30 分钟/间，小整理 8 分钟/间 整理空房 5 分钟/间 查退房报前台 3 分钟/间 为客人办理加床服务 15 分钟之内完成

续表

部门	服务效率量化标准
客房楼层	每天 2 次到房间收取客衣 管理者查房 5 分钟/间 客房主管每天查房不低于 30 间,达到所辖区域 100%查房率 客房经理每日查房不低于 10 间,达到可出租房的 30% 开夜床服务 8 分钟内完成(以标准间为例) 擦鞋服务从收鞋到送回 6 分钟内完成 夜班服务员必须每 30 分钟巡一次楼 每周对楼层公共区域进行一次大清洁
洗衣房	正常服务:上午 10 点钟以前送洗,当日下午 5 点 30 分以前送回;10 点钟以后送洗,次日下午 5 点 30 分以前送回 加急服务:4 小时之内送回,收取衣物时间为 8:00～14:00 正常情况收衣时间为 8:00～22:00
公共区域部	接到紧急通知必须在 5 分钟之内到达现场 清洁卫生间必须在 5 分钟之内完成 接到清洁通知必须在 5 分钟之内到达现场 电梯保洁工作为 5 分钟一台 清洁地毯:轻度脏污 5 分钟/平方米,重度脏污 15 分钟/平方米 每天早班需对所有花木进行浇水。每周更换一次插花,每半个月更换一次绿色植物

(3) 服务设施、用品标准。服务设施、用品标准是酒店为客人所提供的设施、用品的质量、数量标准。这项标准是控制硬件方面影响服务质量的有效方法。它是从质量、数量、状态三个方面去制定的标准。例如,在质量上,四星级酒店所有的浴巾不得小于 140 厘米×80 厘米,重量不得低于 600 克,全棉,无色花、无色差,手感柔和,吸水性能好,无明显破损性疵点,在数量上要求每床配备一条,状态上要求洗涤干净,折叠整齐,放于手巾架上。

(4) 服务状态标准。服务状态标准是对客房服务人员应达到的服务操作水平所制定的标准。如接待客人时要站立服务、面带微笑、使用敬语。

(5) 服务技能标准。服务技能标准是对客房服务人员应达到服务操作水平所制定的标准。如铺床标准、浴室清洁标准、抹浮尘标准、做夜床标准等,只有熟练掌握服务技能,才能提供优质的服务。

(6) 服务规格标准。规格标准是针对不同类型宾客制定的不同规格标准。如在贵宾的房间放置鲜花、水果,根据贵宾的不同级别还需布置其他物品,根据长住客人的客史档案记录布置房间等。

(7) 服务质量检查和事故处理标准。质量检查和事故处理标准是上述各项标准贯彻执行情况的检查标准,也是衡量客房服务是否有效的尺度。此标准主要由两方面构成:一方面是对员工的奖惩标准，另一方面是对宾客进行补偿及挽回影响的具体措施。

从服务操作系列化的要求来看，主要是贯彻执行“迎、问、勤、洁、静、灵、听、送”的“八字工作法”。

迎——礼貌大方，热情迎客。一要举止大方，衣着整洁，精神饱满；二要态度和蔼，语言亲切，动作准确适当；三要区别不同对象。

问——热情好客，主动问好。要主动向客人问好，关心他们的生活起居、身体状况、生活感受，主动询问他们的需求，满足他们的爱好。

勤——工作勤快，敏捷稳妥。勤快稳妥，要做到手勤、眼勤、嘴勤、腿勤。手勤就是要及时准确地完成工作任务；眼勤就是要注意观察客人的需求反应，有针对性地为宾客提供随机性服务；嘴勤就是见了客人要主动打招呼，主动询问需求；腿勤就是要行动敏捷，不怕麻烦，提高服务效率。

洁——保持清洁，严格卫生。每次整理客房、卫生间、会客室、书房后，都要做到严格消毒，消除被消费的痕迹，保证各种设备、用具和生活用品清洁、美观、舒适。

静——动作轻稳，保持肃静。服务人员在准备用品，打扫卫生时要做到敲门轻、说话轻、走路轻，随时保持客房、楼道的安静气氛，以体现客房服务的文明程度。

灵——灵活机动，应变力强。服务过程中必须具有较强的应变能力，必须根据客人的心理特点、特殊爱好采用灵活多样的方法。如对动作迟缓、有残疾的客人应特别照顾等等。

听——“眼观六路，耳听八方”。服务人员要随时留心观察客人情况，征求客人意见，随时发现服务过程中的问题和不足之处。一经发现，就要及时改进和弥补。

送——送别客人，善始善终。为了保证整个服务工作取得良好的效果，给客人留下美好的回忆，同时也为了争取回头客，就必须使客人旅途愉快，欢迎下次光临。

上述“八字工作法”，形成一个完整系列的服务过程，是客房服务质量标准的本质表现。

（三）重视全过程的控制

服务质量是在服务前、服务中和服务后的全过程中实现并得到保证的。

1. 事前控制：设立标准，人人皆知

如前所述，程序和标准的制定是质量控制的基础，只有通过对员工的培训才能使员工理解实施质量标准的意义，懂得怎样为客人提供优质服务。

（1）建立客房部内部的检查机制。即制定自查、互检和专检的责任制和控制方案，确保服务质量的控制不流于形式。

（2）加强沟通与协调。客房部应通过内部通启、表格、班前会及交接班制度等，建立起良好的沟通系统，确保对客服务信息畅通，及时满足客人的需求。

2. 事中控制：识别关键，调控偏差

识别关键活动，即找出影响对客服务质量的关键性岗位或关键性活动，也就是常说的服务质量的控制点。抓住了服务过程的关键点，就抓住了服务质量的根本。确定关键点的原则是：

(1) 对服务质量影响大，起决定作用的岗位或活动。

(2) 经常出现不良服务的岗位或活动。

(3) 顾客反应大，意见多的岗位或活动。

3. 事后控制：评估总结，持续改进

任何事情都是不断发展的，人们对服务质量的要求也在不断提高，因此，质量管理应及时总结经验，关注顾客需求的变化和客房产品的新发展，把服务质量的提高作为一个持续改进的过程来进行。

(1) 定期召开部门质量会议，根据宾客需求的变化对服务程序和标准进行修改，对服务用品进行调整。

(2) 在客房部内部营造一种重视质量的氛围，通过肯定和激励的方法，促进对客服务质量的不断提高。

(四) 对客服务工作的质量控制

1. 以人为本

影响对客服务质量的诸因素中，人的因素是首要因素。全体员工是酒店之本，只有全体员工充分参与，才能使对客服务质量得到保证。

(1) 重视对员工的教育。要对客房部员工进行质量意识、职业道德、以顾客为中心的意识及精神的教育，激发他们服务工作的积极性和责任感。

(2) 重视员工的利益和福利待遇。酒店重视员工利益和培训，才能吸引和保持优秀员工队伍。

(3) 开展对人的心理和行为研究。服务对象是人，是人与人之间的直接接触，人的一切行为是受心理因素驱使的，客房管理者必须对服务者和被服务者的心理行为特点进行深入研究，掌握不同类型的心理因素的规律，才能有的放矢地做好针对性服务。

2. 系统管理

客房对客服务质量是一个由相互影响、相互联系的因素构成的整体，对影响客房服务质量的人、设施、材料、能力、环境等方面进行协调管理，才能使对客服务的各个过程彼此协调一致，取得预期的结果。

【任务拓展】

客房服务质量检查表

客房服务质量标准之一——用品质量

项目	内容
用品配备	①配备标准：客房用品以单房和床位为基础配备。其配备标准如前面所述
	②用品分类：分为消耗用品、床上与生活用品、卫生间用品
用品质量	③用品质量与星级适应性：客房用品质量根据酒店和客房等级规格确定，同酒店星级标准相适应
	④同等客房用品质量一致性：同一等级、同一类型的客房用品在规格、型号、质量、花纹、质地、造型、柔感、手感上保持一致

续表

项　目	内　容
用品撤换	⑤整体配套与美观适用：成套配备，质量优良，美观适用，无拼凑、短缺、陈旧、破损现象发生
	⑥棉织品配套与每日撤换及时性：需要换洗的床单、毛巾、浴巾、枕套等客房棉织品，以床位配备标准为基础，不少于 4 套，一套在用，一套在洗，一套周转，一套储存。已出租房间在用的一套每天换洗 1 次
	⑦客用一次性用品撤换及时性：客房和卫生间的茶叶、面巾纸、卫生纸、浴液、洗发液等客用一次性消耗物品，每天换新
	⑧其他多次性用品撤换及时性：其他客用多次性消耗物品，客房部保持一定储备，定期或根据需要更换
	⑨用品撤换是否适合客人需要
用品管理	⑩管理制度是否健全：客房楼层设服务间，用品管理制度健全，内容具体明确
	⑪管理手续是否完善：各种用品集中管理，分类存放，领取、发放、补充更新登记手续规范，责任明确，并定期统计各类用品消耗
	⑫有无丢失、抄拿与损坏：无丢失、抄拿、损坏等岗位责任事故发生

客房服务质量标准之二——宾客入住服务质量标准

项　目	内　容
入住准备	①OK 房的准备：每天准确准备进离店客人名单，按客房卫生清理程序准备好客人入住房
	②房间清扫检查准备情况，做好房间检查：服务员自我检查、领班全面检查、主管分段检查、部门经理巡视检查、贵宾客房特别检查等客房检查制度健全，责权明确
	③重要客人入住房间检查：贵宾客房按接待规定检查，加摆水果、鲜花、赠品等，符合客人接待规格与要求
	④无故障客房和不合质量要求的房间出租现象发生
服务人员	⑤交接班准备：每天提前 10 分钟上班
	⑥客人情况了解程度：必要时了解客人生活习惯、宗教信仰、有无禁忌、以前是否住过本店，以保证服务针对性
客人入住	⑦重要客人特别照顾：贵宾入住，专人接待，在楼层办理入住登记快速、准确、周全
服务要求	⑧主动热情程度：主动，要做到主动迎接、主动问好、主动引路、主动介绍，照顾老弱病客人；热情，要做到精神饱满、态度和蔼、举止大方、助人为乐
	⑨语言礼貌规范性：礼貌，要做到仪容整洁、仪表端庄、语言亲切和蔼、尊重客人风俗习惯
	⑩耐心周到程度：耐心，要做到不厌烦、不挑剔、有耐性；周到，要做到照顾周详，想客人之所想、急客人之所急，服务在客人开口之前

客房服务质量标准之三——宾客住店服务质量标准

项　目	内　容
房间整理	①整理前的准备:客房与卫生间每日全面整理1次。正式清理前,清洁车、卫生用品、客人消耗物品准备齐全,摆放整齐
	②房间整理:进门前先敲门,清理时打开房间,按卫生程序通气、做床、擦拭整理、吸尘
	③卫生间整理:做卫生间、补充用品、房间检查等快速、彻底
	④整理时特殊情况处理规范性:日常整理时若客房门上挂有"请勿打扰"牌,不得随意进人。到14:00后如仍挂有此牌,请客房领班与客人电话联系后再行整理,若挂有"请速打扫"牌,提前整理,30分钟内清理完毕
饮用水与物品供应	⑤冷热水保证供应程度:客房24小时保证冷热水供应
	⑥客人物品供应及时性:客房内服务指南、酒店介绍、住店须知、客房用餐单、洗衣单(袋)和交通地图、文具用品、各种消耗用品等供应及时,保证满足客人需要
	⑦如有短缺,与客人耐心沟通,取得谅解
会客服务与借用物品	⑧会客服务:外人来访做好记录,征得客人同意后请来访人进入房间,未经允许,闲杂人员一律不许进入楼层或客人房间。客人会客需要加椅或茶水服务,5分钟内送入客房
	⑨借用物品:客房部物品借用程序健全,制度完善。客人借用吹风机、接线板、变压器等物品,做好登记,15分钟内送入客房,24小时内或按约定的时间收回
	⑩无法满足客人要求时,耐心解释,表示歉意
随机服务	⑪客人住店期间需要水果刀等小物品或要求提供代买香烟、水果、饮料等各种随机性服务,问清需求和服务内容与要求,提供服务准时、快速
失物招领服务	⑫日常查房规范及时性:查房无遗漏,3分钟内完毕
	⑬拾物上交与登记规范性:客房员工整理客房、清扫卫生、离店查房或在公共场所拾到客人遗留、丢失物品,及时报告主管,登记手续规范
	⑭客人物品送回认领服务:客人离店前询问丢失物品的,24小时内同客人核对,准确无误后,交还客人;客人离店后来电来函查询者,经查核无误后,72小时内挂号寄还客人
	⑮无私拿私分物品现象:无服务员私拿、隐瞒客人丢失物品现象发生

客房服务质量标准之四——酒吧服务质量标准

项　目	内　容
酒水供应与推销	①客房酒吧设置合理性:客房配冰箱与酒水台,高档客房配迷你吧台,吧台与酒水台设计美观大方,冰箱性能良好
	②酒水饮料数量配备:客房酒吧软饮料与小吃供应充足,客房酒单设计美观大方,字迹清楚,标价合理
	③酒单与酒水摆放规范性:酒水摆放整齐,便于客人取用

续表

项　目	内　容
走房酒水检查	④每次检查准确及时性:迅速进客房巡视,检查离店客人酒水、饮料消耗情况时认真、细致、准确
	⑤酒水单及客人姓名、房号掌握程度:接到客人离店通知,掌握客人姓名、房号
	⑥传单结账准确及时性:账单记录清楚,转交客房中心报前厅收款快速,于客人结账前完成。不会因酒水检查不及时造成客人跑账现象
住房酒水检查与补充	⑦每日酒水检查次数:客人住店期间,客房酒水每天至少认真检查2次
	⑧每次检查与补充及时性:每次查房后,服务员及时到楼层领取补充酒水、饮料。楼层酒水饮料领取、发放管理制度健全,手续规范
	⑨每次检查后挂账及时性:酒单上客人所用饮料、小吃的数量、种类及客人姓名、房号、检查时间与检查人姓名填写准确,酒单报客房部转交前厅挂账及时
	⑩饮料有无差错或私用:每日制作客房酒水销售报告明确,账目清楚。酒水检查、补充、走单均无差错和岗位责任事故发生
客房酒单传递	⑪酒单传递规范性:客人酒单和客房领班填写的每日酒水销售报告送客房部管家,账目核对清楚
	⑫有无跑账、漏账现象:前厅客人每日酒水挂账、结账快速准确,来不及传递时电话通知前厅收款结账,过后补单,无跑账、漏账、错账发生
	⑬整个客房酒吧服务细致、规范,客人满意程度高

客房服务质量标准之五——开夜床服务质量标准

项　目	内　容
开夜床准备	①卫生车与用品准备规范性:准备好小推车,车上服务用品准备齐全,摆放整齐
	②开门、进门与操作准备:将小推车推到客房门口一侧,敲门进房操作,提供服务时,房门打开,不许关门开夜床
开夜床服务	③进房操作规范性:开灯拉好窗帘,打开空调调节室温。叠好床罩放在箱架上,将靠近床头一侧的毛毯连同上面一条床单一起掀起60厘米,成45°角。同时打开夜灯,摆好拖鞋,客人睡衣放在开床一边,早餐券放在翻开的床单上
	④操作标准是否符合要求:整个操作快速、准确,动作规范
房间整理服务	⑤房间整理规范性:更换客人用过的玻璃杯、烟灰缸,倒掉纸篓垃圾,简单擦拭桌面,物品放在规定位置,不翻阅或挪动客人放在桌面上的物品。同时检查客房酒水饮料,开好酒单,补充酒水
	⑥卫生间整理规范性:卫生间内客人用过的口杯、烟灰缸、毛巾、浴巾、面巾等用品一起撤出,缺额补齐。简单清理面盆、浴盆、马桶,保持清洁
	⑦晚间整理整体效果:整个开夜床服务做到整理过的房间整齐、舒适,用品齐全规范,气氛宜人,方便客人就寝
填写工作单	⑧填单准确规范性:每间客房整理完毕,工作单上客人房号、所住人数、开夜床进出时间、主要工作等内容填写清楚,关好房门
	⑨整理后房间检查:自查有无遗漏项目

客房服务质量标准之六——客人特别要求服务质量标准

项　目	内　容
要求换房	①换房要求掌握准确性：同前厅接待联系，对客人姓名、房号、所需房间类型、换房时间询问清楚
	②换房及时与操作规范性：前厅接待开好换房单后，帮助客人提送行李，调换房间快速，服务周到
客人要求加床或增开房间	③加床：接到客人要求加床或增开房间要求，同前厅接待联系办好手续后，按照客人要求加床
	④增开房间：引导客人进房，介绍设备、服务项目、住店须知等，服务热情周到
残疾客人服务	⑤客人情况与要求掌握准确性：有残疾客人住店时，了解客人姓名、残疾不便表现、生活特点与特别要求
	⑥是否专人负责：选派优秀服务员特别照顾
	⑦服务耐心细致程度：客人住店期间迎接、问候、搀扶、端茶送水、整理房间等各项服务主动热情，服务耐心、周详，针对性强，不询问残疾的原因，处处表现出耐心
贵宾服务	⑧姓名、房号与接待规格掌握：准确了解客人姓名、房号、接待规格、生活特点、风俗习惯、以前是否住过本店等
	⑨特别照顾服务效果：做到亲切、热情、细致、周到
	⑩服务细微化并有针对性：每天整理房间，加摆鲜花、水果、点心、小型礼品、欢迎卡等，各项服务与接待规格相适应。客人住店过程中，入住登记、日常服务、客衣洗送、开夜床等处处给予特别照顾
客人生日服务	⑪生日日期与情况掌握：根据客人档案，准确掌握客人生日日期
	⑫生日礼品准备及时性：提前准备好生日蛋糕、生日贺卡或花篮送入客房
	⑬服务热情细致程度：做到亲切、热情、细致、周到
客人旅行结婚服务	⑭日期与客人要求掌握：客人旅行结婚中或在酒店举行婚礼，明确了解客人姓名、房号、婚礼时间、仪式、客房布置要求等
	⑮房间布置美观、舒适程度：做到美观、典雅，有浓厚婚礼气氛
	⑯礼品与贺卡准备：送祝贺卡、结婚纪念物
	⑰服务效果：热情、礼貌、大方、细致

客房服务质量标准之七——特殊情况处理

项　目	内　容
客人行李差错	①发现及时，原因与线索了解准确：客人进店找不到自己的行李时，应立即与客人接触，安慰客人，帮助查找原因，提供线索
	②不同情况处理规范性：若混在其他团队行李中，找到后速交客人，并表示歉意，若属店外原因，同旅行社联系，核对行李交接记录，设法找到客人行李
	③有无岗位责任事故：若行李丢失或被盗，迅速查清责任，按酒店规定处理

续表

项 目	内 容
客人被关在电梯中	④发现客人被关及时性:遇有停电或其他原因,电梯突然停止运行的情况时,服务人员应主动询问电梯内有无乘客 ⑤解救快速准确性:请客人保持安静,速与工程部联系,将客人安全接出 ⑥安慰客人效果:对客人表示安慰与歉意 ⑦预防措施落实情况:接到停电通知,在停电前关闭电梯,电梯需日常维护保养,保证安全正常运转
客人物品丢失	⑧发现与报告主管及时性:遇客人报告物品丢失或被盗,及时报告主管或保安部 ⑨原因与线索了解准确性:同客人接触,询问物品丢失或被盗的时间、地点、具体细节、线索等,快速、清楚,尽力帮助客人查找 ⑩帮助客人查找主动程度:在查找处理过程中做到主动、热情、耐心,以事实为根据 ⑪区别情况处理合理性:若客人不慎丢失物品,找到后迅速交还客人;若属店外原因或确属被盗而找不到,询问客人是否报案,交酒店保安部和公安部门处理。酒店不给客人出具物品被盗证明,并且在未查清事实真相前,不负赔偿责任
客人醉酒服务	⑫发现与报告主管及时性:客人在房间饮酒过量发生醉酒,服务员加强巡视,及时发现并报告主管 ⑬醒酒措施:进房查看快速,设法使客人保持安静,帮助醒酒措施得当 ⑭对客人的现场照顾:对醉酒客人专人负责,耐心照顾,防止发生不良后果 ⑮事后处理合理性:若醉酒后造成客房设备物品损坏,做好记录,客人酒醒后按酒店规定处理
客房设备损坏	⑯发现与报告主管及时性:客房员工每天按房间 4 级检查制度查房,发现客房电器、家具等设备损坏时,做好记录,及时报告主管 ⑰自然损坏处理及时性:若属自然损坏,快速准确填写维修单报修 ⑱客人损坏原因了解:若属客人原因损坏严重,迅速与客人接触,查明原因,按酒店规定处理
客人带走客房物品	⑲查房与发现及时性:客人离店前,服务员查房迅速、细致、认真,发现客人带走客房物品时,记录房号、姓名、时间、物品名称及件数并及时报告主管 ⑳处理的针对性:若带走的物品非一次性客房物品,且比较贵重,迅速通知前厅,与客人接触,耐心询问,在查清的基础上请客人退回或按酒店规定处理 ㉑有无使客人难堪:处理过程中做到礼貌、婉转、讲究技巧,不伤害客人的自尊
客人易燃易爆物品处理	㉒发现准确性和及时性:发现客人携带易燃易爆物品,及时报告主管 ㉓对客人劝阻与危险品代客保管措施:耐心向客人解释酒店有关规定,请客人将物品交酒店统一管理,办理交接手续清楚。客人离店时,退还客人 ㉔无意外事故发生

客房服务质量标准之八——客人退房离店

项目	内容
离店准备	①房号与名单掌握准确性:客房每天掌握离店客人姓名、房号、住期、离店时间,准确、及时制作每日客人离店分析表
	②离店准备充分
退房离店服务	③贵宾或行动不便者离店:帮助提行李,将客人送到前厅,再同客人告别
	④告别客人礼貌规范性:祝客人旅途愉快,欢迎其再次光临
房间检查	⑤客人离店查房及时性:客人离房后,服务员迅速到达客房查房
	⑥房间检查准确细致程度:认真检查房间设备有无损坏、用品有无丢失、客人有无遗留物品、房间有无事故隐患
	⑦遗留物品处理规范性:发现客人遗留物品及时报告主管,迅速转交客人
	⑧设备物品损坏丢失处理规范性:发现设备损坏或物品丢失,按酒店有关规定处理
账单传递	⑨账单传递规范性和及时性:客人办理结账手续前,客人酒水单、洗衣单及楼层其他账单送到前厅快速、准确,账目清楚,结账及时。来不及时则电话通知柜台
	⑩有无差错发生:无因岗位责任引起的客人跑账、漏账现象发生
重新做房	⑪重新做房及时性:客人离店后,按酒店客人走客房整理程序和服务质量标准重新整理客房。撤出客人用过的各种物品,做床,做卫生间
	⑫重新做房质量与效果:整理过的客房清洁、整齐、美观、舒适。准备接待下一位客人

客房服务质量标准之九——客衣送洗

项目	内容
客衣收取	①每天收取次数:客房服务员每天 2 次到客房收取客衣
	②每次收取检查规范性:收取时洗衣单、洗衣袋内衣物核对检查清楚,客衣有无破损、严重污渍及口袋内有无物品要检查细致,同客人核对与记录准确
	③收取手续健全完善程度:洗衣房收发员每天 2 次到客房部收取客衣,按单签收,数量准确。客衣快洗记录清楚,取衣后按时送回收发室
	④收取有无差错发生:整个客衣收取过程中做到收取及时、检查认真、交接手续规范,特别要求或特殊情况记录准确
客衣标号	⑤标号前清点准确性:收发室收到客衣后,清点、检查、开单明确具体事项
	⑥标号准确、规范性:按客房号码将客衣逐一标号,工作细致,号码准确,标号牢固
	⑦无错标、漏标、标混现象发生
客衣分类	⑧分类方法与要求熟悉程度:标号后的客衣及时分类,分类程序、方法与要求明确
	⑨客衣分类准确性:干洗、湿洗、手洗分类清楚。将湿洗类中的深色、杂色、白色和衬衣、毛涤、涤棉、羽绒、丝织物等有不同洗涤要求的衣物分开

续表

项　目	内　容
	⑩有无分类不当影响质量现象：整个分类符合衣物洗涤要求。不会因分类不当引起洗坏、染色、发皱等现象
客衣送还	⑪客衣洗后装袋挂架准确性：收发室从客衣组接到洗好熨烫后的客衣，根据标号条和洗衣单按房号装袋或挂架，准确无误
	⑫普通客衣送还及时性：送回时间，普通洗涤不超过 18 小时
	⑬快洗送回及时性：送回时间，加快洗涤不超过 6 小时
	⑭重要客人客衣送回规范性：贵宾的衣物送客房部，由主管送交客人
	⑮送回与客人交接无差错

【任务反馈】

服务质量是酒店的生命，要有效地控制客房服务质量，一是要充分调动基层管理人员对服务质量管理的积极性，把好客房服务质量这一关；二是必须对客房服务质量的主要环节进行控制。

客房对客服务质量科学管理的有效方法是什么？

释疑：明确目标、制定标准、全程控制。

任务三　客房安全质量管理

【任务目标】

了解客房安全设施设备的配备，了解客房的安全保卫工作；掌握客房各种安全事故的预防和处理程序。

【案例聚焦】

两万元现金不翼而飞

一日，某酒店 1908 房的客人王先生称其两万元现金在房内被窃。值班经理接报后，立即与保安部主管、管家部主管赶到现场。据王先生讲述，他外出回到房间发现客房内的皮箱被撬，里面的物件零乱，内层的两万元现金不翼而飞。王先生怀疑有人进入其房间行窃。值班经理与部门主管就此事展开了一系列的调查。

查询前台接待处在王先生外出期间是否有其他人取过房间钥匙。前台接待员小曲称曾经接过一个自称是 1908 住客王先生打来的电话，请其朋友进房间取东西。接待员为确定 1908 房客人的身份，要求其报出自己的身份证号码，对方流利答出。结果未经核对证件，楼层服务员便为陌生人打开了房门。

【任务执行】

客房部的业务工作涉及酒店的各个区域，安全状况是客房部质量管理的关键问题，是客房部的重要任务之一，容不得丝毫疏忽。

一、客房安全管理常识

(一) 客房安全的内涵

在这里，客房安全有三层含义：

(1) 客房安全是指客房区域应保持良好的秩序和状态。在客房范围内，客人、员工的人身和财务以及酒店财产安全不受侵害。

（2）客房区域应当处于一种既没有危险，也没有可能发生危险的状态。如果客房存在一些不安全因素，也没有相应的防范措施，即使暂时没有发生事故，也不是真正意义上的安全。例如，客房内的电源插头损坏、电线裸露，浴缸无防滑措施，热水龙头过于灵敏，客房的门锁没有及时修好，钥匙管理混乱，安全通道堵塞，安全门方向无指示标志等。所有这些因素都可能会在一定条件、一定场合、一定时间内突然引发危险，造成人身伤害和财产损失。因此，客房安全是指客房不发生危险以及对潜在危险因素的排除。

（3）客房安全不仅包括事实安全，也包括心理安全。事实安全是指不发生并且不可能发生危险的安全状态；心理安全则是指客人对酒店安全程度的一种心理感受。

（二）客房安全的重要性

1. 客房安全与否，直接关系到客人的满意程度

安全是客人的基本需要，要提高客人的满意程度，有一个安全的住宿环境是很重要的因素。试想，一位客人在客房住了几天，对客房服务赞不绝口，但就在他离开的那一天，一只钱包在客房被盗，客人对酒店的好印象就会一扫而光，留下的只有遗憾和不满。

2. 客房安全与否，直接关系到酒店的经济效益

安全工作不力所造成的损失不仅表现为直接的经济损失，如发生火灾、财物被盗，还表现为一种声誉的损失，即形象的破坏。这种损失具有一种辐射作用，往往难以用数量来衡量。

3. 客房安全与否，直接关系到员工的积极性

安全不仅指客人的安全，也包括员工的安全。如果客房安全管理工作混乱，各种防范和保护措施不力，工伤不断，员工安全没有保障，就很难使员工安心、积极而有效地工作。

（三）客房安全事故发生的原因

1. 直接原因

（1）人为原因。人为原因主要是指由人员不安全行为所造成的各种事故，包括指导与监督疏忽、肇事者未按规定要求行事、误用或错用各种器具、危险性物品使用错误及不安全行为等。

（2）设施原因。设施原因主要指不良的环境设施，包括照明不良、维修不当而使地面过滑，以及危险场所的防护设施不到位等因素。

2. 间接原因

间接原因指各种机械装置的定期检查和保养不良。具体包括以下几项：①裂纹或破损的各种手柄；②未及时清理使用过的刮脸刀片；③裸露的电线；④未及时处理的各种不良导线；⑤客用电梯的不安全操作，以及未及时定期检修；⑥客房照明不良；⑦未及时清理客房地面污物和垃圾；⑧客用钥匙管理不当；⑨玻璃门无明显标记；⑩客人用餐时被玻璃杯损伤；等等。

例如：在一家酒店，客人像往常一样去洗澡，可由于不小心，自己跌倒了，脑袋碰在了吧台上，事后查找原因，原来是酒店客房部员工做房时，忘记把防滑垫铺上，领班查房时也没有发现，导致了事故的发生。如果那位员工把工作做到位

了，就可以避免。

（四）客房安全管理的任务

1. 客人的人身安全

即保障客人的人身不受侵害。造成客人人身伤害事故的因素主要有自然灾害、公共治安问题、设施设备安装不当及火灾等。其中有些因素是酒店自身无法控制的。

2.客人的财产安全

财产安全是指客人入住酒店后，随身所带的一切财物的安全，以及委托酒店代为托运、保管的财物的安全。客人的财产损失一般来自火灾事故、盗窃案件和酒店工作中的差错等。

3.客人的心理安全

客人心理上的安全感实际就是客人入住后对环境、设施、服务的一种信任感。有时，客人的人身虽然未受伤害，财产也未遭损失，但客人却时时感到有不安全因素的威胁，存在一种恐慌心理。这种不安全的威胁主要来自以下几个方面：一是设施、设备安装不合理或不牢固，如冷热水龙头装反、电器设备漏电等；二是价格不合理，客人有上当受骗之感；三是员工服务不当，如不敲门进房、随便翻动客人的东西、不恰当的询问、不负责的查房等；四是酒店氛围过于紧张，如禁止通行、闲人莫入、此路不通的标牌随处可见，保卫人员表情严肃、态度生硬；五是酒店缺乏必要的防盗和消防设施。客人心理上的安全感从某种意义上说，比前两项安全保障更为重要，更不容忽视。

（五）客房安全管理的特性

1. 复杂性

从客房安全工作的性质及任务来看，客房部的安全管理工作具有复杂性：一是客人来自四面八方，其国籍、职业、文化程度、社会背景、宗教信仰、兴趣爱好、住店目的多种多样；二是客房安全的侵害因素普遍存在，而且不断变化，仅违法犯罪类侵害因素就有 8 类 130 多种，其他侵害因素则更为复杂，他们以不同的形态、不同的方式存在着，若疏于防范，就会危及客人及酒店的安全；三是客房的安全管理不仅涉及治安、消防等，还涉及国家安全、社会综合治理等多方面的内容。

2. 长期性

客房安全的侵害因素不仅广泛存在，而且长期存在。即使是某些侵害因素在某些时候、某些地方被消灭了，只要条件再次具备，又会卷土重来，或以新的形式出现新的侵害。特别是某些特殊原因造成的侵害，当未发现发生灾害的原因时，往往会一再发生，如火灾等，所以安全保卫工作是一项十分艰巨和长期的工作。

3. 紧迫性

从宏观上看，客房安全是一项长期性的工作，必须常抓不懈；从微观上看，客房安全又具有紧迫性，遇到具体的事故必须及时处理，例如，发生火灾时，酒店必须及时、迅速地做出反应和处理，否则将酿成大祸，造成不应有的重大损失。

4. 预防性

客房安全工作应以预防为主。一般来说，客房安全的各种侵害因素在发生作用前，多数会有各种迹象和征兆。人们只要认真研究犯罪的种种规律、违法犯罪人员的心理特征，就可以采取预防措施，减少违法犯罪行为的发生。同样，自然因素的侵害要有一定的“气候”和条件，只要了解侵害产生的条件，做到防患于未然，就可以尽量减少侵害对人身、财产所造成的损失。

5. 服务性

客房安全工作的最终目的之一是给住店客人提供安全保障，即为客人创造一个安全、舒适的生活和工作环境。客房安全是客房对客服务的一项重要内容，也要贯彻“客人至上、服务第一”的宗旨，把客房安全融入客房服务当中，优质的客房服务必须要有安全作保障。

二、客房安全事故处理与防范

安全同清洁、舒适、方便等因素一样，是构成客房优质服务的重要内容之一。酒店有义务和责任为客人提供安全和保护，以满足客人对安全的期望。

（一）火灾的预防和处理

虽然酒店火灾的发生率很低，但是后果极为严重。客房区域的位置一般处在酒店的高楼层，人员多，扑救和疏散人员都较困难。因此，酒店和客房部都必须制定一套完整的预防措施和处理程序，防止火灾的发生。

1. 客房火灾发生的原因

火灾往往是由人们粗心大意、马虎疏忽造成的。

（1）客人睡觉前在床上吸烟，不慎或乱扔未熄灭的烟头或火柴梗，引起客房可燃物和易燃物起火。

（2）客人将各种易燃易爆物品带进客房，引起火灾。

（3）客人在房内使用电饭锅、电炉、电熨斗，不慎引起火灾。

（4）长住客人违反酒店规定，私自无限度地增加电器设备，使供电线超负荷运转，造成电源短路，引发火灾。

（5）客人醉酒后玩火或抽烟，引起火灾。

（6）客房内灯具的灯罩和灯泡贴在一起，引起灯罩燃烧，造成火灾。

（7）客房内电器设备因安装不良或一次性使用时间过长，导致短路或元件发热而起火。

（8）不按安全操作规程作业（如客房内明火作业），没有采取防火措施，造成火灾。

（9）将未熄灭的烟头倒入垃圾袋或吸尘器引起火灾。

（10）库房内吸烟。

（11）防火安全系统不健全等。

2. 火灾预防措施

（1）在客房区域配置完整的防火设施设备，包括地毯、家具、床罩、墙面、房门等，都应选择具有阻燃性的材料制作。

（2）房内安全须知中应有防火要点及需客人配合的具体要求。客房部服务员在整理房间时，应注意检查安全隐患。加强对住客的防火宣传。

对酒店安全管理来说，重视了员工的作用，很多的事故都是可以避免的。例如：重庆某家酒店客房发生一起火灾事故，造成4人遇难、9人受伤。据有关部门调查，火灾是客人吸烟引起的，另据一客房部员工回忆，他进去送报纸的时候发现烟灰缸内有未熄灭的烟头，当时他也没有注意，送完报纸就出来了，该员工要是多一点责任心和一些安全意识，在客房内发现客人未熄灭的烟头马上进行处理，就可以避免一场大火。

（3）安全通道处不准堆放任何物品，不准用锁关门，保证通道畅通。

(4) 配合保安部定期检查防火、灭火装置及用具，训练客房部员工掌握灭火设备的使用方法和技能。

(5) 除办公室和指定的吸烟地点外，工作人员在其他场所一律不准吸烟。

(6) 确保电梯口、过道等公共场所有足够的照明亮度，安全出口24小时都必须有红色照明指示灯，楼道内应有安全防火灯及疏散指示标志。

(7) 制定客房部各岗位服务人员在防火、灭火中的任务和职责。

(8) 制定火灾发生时的应急疏散计划及程序。

3. 火灾的处理

楼层客房一旦发生火灾，或酒店其他区域发出火警信号和疏散信号，客房部员工必须保持镇静，按照酒店和客房部制定的消防和疏散规则，迅速采取有效措施，保证客人的生命财产安全和酒店员工的安全，尽量减少损失。

(1) 客房区域发生火灾。

①一旦发生起火，立即使用最近的报警装置，如立即打破手动报警玻璃片，发出警报。

②拨酒店规定的报警号码，通知话务员着火地点和燃烧的物质。

③迅速利用附近适合火情的消防器材，如灭火器、水枪、灭火毡等控制火势或将其扑灭。

④注意保护客人人身和财产的安全。

⑤如发现客房门下有烟冒出，应先用手触摸此门，如果很热，千万不能打开房门。

⑥如果火势已经不能控制，则要立即离开火场。离开时应关闭沿路门和窗，在安全距离以外等候消防人员到场，并为他们提供必要的火情信息。

(2) 火警信号。

①客房部工作人员听到火警信号，应立即查实是否发生在本区域。

②无特殊任务的客房部员工应照常工作，保持镇静和警惕，随时待命。

③除指定人员外，任何工作人员在任何情况下都不得与总机房联系，全部电话线必须畅通无阻，仅供发布火警紧急指示用。

④客房部经理或副经理留守在办公室待命，只有在客房区域发生火灾时才赶到现场。

(3) 疏散信号。

疏散信号表明酒店某处已发生火灾，要求客人和全体酒店工作人员立即撤离房间，赶到集合地点列队点名。

①迅速打开安全门、安全梯，并组织工作人员有步骤地疏散客人。

②客房部工作人员应敲击和打开房门，帮助客人通过紧急出口离开房间，要特别注意帮助伤残、老、幼、孕住客。客人离开房间后要关好门。

③各层楼梯口、路口都要有人指挥把守，以便为客人引路和避免大量客人涌向一个出口，造成挤伤、踩踏事故。

④火灾发生后，要注意检查每一个房间内是否还有客人。

⑤客房部经理应根据考勤记录在集合地点点名，保证每一个工作人员都点到。

(二) 盗窃事故的预防和处理

酒店的客房财产和客人财物常是不

法分子盗窃的目标，客人和内部员工中可能存在的少数不良分子也会趁机作案。为了保障客人、酒店和员工的财产不受损失，客房都必须严格执行各项安全规定，预防各种盗窃事件的发生。

1. 预防盗窃事故的措施

(1) 配备必要的设施设备。

为了有效防止失窃案件的发生，客房部除强化全体员工的安全意识外，首先要注意配备必要的防盗设施，如闭路电视监控系统、各种报警器及客房内安全装置。在有可能的情况下，应配备双向电子锁系统。

(2) 加强对客人的管理。

①制定科学、具体的客人须知，明确告诉客人应尽的义务和注意事项。

②提醒客人不要随意将自己的房号告诉其他客人和陌生人。

③建立和健全来访客人的管理制度，明确规定接待来访客人的程序、手续以及来访客人离店时间，严格控制无关人员进入楼层。

④切实做好验证工作和制定客人领用钥匙的规定。

⑤加强巡逻检查，发现可疑和异常情况及时处理。

a. 在巡视中，注意在走道上徘徊的外来陌生人、可疑人及不应该进入客房楼层或客房的酒店员工。

b. 注意观察客房的门是否关上及锁好。如果发现某房间的门虚掩，可敲门询问。客人不在客房内，可直接进入客房检查有无异常情况；如果客人在房内，则提醒其随时将房门关好。

c. 如果发现客人忘记将钥匙从门锁上取下，应将钥匙送还客人，房间无人则交给主管并登记。

d. 如发现醉酒、神志异常的客人，要特别留意，避免其损坏房内物品和不良分子乘机窜入房间盗窃、作案。

⑥客房内的一些物品可能会引起客人的兴趣，一些客人往往将其作为纪念品带走。为了满足客人的这一需求，酒店应该在商场出售这些物品，并在客房内明确告知客人此为非赠品。客房内的一些贵重物品，在设计制作和安装布置时就要考虑防止客人中的个别不良分子偷盗，有可能成为客人中的个别不良分子偷盗目标的物品则要做上酒店的标记，这有助于打消其偷盗的念头，或者使其无法带走。

⑦客人离店后，服务员或领班要及时查房。若有客人遗失物品，应登记上交；若发现有丢失和损坏的物品，应及时报告主管，并与有关部门取得联系。

(3) 健全客房部员工管理制度。

客房部工作人员在日常的工作中，直接接触到酒店和客人的财物，因此，对素质不高的服务员来说，就有较多机会偷盗酒店及客人的财物。对此，客房部要根据酒店的安全管理条例，制定明确的岗位责任制和行为准则，并加强对员工服务过程的管理。

①录用新员工时要严格把关。酒店在招聘服务员时，要尽可能了解其以前的工作表现和行为习惯，防止一些不良分子混入酒店员工队伍。对所有招聘的服务员要经常进行培训教育，提高他们

的素质和道德水准，培养他们遵纪守法的自觉性。

②奖惩措施。酒店应采取有效的针对性奖惩措施，惩恶扬善。对于阻止、揭发他人偷盗行为的服务员给予奖励，对于偷盗者和对他人偷盗行为不予以阻止或知情不报者要进行严厉的处罚。

③员工进入客房及房内服务的规定。服务员上班时必须穿本工种的制服，佩戴自己的工牌，下班后不得在客房区域逗留。

④制定并严格执行工作钥匙的领用制度。

⑤制定并严格执行客房部员工出入酒店及携带物品的规定。表 6 - 12 为员工携带物品出门证样式。

表 6 - 12　携带物品出门证

携带物品人		工作单位	
物品名称			
物品数量		出门时间	年　月　日　时
部门盖章			

⑥更衣室、工作间的管理。酒店要经常不定期地对服务员更衣柜和工作间进行检查，防止偷盗者将其更衣柜作为偷盗财产的中转站，防止服务员将私人物品带到工作场所和工作间，为偷盗创造条件。

⑦垃圾的管理。客房楼层每天都会有很多垃圾，这些垃圾的搬运和处理往往能为偷盗者提供机会。因此，酒店必须加强对垃圾的控制和管理。

⑧加强物资管理。酒店必须制定和完善各类物资的管理制度，对物资的保管、领发、使用等各环节进行控制，增强服务员的责任心，防止物资流失。

(4) 防止外来人员偷盗。

①加强客房楼层出入口及通道的控制，防止外来人员进入客房楼层偷盗。

②对进入楼层的外来人员进行监视。

③不要随便为“客人”开门。由于服务员不易准确的判断识别客人，因此，当客人要求服务员为其开门时，服务员必须非常谨慎，否则，容易被一些人利用。如果不能肯定要求开门的人确实是该房住客，最好请客人与总台联系。这样，只要服务员从维护客人利益的角度去向其解释，客人是会理解和支持这种做法的，甚至会得到他们的赞赏。

④督促客人提高警惕，增强防盗意识。

请看下面加强员工客房安全管理的责任心的案例及点评：

某星级酒店，一天早上 8 时 30 分，客房服务员正在做房，有两个男子嘱咐其给 1303 房加两条浴巾，这两人并未进房，而是说完话后，即告知服务员，他们要去餐厅用早餐了，从服务员身边擦身而过。服务员则遵照其指示，到 1303 房为其增配两条浴巾，并顺手将床上零乱的东西进行清理，此时这两位男子又忽然返回，看见服务员正在清理，忙对服务员说：“不要清理了，不用麻烦你了，我们自己整理就行了。”这时候，服务员看他们已在收拾他们的物品了，就暂时退出。这两个男子3分钟后从房间走出。刚离去不到一会儿，又来了两位男子，自己持房卡进入房间后，即发现房间被盗。原来前两个是小偷，后两位才是真正的客人。

点评：这是一种相对高智商的犯罪，他是利用服务员心理上的不设防（因为增配浴巾，是一个合理的要求，且客人并不进房，故无须防范），在心理上先入为主，使服务员一时失去判断力，以为对方是客人，从而制造可乘之机。

犯罪分子相当熟悉和了解酒店的运作流程，他们知道，如果他们直接要求服务员为其打开房门，服务员势必要求他们出示房卡，并会询问他们的姓名，以便和总台核对。故而，他们采用这种方式进入房间，使服务员失去判别的警惕性，从而达到偷盗的目的。

服务员对于一般的犯罪行为都较为警惕，但如果犯罪分子利用服务人员的服务意识，采用一些常规的行为，服务员就很难判别了。酒店平时应该注意对服务员进行相关的培训，遇到此类情况，服务员应该礼貌地请客人出示证件，不能自己想当然地认为他们就是客人。

2. 盗窃事故的处理

酒店客人的财物被盗后，客人可能直接通知公安部门——报案；客人也可能向酒店反映丢失情况——报失。无论报案还是报失，服务员和管理人员都应采取积极协助的态度，及时向有关部门和上级反映情况，把属于客房部范围内的工作做好。下面介绍酒店处理客人报失的基本程序和方法：

(1) 客人报失，管理人员要保持冷静，认真听取客人反映情况，不做任何结论性意见，以免给以后的处理带来麻烦和困难。

(2) 根据客人提供的线索，分析是否确实被盗，并及时将情况报告保安部及其他相关部门。

(3) 如确属被盗案件，应详细问明丢失财物的经过，物品名称、数量、来源、来店前的数量和来店后的用途数量。

(4) 尽量帮助失主回忆，来店前后是否检查过、有无放错地方等，并应征得失主同意帮助其查找，切勿擅自到客人房间查找。

(5) 询问失主是否需要向公安局报案，并认真记录，最后让客人签字；或要求客人写一封详细的报失经过。

(6) 对于确属被盗案件的，还应立即报告给值班总经理，经同意后向公安机关报告。

(7) 如果被盗案件涉及某一服务员，在未掌握确凿证据之前，管理人员不可妄下结论，也不可盲目相信客人的陈述，以免挫伤服务人员的自尊心。要坚持内紧外松的原则，细心查访和找寻。

(8) 做好盗窃案件的发生和查破结果的材料整理和存档工作。

（三）其他安全事故的预防

1. 防疾病

(1) 对客房内的设备用品进行严格杀菌消毒。

(2) 消灭虫害。

(3) 防止客人将狗、猫等宠物带进

酒店。

（4）患有传染病的服务员不能上班。

（5）如发现有住客患有传染病，可采取措施进行隔离，并对其客房及相关设备用品进行特别处理。

（6）请当地卫生防疫部门进行检查指导。

2. 防止住客的违法行为

由于客房具有高度的私密性，一些人往往会利用这一点在客房内从事违法犯罪活动，诸如吸毒、贩毒、走私、赌博等。为了防止这类事件发生，酒店要做好以下几方面的工作：

（1）在住客须知上明确规定住客在客房内的哪些做法被禁止的，以起到警示作用。

（2）加强监督。楼层工作人员既要对住客给予关心和帮助，又要进行监督和控制，发现问题及时报告。

（3）加强服务员的安全意识，提高服务员识别、判断和处理问题的能力。

3. 防止住客受到侵扰和伤害

防止住客在客房内受到侵扰，下列措施是非常必要的：

（1）加强电话控制。住客在客房内可能会受到电话骚扰。针对这一点，酒店要加强对电话的控制，一是总机不要随便将外来电话转接进客房，也不得将住客的情况向他人透露；二是客房的电话机要具备免打扰功能。

（2）配置安全装置。客房内要配置一系列安全装置，以增强住客的防范能力。客房内的安全装置主要有：安全牢固的门锁、客房链、门镜（无遮挡视角不低于160°）。另外除正门外，其他能进入客房的部分门窗要上闩或上锁。

（3）保证客房设备用品的安全性。住客在客房内遭受的伤害大多与客房内的设备用品有关，一是因为设备用品本身有故障，二是因为住客使用不当。因此，需要采取下列检查和预防措施：

①所有家电无漏电危险。

②家具稳固，无木刺，无尖钉。

③卫生间的地面、浴缸要防滑。

④水杯不能有破裂和缺口。

⑤冷热水龙头要有标记。

⑥饮用水必须达到规定的标准。

⑦告知客人如何正确使用客房内设备。

（4）客房内要有安全告示或须知。

（5）提醒客人保持警惕，增强防范意识。

4. 防工伤事故

预防工伤事故，可以采取下列措施：

（1）制定安全规程。客房部要根据客房工作的内容和特点，制定一套安全操作规程（有的酒店叫安全守则）对需要服务员在工作中遵守的规定、要求及操作的方法进行说明。

（2）对服务员进行技术培训。客房部要根据安全操作规程及各项工作的程序规范对服务员进行技术培训，使服务员养成安全、规范操作的良好习惯，掌握安全、规范操作的技能。

（3）加强检查监督。客房部要加强检查，消除一切可能导致工伤事故的隐患，并对服务员进行监督指导，确保服务员安全操作。

（4）配备劳保用品。配备必要的劳保用品，可以避免和减少发生工伤事故的可能性，如专用服装、手套、鞋子、口罩等。劳保用品的配发要根据服务员的岗位职责和工作任务，而不能只讲形式，不重实效。

5. 防自然灾害

很多自然灾害都会给人类造成损害，如地震、台风、雷电等。尽管目前很多自然灾害人类还无法阻止，但并非无法预测预报。酒店要把预防自然灾害作为安全工作的重要内容，并根据本酒店所处地域及可能遇到的自然灾害，制定相应的安全计划和应对措施，以尽量减少自然灾害给酒店造成的损失。

除了以上介绍的安全保卫的内容外，酒店往往还会遇到一些意想不到的安全问题，如暴力、恐吓、诈骗等。尽管这些问题很少发生，但酒店还是应该有所防范，并能在遇到这些问题时妥善处理。在处理这些问题时，酒店除了要有自己的一套措施和一定的能力外，还必须充分相信和依靠社会上的支持和帮助，如公安、安全等部门。

【任务拓展】

以酒店安全管理为主题进行一次社会调研活动，了解酒店安全管理工作的新情况。以小组为单位完成，并形成书面报告。

【任务反馈】

客房安全工作是客房管理的一项重要内容，直接关系到客人、酒店以及员工的人身与财产安全，因此，客房管理中必须时刻强调安全意识，预防各种事故的发生，为客人和员工提供一个安全舒适的环境，为酒店创造良好的经济效益奠定基础。

什么样的客房才是安全的客房？

释疑：客房安全是一个全方位的概念，不仅指酒店客房以及来店客人的人身和财物不受侵害，而且指不存在其他因素导致这类侵害的发生。

◆项目评价

【知识/技能评价】

①客房清洁保养的质量标准主要包括哪些方面？

②写出客房检查的程序、方法及质量标准。

③如何理解客房服务以“暗”为主、体现“家”的氛围等特点？

④客房服务质量控制的基本环节有哪些？假如你是一家四星级商务酒店的客房部经理，请你设计一份对客服务质量控制方案。

⑤按客房产品质量构成要素，设计一份关于客房服务质量评价的宾客意见书，并对调查结果进行统计分析，根据结果就提升客房服务质量写一篇调查报告。（以小组为单位完成）

⑥客房安全管理有哪些特点？

⑦引起火灾的常见因素有哪些？怎样进行预防？

⑧客房部应怎样预防盗窃事故的发生？

⑨在工作中，如何做好对工伤事故的预防？

【实训演练】

序号	项目名称	实训内容及要求	实训操作步骤
1	客房检查	按照客房检查的程序和标准执行检查。客房检查的内容包括:清洁卫生质量、物品摆放、设备状况和整体效果	整理一间标准客房 按查房程序和标准检查 填写查房表 教师检查、指导和点评
2	服务质量暗访	实地调查一家酒店客房服务质量控制的全过程,了解客房质量控制的基本环节	以客人角色入住某家酒店 感受酒店客房服务质量 拟定服务质量暗访报告 教师给予指导,提出改进意见
3	熟知客房安全设施设备	实地参观一家酒店配备的各种安全设施设备,了解这些设备设施的功能和作用	酒店现场认知客房安全设施设备 企业技术人员演练安全设备操作方法
4	消防演习	组织真实的消防演练 沉着冷静、疏散有序 火灾应急处理正确	邀请当地消防部门指导 消防演习 专业人士点评

【项目链接】

客房安全设施设备

1. 电视监控系统

电视监控系统是由摄像头、录像机、手动图像切换、监视器等组成的。一般在酒店的出入口处、电梯内、客房走道、公共娱乐场所、贵重财物集中场所及其他敏感部位安装摄像头,监视这些场所的活动,从中发现可疑人物或不正常现象,以便及时采取应对措施。这样可以减少安全部巡逻人员的数量,同时给酒店及客房区域的安全带来更有效的保证。

2. 安全报警装置

酒店的一些重要部位,如收存钱款部位、贵重物品和财物集中部位,为防盗窃、抢劫、爆炸,必须安装安全报警装置。酒店常用的报警器种类有微波报警器、被动红外线报警器、主动红外线报警器、开关报警器、超声波报警器。

3. 自动灭火系统

由多种火灾报警器、灭火器、防火门、消防泵、增压风机等组成的自动灭火系统是酒店必备的安全设施。

4. 通信联络系统

酒店的通信联络系统是指以安全监控中心为指挥枢纽,通过呼唤机和对讲机等无线电通信器材而形成的联络网络。这个通信网络使酒店的安全工作具有快速的反应能力,对保障酒店的安全起着十分重要的作用。

5. 钥匙系统

钥匙系统是基本的安全设备。目前,越来越多的酒店采用了可编程电子钥卡系统，并与酒店其他系统协作或联网，使住店客人感到舒适、方便和安全。随着科技的发展，酒店还可以利用生物鉴别系统来保证客人的安全。这种系统是利用人的生理特征，如指纹、手掌等作为开启门锁的信息。由于这些生理特征比密码更具有唯一性和不可仿制性，因而可以使客人更方便、更安全。

拓展路径

①实地走访一家酒店，通过嗅觉、视觉等感官来感受酒店的清洁卫生质量。

②作为一名客人向服务员寻求某种帮助，感受服务员的服务态度和酒店服务质量水平。

③认识酒店各种安全设施设备，熟悉其功能和使用方法。

项目七　客房成本管理

◆项目目标

【行业目标】

作为客房部员工，能对客房设备、用品进行合理的配置、使用、维护、控制及管理，能掌握简单的人员编排技能，了解客房预算的组成部分，树立正确的成本控制和管理观念。

【终极目标】

使学生经过简短的培训就能适应酒店客房部基层管理工作，初步具备在客房物品、资金和人力资源等方面进行成本管理的基本能力，并能根据各自酒店的实际情况进行灵活运用。

◆项目评价

在全球经济一体化的背景下，酒店业竞争愈来愈激烈，各方数据显示我国酒店业已经进入“微利时代”，酒店要想盈利必须加强成本控制和管理，做好各类资源的整合和合理利用。客房部是酒店的一个主要盈利部门，占有酒店近70%的资产，所以加强客房成本管理是酒店管理的一项重要任务。

任务一　客房设备管理

【任务目标】

了解客房设备的种类、用途、质量和配备的基本要求；掌握客房设备的使用、日常维护保养方法和日常管理制度；通过亲自实践和调查走访，了解目前各类酒店在客房设备配置、管理和使用上的发展趋势。

【案例聚焦】

电脑坏了，怎么办?

某四星级酒店在7月份接待了由省教育厅组织的高校教师培训团队。因为培训是在学期末进行的，很多学员所在学校还有一些日常事务需要处理，所以大部分学员都需要使用客房内的电脑，还有一些学员自己携带笔记本电脑来参加培训。8301房间住着来自不同学校的两位老师，这两位老师都没有携带笔记本电脑，但是酒店客房内只有一台电脑可以使用(如图7－1)，不能满足两位老师同时用电脑的需求。一天，这两位客人都有非常紧急的事情需要马上用电脑和网络，但是只有一台电脑，怎么办

图 7-1　客房电脑设备

呢？其中一位客人说："我来打电话，看酒店能否借用一台电脑给我们。"她拨通了酒店的总机，总机接线员回答说："我们酒店不提供电脑租借服务。"没有办法，他们只能两人合用一台电脑。没过多久，客房内电脑竟然频繁地自动关机，明显出现了故障，他们打电话请酒店派人立即来维修。过了一会儿，来了一位50岁左右的维修工，客人说明情况后，维修工似乎不太懂电脑，看了半天也不知道从何下手，最后客人忍不住问他是否能尽快修好，他却回答说："懂这方面的技术人员今天不上班，要不明天他上班时要他来看看？"两位客人都心急如焚，说那算了，我们自己来处理吧。他们心想以后再也不要住这样的酒店，出门一定要带上自己的电脑。

【任务执行】

《旅游饭店星级的划分与评定》(GB/T14308—2010)明确指出客房是星级饭店的核心产品，而舒适度是衡量客房质量的最主要标准。客房产品舒适度的提高需要客房管理者选好、配好、用好、管好设备。假若您是某酒店客房部经理，在酒店开业初期您会提出怎样的建议和意见来添置酒店客房设备？假若您是某酒店客房部楼层主管，您如何督促员工按照酒店规定来进行设备的维护和保养？您知道或者了解现代酒店客房设备的流行趋势吗？

一、客房设备的配置

选择客房设备，是为了选购技术上先进、经济上合理、适合酒店档次的最优设备。这项工作有利于提高工作效率和服务质量，满足宾客需求。每个酒店要根据自身的特点，确定客房设备的选择标准，这是进行客房设备管理的基础。

(一) 客房设备选择的标准

1. 协调性

协调性是指客房设备要与酒店客房装修风格协调一致，与酒店的设计理念相吻合。不管是设备的尺寸大小还是颜色造型都应该和客房的整体风格相协调，与酒店的档次相吻合，满足住店客人需要，能使客人感觉轻松、舒适、愉悦。

2. 实用性

实用性是指客房设备的使用方便灵活，简单易操作，同时易于维修保养，工作效率高。高档酒店不仅追求设备的实用性，更追求设备的舒适性。

3. 安全性

在选择客房设备时要考虑是否具有安全可靠的特性和装有防止事故发生的各种装置，商家的售后服务也是设备安全的重要保证。

4. 节能环保

节能环保是指一方面所选用的设备应该符合国家行业标准，不要对人体造成任何危害；另一方面是随着水、电能源的日益紧张，人们节能意识也逐渐加强，酒店所选用的设备应该是节能环保的。

以上是选择客房设备要考虑的主要因素，对于这些因素要统筹兼顾，全面权衡利弊。

（二）客房主要设备的选择

1. 家具的选择

家具必须实用、美观、舒适，构架结实、耐用和易于保养。

2. 卫生间设备的选择

浴缸有铸铁搪瓷、铁板搪瓷和人造大理石等多种材质类型。以表面耐冲击、易清洁和保温性良好为最佳。浴缸按尺寸分大、中、小三种。一般酒店多采用中型的一种，高档酒店采用大型浴缸或冲浪式浴缸。

恭桶、面盆有瓷质、铸铁搪瓷、铁板搪瓷和人造大理石等多种材质类型，使用最多的是瓷质。它具有美观且容易清洁的优点。

卫生间的三大件设备应在色泽、风格、材质、造型等方面相协调，最好统一品牌和规格，符合星级定位与要求。

3. 地毯的选择

地毯的材质、触感和工艺决定了地毯的档次，一般酒店所使用的地毯有纯毛地毯、混纺地毯、化纤地毯和塑料地毯四种。不同种类的地毯有不同的特点。纯毛地毯美观舒适、弹性强、耐用、便于清洁，但价格较高。混纺地毯具有纯毛地毯质感舒适的特点，价格又低于纯毛地毯。化纤地毯外表与触感均像羊毛地毯，阻燃耐磨，且价格低廉。塑料地毯则质地柔软、耐用、耐水、可用水冲洗。高档酒店客房一般使用纯羊毛地毯、丝质地毯、高品质混纺地毯等优质地毯，且图案精美、色调高雅、足感平整有弹性、接缝平整密合，底垫的厚度不少于1.8毫米，无凹凸不平感。

（三）信息技术在客房管理中的应用

1. 客房状态管理系统

(1)系统管理内容。

通过使用软件，可以得到以下四个方面的资料并进行管理：

①房间摘要。酒店的房间数、维修房间数、可租房间数、微修房间数。

②日结预计。酒店当晚夜审时预计的客房出租情况。

③当前状况。有关各部门观察的酒店当前状况。

④当前客房部状态。主要观察的是干净房、脏房、维修房和微修房；显示客房部工作任务的完成情况。

(2)主要功能和作用。

①显示和控制酒店中所有客房状态和客房状况；设置和修改房间更换床上用品的周期；也能分配房间，给出分配房间的理由；可用积分的方法对服务员进行考核。

②系统可以将房间状态设置为维修房和微修房。这两种房间状态系统不再进入预订分配之列。维修房不能预订通常的原因是需要修补、修理或是其他一些不能使用的原因。微修房可以用于淡季的封房处理，当酒店需要时，仍然可以勉强使用。

③超额预订功能可以用来方便地控制酒店每一天的超额预订。利用这一选项对酒店所有房间设置超额预订的级别。使用此功能之前，要明确超额预订情况以及在系统中如何使用。

④房间历史这一项是用来显示某一

客房的租用情况、受损情况或遗失的物品是否找到等。

⑤出租图表用来了解给定日期后31天内的预订情况，包括不同的日期所对应的预订情况。

⑥维护工具用于记录客房维修要求，查看维修问题的类型，维修用户和提出时间，问题是否得到解决，何人解决以及何时解决等内容。

2. 客房控制系统

客房控制管理系统由客房床头集中控制系统和网络通信控制系统组成，对客房内强电灯具、空调风机、空调电磁阀、多路音乐、显示时钟和服务功能进行集中控制，以主从通信网络和串行数据通信格式与客房控制管理系统微型计算机进行数据交换，实现对客房的全部状态进行实时控制。

其主要功能有：实现对客房状态的切换控制；实现对客房温度的状态控制；实现对客房服务功能和状态的响应；实现对客房统一时钟的控制；实现对客房的工程状态的控制。

二、客房设备的管理

客房设备是客房部员工赖以从事客房商品生产的物质凭借和技术保证，离开了必要的设备，客房服务就成了无源之水、无本之木，提高服务质量也就无从谈起。同时在酒店运行中，和设备有关的各种费用在服务费用中占的比例不断增加。因此，加强客房部设备的管理，可以减少不必要的开支，避免各种浪费，并保持设备的完好状态，有利于提高酒店的经济效益，保证客房商品经营者活动的正常进行。

（一）客房设备的管理方法

1. 编制客房设备采购计划

客房部经理应提出客房设备的采购计划和要求增加设备的计划，报酒店采购部门及时采购所需的各种设备，以保证客房经营活动的正常进行。

2. 完善设备资产管理制度

设施设备购进以后，客房管理人员必须严格查验。同时，设立设备保管员，具体负责设备的分配、领用和保管工作。所有设备都必须建立明确的账卡、历史记录卡、设备档案卡等，让所有设备资产都有据可查。

3. 做好设备的日常管理工作

客房设备应实行分级归口管理，设专人负责，将设备管理同部门、班组的岗位职责结合起来，建立完善的责任制度，在确保服务质量和合理限度的情况下，实行增收节支有奖、浪费受罚的奖惩措施。充分调动员工积极性，管理好、使用好、维护好设备。同时应建立设备日常保养制度，发现问题及时维修。

4. 对员工进行针对性的培训

客房部相关人员必须参加设备培训，学习和掌握所使用设备的原理、结构、性能、使用、维护、维修以及技术安全等方面的知识，强化设备操作技能训练，并严格考核。使所有客房工作人员都比较清楚客房设备的使用和保养，以免因使用不当造成设备受损。

（二）客房设备的维修保养

客房设备在使用过程中发生破损时需要进行维修，客房部应在档案卡上做好登记，记录相关信息：设备送修日期、问题、维修者姓名、修理情况、更换部件等情况。客房部管理者可以根据这些记录来决定设备的使用周期和使用费用,以报工程部进行维修和采购部进行采购,以及做好客房设备的成本预算和管理。

任何设备都有一定的使用寿命,但是如果能善于使用、善于保养,可以延长设备的使用寿命,节省开支。所以客房部员工必须掌握各种设备的保养方法,养成良好的使用和保养习惯,做好设备的日常保养和维护工作。

1. 电器的使用和保养(见项目二任务二:客房专项清洁保养内容)

冰箱:要根据客人使用情况,适时补充饮料。另据冰箱结霜情况,定期除霜。

图 7-2 客房小冰箱

电梯:电梯内外要经常擦洗,梯内地毯要每天吸尘清洁。此外,还要防止服务员、客人或小孩用刀具等在电梯内乱划。

2. 家具的使用和保养(见项目二任务二:客房专项清洁保养内容)

3. 卫生洁具的使用和保养

卫生设施设备需要经常擦洗,对于面盆、恭桶、浴缸等设备,在擦洗时既要使其清洁,又要防止破坏其表面的光泽,因此一般选用中性清洁剂。对这三大件的保养还应注意防止水龙头或淋浴喷头滴、漏水,发现问题及时报修。平常不能使用粉状清洁剂擦洗洁具,下水口要定期清洁,并进行杀菌消毒。

三、客房设备设计与趋势

随着社会的发展,人民生活水平提高,住店客人对客房产品的要求也越来越高。另外,随着科技的发展,越来越多的高科技产品浮出水面,例如可以净化空气的墙壁、可以净化空气的吸尘器、光线唤醒系统、虚拟理想窗户等。这些都会促进酒店客房设备的更新。所以新建酒店在添置客房设备时需要考虑设备的人本化和个性化的统一、智能化和便捷化的统一、安全和环保的统一。

(一) 人本化和个性化趋势

以人为本是从宾客角度考虑设备的添置,例如:随着生活水平的提高,人们可自由支配收入日益增多,家庭出游比率增长,酒店客房应及时适应这一市场变化趋势,增添儿童房、保姆房和添置家居设备和用品。

个性化趋势是指随着社会发展,客人对酒店客房产品的需求越来越个性化,客人不再满足于一成不变的客房设备,所以酒店需要根据客源市场需求添置客房设备。例如:淘汰床头控制板而代之以"一钮控制系统+便捷式按钮",分体式家具代替固定家具,各式各样的冲浪式浴缸代替固定式浴缸。

(二) 智能化和便捷化趋势

高科技的发展使新型产品和科技设备在酒店得到不断应用,未来酒店将使用更多的高科技产品,满足宾客的需求。例如:自动感应床垫可以根据人体姿势的感应度进行自动调节;无钥匙门锁可以通过指纹或视网膜鉴定身份；自动冲洗恭桶；客人可根据自己的喜好调节室内温度、湿度、光线、声音等。

随着科技的发展，客房设备越来越智能化，越来越便捷。例如：客房内的自动感应系统，如声控灯光、声控窗帘等，客人可以通过声控系统随意控制房灯、窗帘的开与关，操作起来更便捷；光线唤醒系统是客人在设定叫早时间的前半个小时，房间内的灯光由暗逐渐变强，直至唤醒时刻房间内的灯光如白昼，使客人免去铃声的惊吓和视觉的不适，也不需要酒店的人工叫醒，节约人力成本，操作便捷。

（三）安全和环保趋势

随着社会的发展，酒店安全装置越来越科技化，例如：客房楼道中的微型监控系统、无钥匙门锁、客房中的红外感应装置、紧急呼叫按钮等，既增加了客房的安全性又不会过多地打扰客人。

安全不仅包括显性安全还包括隐性安全，例如：提供环保型家具就是为了保证客人的安全，这种安全是客人看不见的、很难体会到，但又确实存在的，所以为了客人身体的长久安全不仅要提供保证安全的设备，还应提供生态型家居环境。这一点已经获得酒店业和客人的一致认可。越来越多的绿色酒店开始出现，越来越多的绿色客房产品开始出现，例如：人体感应照明装置、防爆型电视机、防静电型地毯、生态型家具等。提供环保型家具设备，创造生态型家居环境，不仅给酒店创造了经济效益、生态效益，更是酒店对社会的一种责任。

【任务拓展】

立足本市，对目前市场上四、五星级酒店客房进行调查，统计分析，目前市场上的四、五星级酒店有多少家酒店客房提供电脑，提供什么样的电脑，如果有可能尽量搜集比较典型的两家酒店的客源信息和客房出租率，与客房是否提供电脑进行对比分析，或者搜集网络客户对酒店的评价来反映客房提供电脑的利弊，将班级分为正反两方进行辩论。

【任务反馈】

以3～5人组成一个调查小组，选择所在城市四星或五星级酒店两到三家，调查酒店单人间、标准间、套房设备的种类、性能、质量等级，了解其风格、配备要求和维护保养方法，并进行对比分析，最终形成调查报告。每组进行汇报演讲，老师和学生进行综合评定。具体评定表格可以参照下表7-1。

表7-1　实训考核ASK评分表

班级：________　姓名：________　学号：________

序号	考核内容	考核要点	评分标准	配分	扣分	得分
1	态度 Attitude	仪容仪表；礼貌礼节；态度是否积极主动	(1) 仪容仪表不规范扣1分 (2) 礼貌礼节不到位扣2分 (3) 态度占7分	10分		
2	技能 Skills	调查方式方法；演讲技巧；团队合作	(1) 调查方式方法15分 (2) 演讲技巧5分 (3) 团队合作10分	30分		

续表

序号	考核内容	考核要点	评分标准	配分	扣分	得分
3	知识 Knowledge	调查报告撰写;调查内容的科学性;汇报演讲稿等	(1) 调查报告 20 分 (2) 调查内容 30 分 (3) 汇报演讲稿 10 分	60 分		
合　计						

考核时间:____年____月____日　　　　考评学生或教师签名:________

任务二　客房用品管理

【任务目标】

了解酒店客房用品的型号、性能、使用方法、配备标准、摆放要求和管理方法等;掌握客房用品的签发、使用、保管工作,能进行简单的客房用品的成本核算和客房用品日常管理。

【案例聚焦】

客房六小件

某家酒店一次性用品在使用过程中存在严重的浪费现象。通常情况下,打扫客房的时候都会发现,开了瓶的沐浴液、洗发液还剩大半,拆了封的香皂几乎没使用,每天都得扔掉一大堆,非常浪费。以香皂为例,一块净重 30 g 的香皂,客人每次只使用 1/5 左右,由于大量的团队客人及散客在酒店停留时间只有 1 天左右,剩余的 4/5 在清扫房间时只能换掉。所以,为了推广环保,创造绿色客房,许多酒店将牙刷、牙膏等六小件撤出部分房间,除非客人主动要求,否则不再提供六小件。这样在中国酒店市场一直存在的六小件突然没有了,大部分客人还很不习惯,也会影响客人对酒店的评价和对酒店的认可度,于是有的酒店客房还是提供六小件(如图 7-3),但是提供怎样的六小件既能保证客人的利益又能适应绿色环保的需要,并且不增加酒店太多的成本?这个问题成为困扰酒店客房管理者的一个重要课题。

图 7-3　酒店客房卫生间摆放的客用品

【任务执行】

客房用品是客房产品的组成部分,更是客房特色和酒店风格的体现。故一家酒店提供什么样的客房用品,直接可以反映这个酒店的档次和风格。

一、客房用品的领发

客房用品的领发包括客房部从采购部领取和本部门发放两方面的工作,一般由客房部中心库房和客房服务中心负责。

(一) 客房部低值易耗品的领取

中心库房根据客房低值易耗品的消耗发放情况和仓库最高库存量,定期(一般一个月)填写低值易耗品的申购单和申领单(见表 7－2),经主管或经理批准,从采购部门领取物品。

表 7－2　客房物品申领单

楼层：　　　　申领者：　　　　发放者：　　　　年　月　日

物品名称	申领数	发放数	物品名称	申领数	发放数
安全疏散图			擦鞋纸		
宾客意见书			火柴		
明信片			水杯		
便笺纸			面巾纸		
小铅笔			浴帽		
圆珠笔			沐浴液		
普通信封			洗发液		
航空信封			护发素		
服务指南			小香皂		
小酒吧账单			牙具		
早餐单			梳子		
房内用膳餐单			针线包		
干洗单			一次性拖鞋		
湿洗单			请即打扫牌		
熨衣单			请勿打扰牌		
洗衣袋			衣架		
卫生纸			裤架		
棉签			裙架		
—			鞋拔		

表 7－2 是一般酒店客房物品申领单,每个酒店的客房用品不一样,库房应根据各自酒店客用品的实际情况进行申领。除以上客房用品外,还有客房服务员需要的清洁用品,可以另外列表进行申请,这里不一一列举。

(二) 客房日用品的发放

库房领到物品后,各楼层根据楼层小仓库的配备标准和楼层消耗量来领发,规定领发的时间,一般是一周领发一次,并规定领发日。在领发之前,楼层服务员应将本楼层小仓库的现存情况统计出来,按楼层小仓库的规定配备标准提出申领计划,填好“客房日用品申领表”(见表 7－3),由领班签字,凭申请单到中心库房领取,或由中心库房物品领发员发送到各楼层。中心库房在规定时间根据“客房日用品申领表”发放物品,并凭“客房日用品申领表”做账。

表 7-3　客房日用品申领表

HSKP Commodity Applications

楼层 Floor:　　　　　　　　　　　　　　　　　　日期 Date:

项目名称 Items	标准量 Standard	现存量 Present	补充量 Request
普通信封 Surface Envelope			
航空信封 Air Mail Envelope			
普通信纸 Surface Letter Paper			
航空信纸 Air Mail Letter Paper			
客人意见书 Questionnaire			
服务指南 Directory of Service			
电报表格 Telegram Form			
电讯表格 Telex Form			
洗衣单 Laundry List			
干洗单 Dry Cleaning List			
烫衣单 Pressing List			
档案夹 Stationery Folder			
圆珠笔 Ball Pen			
烟灰缸 Ash Tray			
面纸 Facial Tissue			
厕纸 Toilet Paper			
水杯 Glass			
浴帽 Shower Cap			
肥皂 Soap			
擦鞋纸 Shoe Shine Paper			
鞋油 Shoe-Horn			
火柴 Matches			
留言便条 Message Pad			
记事册 Memo Pad			
衣架(男) Hanger(Man)			
衣架(女) Hanger(Woman)			
请勿打扰牌 Do Not Disturb Card			

续表

项目名称 Items	标准量 Standard	现存量 Present	补充量 Request
洗衣袋 Laundry Bag			
鞋刷 Shoe Brush			
鞋膏(黑) Shoe Polish (Black)			
鞋膏(棕) Shoe Polish (Brown)			
鞋膏(无色)Shoe Polish(Colorless)			
垃圾袋 Rubbish Bag			
酒店胶袋 Hotel Plastic Bag			
请即打扫牌 Make Up Room Card			
早餐单 Breakfast Menu			
卫生袋 Sanitary Bag			
水杯袋 Glass Bag			
明信片 Post Card			

领用者 Drawer：　　　　发放者 Provider：

二、客房用品的保管

做好客房客用品的保管，可以减少物品的损耗，保证周转。良好的库存条件及合理的库房管理程序是搞好客房用品保管工作的两个必要条件。

（一）良好的库存条件

（1）加强库房安全管理，做到“四防”，即：防火、防盗、防鼠咬虫蛀、防霉烂变质。

（2）货架应采用开放式，货架与货架之间要有一定的间距，以利于通风。

（3）库房要保持清洁、整齐、干燥。

（4）进库物品要按性质、特点、类别分别堆放，及时码垛。

（二）合理的库房管理程序

（1）严格验收。

（2）分类上架摆放。

（3）严格掌握在库物品的保质期，对即将到期的货物应提前向上级反映，以免造成不必要的损失。

（4）进出货物及时填写货卡，做到“有货必有卡，卡货必相符”。

（5）定期遵循“先进先出”的原则，应经常检查在库物品，发现霉变、破损应及时填写报损单，报请有关部门审批。

三、客房用品的控制

客房用品控制工作是客房用品的日常管理中最容易发生问题的一环，也是最重要的一环。

（一）控制流失

1. 建立客用品领班责任制

各种物资用品的使用主要是在楼层进行的，因此，对客用品使用的好坏及定额标准的掌握，关键在领班。各楼层应配备专人负责楼层物资用品的领用、保管、发放、汇总以及分析的工作。

2. 控制日常客用品消耗量

客房用品的流失主要是员工造成的，比如有些员工在清洁整理房间时图省事，并未加以甄别，就将一些客人未使用过的消耗品当垃圾扔掉。因此领班要做好员工的思想工作，通过现场指挥和督导，减少客用品浪费和损坏。同时，还要为员工创造减少使用客房用品的必要条件。

(二) 每日统计

服务员按规定数量和品种为客房配备和添补用品，并在服务员做房报告上做好登记。楼层领班通过服务员做房报告汇总服务员在每房、每客的客用品的耗用量，如表 7－4 所示。有的酒店由办公室文员或客房服务中心服务员负责统计，并向客房部经理汇报。

表 7－4　每日楼层消耗品用量汇总表

楼层	项目													
	洗发液	沐浴液	梳子	牙具	香皂	茶叶包	咖啡包	针线包	火柴	卫生纸	擦鞋纸	拖鞋	小铅笔	洗衣袋	……
合计															
金额															

制表人：____　　　　日期：____年____月____日

(三) 定期分析

一般情况下，这种分析应每月做一次。其内容有：

(1)根据每日耗量汇总表制作出月度各楼层耗量汇总表。

(2)结合住客率及上月情况，制作每月客用品消耗分析对照表。

(3)结合年初预算情况，制作月度预算对照表。

(4)根据控制前后对照，确定每天平均消耗额。

(四) 制定客用品消耗定额

1. 一次性消耗品的消耗定额制定

一次性消耗品消耗定额的制定方法，是以单房配备量为基础，确定每天需要量，然后根据预测的年平均出租率来制订年度消耗定额。

计算公式为：$A=b\times x\times f\times 365$

其中：A 表示每项日用品的年度消耗定额；b 为每间客房每天配备额；x 为酒店客房总数；f 为预测的年平均出租率。

例题：某酒店有客房300间，年平均出租率为70%，浴帽、小铅笔的单间客房每天配备额为2个、1支。求该酒店浴帽、小铅笔的年度消耗定额。

根据上述公式计算得：

浴帽的年度消耗定额 $A=b\times x\times f\times 365=2$(个)$\times 300$(间)$\times 70\%\times 365$(天)$\approx 15.33$(万个)

小铅笔的年度消耗定额 $A=b\times x\times f\times 365=1$(支)$\times 300$(间)$\times 70\%\times 365$(天)$\approx 7.67$(万支)

2. 多次性消耗品的消耗定额制定

多次性消耗品定额的制定基于多次消耗品的年度更新率的确定。其定额的确定方法，应根据酒店的星级或档次规格，确定单房配备数量，然后确定其损耗率，即可制定消耗定额。

计算公式为：$A=B\times x\times f\times r$

其中：A 表示每项日用品的年度消耗定额；B 为每间客房每天配备额；x 为酒店客房总数；f 为预测的年平均出租率；r 为用品的损耗率。

例题：某酒店有客房300间，床单单房配备3套(每套4张)。预计客房平均出租率为75%。在更新周期内，床单的年度损耗率为32%，求其年度消耗定额。

根据上述公式计算得：

床单的年度消耗定额 $A=B\times x\times f\times r=3$(套)$\times 300$(间)$\times 75\%\times 32\%=216$(套)

(五) 加强培训，严格管理

客房服务员在整理房间补充客用品时，大部分情况下是单独作业，每位服务员是否能关心酒店成本控制，是否能做到勤俭节约，是否能减少客用品的浪费和损耗，这些需要酒店管理者制定严格的现场检查制度和督导制度，更需要加强对员工职业素养的培训，使员工养成良好的职业道德和职业习惯，做到责任心强、勤俭节约、不浪费、不刻意损坏和随意丢弃，使每一个员工都成为酒店成本管理的一员。

四、客房用品的盘点

客房部通过对客用品的盘点，来了解客用品的使用、消耗、库存等情况，发现问题及时处理。盘点工作应成为客房部的日常工作内容之一，一般一个月盘点一次，或者一个季度盘点一次。有的酒店要求客房部、采购部和财务部一起进行盘点，并在此基础上进行统计分析，发现问题并解决问题。具体来说，客房部对客用品的盘点工作主要通过以下三个步骤来完成。

(一) 通知

客房部接到上级盘点通知后或者根据本部门的规定盘点时间，逐级下达盘点通知，通知相关部门及人员做好准备，指派专人负责，做好盘点工作的物料准备、程序安排以及人员安排等工作。

(二) 清点

对所有客用品进行清点，包括储存在楼层工作间、工作车、洗衣房、布草房、仓库的客用品。根据不同规格，在同一时间段内对所有项目进行清点，清点时需要停止客用品的流动，防止漏盘和重盘；也需要防止在岗人员的串岗，以免相互借用客用品，以达到瞒报虚报的目的。

(三) 记录并统计分析

盘点人员对客用品的盘点情况记录

在盘点表上，要求做到真实、详细。相关人员根据盘点记录表做好客用品的统计分析工作，如表7-5所示，供客房部、采购部、财务部以及办公室等部门查阅审核。

表7-5 客用品盘点分析表

项目	使用情况												
	客房	楼层布草房	洗衣房	中心库房	上次盘点	本月增加量	总计	报废	应存数	实存数	盘盈	盘亏	备注
大床单													
小床单													
大被套													
小被套													
面巾													
地巾													
浴巾													
方巾													
浴袍													
……													

填表人：____ 日期：____年____月____日

【任务拓展】

分小组为某高星级酒店设计客房六小件，计算其成本，说明其材质、用途及性能，要求既满足客人生活需要又节能环保，同时不能增加酒店太多的成本。

【任务反馈】

为了适应环保的需要，现在很多酒店在客房床头柜上提供绿色环保提示卡，请问提示卡上有哪些内容？

释疑：绿色环保提示卡上面一般写着——尊敬的宾客：为了保护我们的地球，响应国家绿色环保的号召，我们酒店开展了绿色行动，如果您忘记携带洗漱用品（牙膏、牙刷、剃须刀、梳子、面巾等），只要在客房直接拨通电话分机8，我们将免费为您送上；如果您需要更换毛巾，请将它们放在卫生间的藤筐内，否则表示您将继续使用，我们将为您挂放整齐；如果您需要更换床单，请将此卡放在床上。感谢您对环保工作的支持、对我们酒店绿色行动的支持！祝您住店愉快！

任务三 客房人员管理

【任务目标】

掌握客房人员编制定员的依据和方法；学会简单的客房楼层人员安排，树立

"以人为本"的管理理念和合理控制人力成本的观念。

【案例聚焦】

如何留住客房员工

某酒店客房部为节约开支,充分利用人力资源,将客房楼层员工分为两个班组,一班组是从社会上招聘过来的清洁服务员,年龄偏大,学历较低,能吃苦耐劳,主要负责客房清扫,一天的工作量是12间客房,多余客房采用计件工资制;另一班组是从学校招聘过来的大学生,主要负责查房,每天工作量是6间客房的清扫,外加三个楼层走客房的查房。应该说这样安排两方面的员工都比较满意,但是工作一段时间后,大家发现客房存在不少问题:清扫服务员为尽快完成任务,多拿计件工资,准点下班,加快了清扫速度而忽略客房卫生质量,造成客人投诉增加,并且清扫服务员只懂得简单重复的清扫,碰到客人询问,尤其是外国客人询问,他们就无所适从;大学生服务员工作三个月后,有一半左右的员工,都提出离职或者要求换岗位,询问他们原因是不是因为工作辛苦,他们的回答都说不是,那既然工作不辛苦,为什么留不住他们呢?这些问题都让客房部经理比较困惑:到底该如何安排员工的工作,怎样做到人尽其才?

【任务执行】

随着人力资本的逐渐增长,客房部人员管理越来越困难,也越来越重要。客房人员管理是指客房部对部门员工工作安排、配备、培训和考核的过程。客房人员配比的数量,直接影响客房工作效率和整个部门的运转;客房人员的质量直接影响客房服务质量和管理水平,故有效的员工结构配备与员工管理是客房人员管理的重要内容。

一、人员编制

一位优秀的客房部经理必须掌握合理配备客房部员工的技巧和方法,即如何配置本部门的人力资源,做到人尽其才、才尽其用。

(一)编制定员的概念和意义

1. 编制定员的概念

酒店的编制定员,就是酒店根据实际情况和发展目标,采取科学的程序和方法,合理地确定组织机构和岗位设置,并对各部门、各类人员进行合理配备,它所要解决的是酒店各工作岗位配备什么样的人员,以及配备多少人员的问题。

2. 编制定员的意义

客房部编制定员工作是酒店人力资源规划和劳动组织的重要组成部分,是在酒店编制员工需要计划的基础上制定的,它为合理安排部门内各类人员的数量、比例提供了依据,对于合理使用劳动力、提高劳动效率、挖掘劳动潜力、提高劳动组织水平、加强劳动纪律管理都具有十分重要的作用。

(二)编制定员的依据

通常酒店确定定员编制的依据是酒店客房数量。其实,这种简单的计算方法,不能完全说明问题,影响定员水平的因素有许多方面。客房部在具体编制定员工作时,同样要考虑多种影响因素。

1. 规模与档次

客房部的编制定员与客房部的业务范围成正比关系。规模大、档次高的酒店,客房部业务分工更细,岗位更多,服务项目和服务标准上要求更高,因此,与小型酒店、低档酒店的编制定员有很大不同。

2. 管理模式与业务范围

客房服务一般有两种模式，即楼层服务台和客房服务中心。不同的服务模式在用人数量上存在很大的差异。楼层服务台岗位要求在每个楼层设置 2～3 班的值台服务人员，因此需要更多的定员编制。相反，客房服务中心人员编制就比较精简。此外，客房部管理方式也影响着定员编制的确定，如酒店将公共区域卫生地面和镜面的清洁维护外包给清洁公司，公共区域的人员编制相应就会减少。

3. 员工素质水平

工作效率的高低，与员工的素质有很大关系。客房部员工的年龄、性别、文化程度，以及工作态度、思想素质和专业水平等的差异都将影响工作定额的确定。了解和预测客房员工未来可能达到的整体水平是制定工作量标准的重要依据。

4. 工作设施环境

工作环境包括酒店的外部环境，包括当地气候、空气质量、周围环境等，酒店内部环境，包括酒店设计、布局、流线，装饰风格，以至接待客人的生活习惯和消费文明程度等。如一家酒店重新改造后，客房面积比原来增加许多，房间内增添了多项设备，装修材料上大量采用玻璃、镜子。这些硬件上的变化促使客房卫生操作的要求和工作的时间定额相应进行调整，从而也会影响到客房部的编制定员。

5. 劳动工具

现代化的工作器具是质量和效率的保证。劳动手段越是现代化，工作定额就越高，用人就越少；反之，工作定额就应降低。

6. 工作量大小

酒店客房部工作量一般分三个部分：一是固定工作量，即指必须按时去完成的日常例行工作任务，如客房部的日常管理工作、房务中心、布草房、公共区域卫生、日常清洁保养工作等；二是变动工作量，是指随着酒店业务量等因素的改变而变化的工作量，主要表现在随客房出租率的变化而改变的那部分工作量，如客房的日常清扫整理、对客服务、洗衣服务等；三是间断性工作量，通常是指那些时间性、周期性较强，只需要定期或定时完成的非日常性工作量，如每周楼层申领补充客用品，定期对所有棉织品进行盘点，定期或根据需要对酒店外墙、外窗、地毯进行清洗，地面或家具打蜡等。

（三）编制定员的方法

客房部在一定时期内需要配置的劳动力资源总数，取决于生产、服务、管理等方面的工作量与各类人员的劳动效率。由于客房部人员差异性、工作性质的差异性，无法用统一的计量单位综合反映他们的工作量和劳动效率。因此，必须根据不同的工作性质，采用不同的计算方法，分别确定各类人员的定员数量。常用方法有以下几种。

1. 历史分析定员法

历史分析定员法是通过考察部门历史在位人员数量、质量、业务量、工作量等历史数据的关系，同时，制定者根据以往经验进行分析来确定编制定员的方法。

2. 现场观察定员法

现场观察定员法也称实况分析定员法，即借助实地访谈、跟踪，通过现场观察、写实分析来确定部门编制定员的方法。

3. 劳动效率定员法

劳动效率定员法是一种根据工作量、劳动效率、出勤率来计算定员的方法。它主要适用于实行劳动定额管理、以手工操作为主的工种。其计算公式为：

$$定员人数=\frac{工作量}{工作定额\times出勤率}$$

$$出勤率=\frac{实际出勤天数}{365}\times100\%$$

例题：某五星级酒店拥有客房 500 间(套)，年平均出租率为 80%。客房服务员分早、中两个班次，早班每个客房清扫员每天的劳动定额为 12 间，晚班的 48 间，员工出勤率一般为 95%。该酒店实行每周 5 天工作制，除固定休息日外，还享受人均每年 7 天的带薪假期(11 天的法定休假日正常排班，根据劳动法进行加班补偿)。问客房部应该如何确定客房服务员的定员人数。

其中：客房服务员平均年出勤天数 $=[365-(52\times2)-7]\times95\%=241$(天)

出勤率 $=(241\div365)\times100\%\approx66\%$

早班客房服务员定员人数 $=(500\times80\%)\div(12\times66\%)=51$(人)

中班客房服务员定员人数 $=(500\times80\%)\div(48\times66\%)=13$(人)

4. 岗位定员法

岗位定员法就是根据组织机构、服务设施等因素，确定需要人员工作的岗位数量，再根据岗位职责及业务特点，考虑各岗位的工作量、工作班次和出勤率的因素来确定人员的方法。这种定编方法一般适用于酒店前厅部门、工程部和客房部的一些工作岗位，如门卫、行李员、值班电工、锅炉工、房务中心文员、布草收发员等。

5. 比例定员法

比例定员法是指根据酒店的档次、规模按一定比例确定人员总量，同时，以某一类人员在全员总数的比例和数量，来计算另一类人员数量的方法。如客房人员约占酒店总人数的 30%，楼层客房服务员与楼层客房领班的比例约 1∶6 等。当然，这种比例关系在确定编制时只是一个相对的依据，因为每个酒店的实际情况不同，服务标准和管理目标也不同。

6. 职责定员法

职责定员法是指按既定的组织机构及其职责范围，以及机构内部的业务分工和岗位职责来确定人员的方法。它主要适用于确定管理人员的数量。

7. 设施设备定员法

设施设备定员法是指按设施设备的数量，以及设备开动的班次和员工的看管定额来计算定员人数的方法。客房卫生服务员定员的最主要依据就是客房设施的数量和状况。酒店锅炉房、总机房和客房部的洗衣房等部门的岗位定员常把设备的数量和设备条件作为定员的依据。

(四) 劳动定额的制定

劳动定额是指在一定的生产技术和组织条件下，为生产一定数量的产品或完成一定量的工作所规定的劳动消耗量的标准。对于酒店客房部，是否能科学合理地制定劳动定额，直接影响着客房部劳动生产的有效组织与管理，影响着员工的劳动生产率。

1. 劳动定额的表现形式

劳动定额的基本表现形式有两种：①时间定额，即生产单位产品消耗的时间，如完成一间走客房的常规清洁工作需要 40 分钟；②产量定额或工作量定额，即单位时间内应当完成的合格产品的数量，如一个楼层领班一天(白班)需要对 60 间客房的清洁卫生质量进行检查。另外，还有一种看管定额，这是一个人或一组工人同时看管几台机器设备。客房部采用什么形式的劳动定额，要根据不同的工作类型和工作特点、工作组织的需要而定。

2. 制定劳动定额的方法

(1) 经验统计法。经验统计法包括两层含义：一是以本酒店历史上实际达到的指标为基础，结合现有的设备条件、经营管理水平、员工的思想及业务状况、所需要达到的工作标准等，预测工作效率可能提高的幅度，经过综合分析而制定定额；二是参照其他操作，所制定的定额能够反映员工的实际工作效率，比较适合酒店工作的特点，但这种方法不够细致，定额水平有时会偏向平均化。

(2) 技术测定法，就是能通过分析员工的操作技术，在挖掘潜力的基础上，对各部分工作所消耗的时间进行测定、计算、综合分析，从而制定定额。这种方法包括工作写实、测试、分析和计算分析等多个环节，操作比较复杂，但较为科学。需要注意的是，抽测的对象必须能够客观、真实地反映多数员工的实际水平，测试的手段和方法必须比较先进、科学。比如：

• 第一步　根据部门工作标准，决定清洁一间客房所需要的时间，比如 30 分钟

• 第二步　测定全部工作时间：8(小时)×60(分钟/小时)＝480(分钟)；

• 第三步　测定清洁客房可用时间

全部时间	480 分钟
减去：	
班前准备	20 分钟
上午休息	15 分钟
下午休息	15 分钟
班后准备	20 分钟
剩余：客房清洁时间	410 分钟

• 第四步　第三步的结果除以第一步的结果，得出生产率的标准

410(分钟)/30(分钟/间)＝13.67(间)

每 8 小时的班次清洁 13.67 间客房。

最多每天给每一个员工安排 13 间客房的清扫任务，如果安排 14 间或者超过 14 间客房，员工会非常疲惫。

二、员工排班

客房部工作的随机性很强，其工作任务和工作量经常变化，没有一个固定的标准，而员工安排与控制的主要依据就是具体的工作任务和工作量。在编制定员时，虽然对各个工种和岗位所需配备的员工数量都是经过科学计算的，但在实际运行中，这一数量与日常工作的实际需要往往不吻合。例如，客房服务员的编制主要是根据预计平均客房出租率确定的，而客房出租率是受各种因素影响而经常变化的，时高时低。客房出

租率的变化，必然造成员工余缺问题的出现。因此，如何避免和有效解决这一问题，就成了客房部管理者必须研究的重要方面。

（一）合理安排员工工作

1. 改革分配制度

合理安排和控制员工的基本目的，是为了在充分调动员工积极性的基础上，最大限度地保证运行、提高质量、减少工资支出。客房部大部分员工所承担的工作都是可以计时计量的，因此，对于这部分员工，完全可以实行计时工资或计件工资。实行计时工资或计件工资制度时，客房部要注意以下几点：第一，要制定合理的工资标准，即单位小时或单位工作量的标准工资；第二，根据工种性质和工作任务确定对哪些员工实行计时工资，哪些员工实行计件工资，既要合理，又要便于操作；第三，要建立健全严格的质量考核制度，因为无论计时还是计件，都有可能促使员工过分追求速度而忽视质量；第四，要尽量保证员工的基本收入，对于业务较好的酒店来说，员工基本上都能有比较充足的工作量，而且比较稳定，其收入也比较有保障，因此会安心工作。而在业务比较差的酒店，员工的工作量不稳定，有时甚至可能无事可做，他们的收入就没有保障，工作时就不会安心。在这种情况下，酒店就应该采取适当措施，如保证基本工资等，可以保持员工队伍的稳定性。

2. 采取合理的用工制度

面对如今人力资源日益紧张的局面，酒店客房部可以采用固定工、实习生、临时工相结合的用工制度。如果当地的员工资源比较充足，客房部在编制定员时，非技术性工种的固定工人数可以适当少一些，以满足最小工作量时的用工需求为标准。这就可以有效地避免因工作量少而造成的人员闲置和浪费现象。当客房出租率较高、工作量较大时，酒店可适当招聘一些临时工来缓解人员紧张的矛盾，对临时工采用计时或计件工资制。如果当地人力资源比较紧张，酒店客房在编制定员中需要招聘的固定工应比较充裕，否则在旺季时，酒店会因为找不到人而让现有员工疲于奔命。现在许多酒店为缓解用工压力，与一些职业院校建立良好的合作关系，招聘实习生解决员工不足的问题。

3. 根据客情变化灵活排班

由于客情是不断变化的，客房部的工作量也因此不断变化。客房部的员工排班必须依据客情变化而灵活操作。原则是首先安排固定工，然后根据工作量的变化而适量安排临时工。要想保证排班的合理性，客房部的有关管理人员必须准确地了解客情，重视客情的预测预报。

4. 在部门内部或跨部门进行员工的合理调配

在客房部，经常会出现各岗位之间业务量不均的现象，有些岗位任务繁重，人员不够，而有些岗位则工作量不足，人手富余，就整个酒店而言，这种情况也经常发生。这时，客房部管理者应适当在部门内部进行调配，如果内部调配无法解决问题，则可通过酒店的人力资源部门进行跨部门的调配。

（二）做好成本控制

客房劳动力成本控制是酒店成本控

制的一项重要内容，除了上述的确定劳动定额和合理排班外，管理者还应思考以下几个问题。

1. 岗位定人

在酒店的日常运转中，酒店管理者考虑员工的安排不应仅局限于岗位，还应根据酒店的星级档次和客源构成等情况，考虑岗位与岗位之间的关系，某些岗位是否能合并或取消。

2. 预测年出租率

必须对酒店的年出租率等情况有一个比较精确的预计，这是测定客房实际工作量的重要依据。

3. 分段研究工作程序

客房服务的每一个动作、每一环节都值得管理者仔细研究，科学测算，以期科学合理地制定工作程序，达到提高工作效率、节约劳动力成本的目的。

4. 做好人员成本预算

必须符合酒店所规定的员工数应在酒店人均营业收入成本或成本预算线以内的原则。

5. 淡、旺季人员安排合理

根据酒店营业的淡、旺季，合理安排合同工与临时工的比例，做到忙时有人干，闲时无人余。

6. 校企合作

酒店应与旅游院校保持良好的合作关系，利用旅游职业院校的实习生来补充酒店人员，可以节约劳动力成本，提高劳动效率。

【任务拓展】

(1) 有经验的客房管理人员会根据一定的数据编制出每天服务员人数表。服务人员人数计算公式如下：

$$每天服务员数=\frac{客房出租率\times房间总数}{每人每天清扫房间数}$$

根据这个计算公式，管理者可以计算出不同出租率下的服务员人数，并且列表呈现，以后只要知道每天的出租率就可以知道对应的服务员人数。假如一家酒店的客房总数为 300 间，服务员每天清扫客房数量为 12 间，请列出不同出租率情况下的客房服务员人数。

(2) 客房的轮班系统一旦建立，就可以持续运作，而且也可以比较灵活地对劳动力进行安排。按照现有《劳动法》，员工每周工作 5 天 40 小时，即一周工作 5 天，一天工作 8 小时，休息两天。客房部可以根据现有客房总数、员工数进行编排分班组。假定一家酒店客房部有 A、B、C、D 四个班组和代班 E、F 两个班组，外加洗衣房、布草领班、布草房服务员、管家部主管、公共区域服务员两个班组、公共区域代班、夜班领班、夜班服务员、夜班公共区域服务员等岗位，请为该酒店客房部人员安排第 1 周工作日程表。

上述两个任务都需要设计表格，第一个拓展训练请每位学生以书面作业形式上交老师，第二个拓展训练请学生按照小组形式进行讨论分析，分解任务，最终每组上交一份“客房部第一周工作日程表”，要求将所列的班组都安排进去，以体现公平合理，考虑充分。

【任务反馈】

客房管理者要通过员工的选聘、安排、培训、考核和激励，使本部门各岗位员工实现合理配比，用最少的劳动力生产高质量的客房产品，使人力资源得到充分利用。

酒店经营有淡、旺季之分，淡季用工量少，旺季用工量多。怎样解决这个矛盾呢？

释疑：可采取员工淡季轮休的方法解决这个问题。酒店工作经验证明，酒店员工大多较年轻，在工作到一定时间后，都希望能有时间外出旅游或进行知识充电。实行淡季轮休，既尊重了员工的意愿，又减少了工资开支。

任务四　客房预算管理

【任务目标】

了解预算控制的主要内容和主要环节以及预算控制的手段与方法；能进行简单的预算费用计算，具备酒店成本管理的理念。

【案例聚焦】

旅行套装是否该提供

目前，五星级酒店为了拉拢客源，赢得市场，不惜投入大量的人力物力，例如：三亚某五星级度假酒店在酒店客房免费提供舒蕾洗护旅行套装，里面装有100毫升舒蕾沐浴液、60毫升舒蕾洗发水、40克高露洁牙膏和折叠式牙刷，批发价格9.9元。(如图7-4)由于它携带方便，有品牌保证，顾客都非常喜欢，一般一位客人住一个晚上使用不完都会将其带走。但是由此酒店也增加了不少成本，如果不提供这个套装，只是提供普通的一次性洗护用品，酒店只需要投入5元，而现在增加到近10元，每位客人每天增加5元，若平均每天住客人数为200人，单这一项支出一年就给酒店增加365 000元开支。这是否值得？

图7-4　提供舒蕾旅行装的酒店客房卫生间客用品

【任务执行】

编制客房预算是确保客房部经营活动正常进行，以及对客房经营的成本、费用实施控制的重要手段。年度预算一旦确定，客房部管理者必须严格执行，将所有的经营活动控制在预算范围之内。

一、编制客房预算

预算是用货币形式表现出来的一种详细的、综合性的计划。它反映一定时期内客房的收支情况，是管理人员用来控制和指导经营活动的详细规划。制定预算能使部门经理为今后一段时间的工作做好详细规划，指导为创造一定的经济效益而严格控制和管理本部门的物资和人员的使用。客房部应根据酒店的总预算，制定部门自身的预算，这是控制客房物资设备用品，控制营业成本、提高设备完好率和加强客房部管理的重要措施。

(一) 编制预算的依据

编制预算是客房部经理的一项基本工作内容和工作技能。编制预算的主要依据有以下几个方面：

(1) 酒店在计划期内的经营预测：

客房预算要和酒店整体预算和未来经营目标相吻合,所以制定本部门预算,首先必须了解整个酒店的经营预算和酒店对未来一段时间内经营业绩的估算,例如:客房出租率、客源市场等情况的预测。

(2) 酒店各项支出和物资消耗量的历史资料:酒店以往的经营效益分析表可以作为未来酒店经营预算的依据,根据以往经验推测下一个季度或下一年度的经营状况。

(3) 客房现有设施设备及人员状况:客房部现有的设施设备的使用期限和使用状况,是否需要更新、改造甚至更换;客房用品是否已经过时;客房部人员结构状况、合同期限、流动率等都会影响到客房人员成本和费用预算。

(4) 国家、地区的政策举动和物价水平:国家和地方政府的重大经济活动、重要的经济政策和旅游政策,一方面给酒店带来充足的客源,另一方面也给酒店发展带来良好的契机。国家和地区物价的水平影响到客房设备物品的采购成本和客房经营成本,最终影响酒店客房价格和客房收益。

(二) 客房费用预算的主要内容

编制客房费用预算,实际上是对客房部经营活动中的费用开支进行预先的估算。所有预算项目分清轻重缓急,按照先后次序排列。这些项目大致包括以下内容:

(1) 工资福利预算。由人事部负责制定。

(2) 布件及制服预算。客房部应季节更换和实际使用情况,制定出详细的预算,计算出准确的消耗量。

(3) 清洁用品预算。客房部应制定各种清洁器具及清洁剂的用量,以及需要增加的用量。

(4) 印刷品和文具用品预算。这部分预算既包括客房部办公用品,还包括一些广告宣传用品。

(5) 洗涤成本预算。洗衣房划归客房部管辖时,应对洗涤成本做出预算。

(6) 客房低值易耗品预算。客房部应根据客房出租率,预测按正常消耗量和非正常消耗量计算出费用。

(7) 客房设备预算。包括客房设备的维修和更新、固定资产折旧等。这是客房部预算的大项。客房部应根据酒店的更新改造计划,以及客房设备的实际状况,制定出有关客房重修、改建和装修的费用预算。

(8) 其他项目预算。包括通信费、邮资、行政支出、员工关系(例如:员工聚会、生日等)费用、差旅费用、培训费用和医药费用等。

(三) 客房部经营预算编制

客房部的经营预算包括客房营业收入预算、营业费用预算和营业利润预算三部分,其中营业收入预算和营业利润预算,主要由酒店高层召集几个部门共同制定,而客房营业费用预算则由客房部独立来完成。具体呈现于客房部经营费用预算表,如表 7-6 所示。

表 7-6　某酒店 2019 年客房部经营费用预算表

制表人：________　　　　　　　　　　　　　　　　年　　月　　日

			2018 年实际	2018 年预算	今年预算	备注(原因)
项目	第一优先项目	工资	1 008 000	100 000	11 592 000	物价上涨、人力成本增加(按 15%计)
		洗衣房洗涤剂	56 000	55 000	62 000	洗涤剂价格上涨
		医药费	76 100	76 000	79 100	增加 3 000 元重病超支保险费
		床单	120 000	112 500	12 080 080	急需补充 10 套大床单
		工作服	—	—	13 800	夏装需更换、冬装需补充 6 套
		客房、PA 洗涤费	16 000	18 000	12 000	品牌更换
		低值易耗品	365 000	340 000	332 880	去年还剩余一部分
		维修保养费	80 000	70 000	40 000	去年增加电脑六台
	第二优先项目	临时工工资	12 000	10 000	16 000	员工流动性大，临时工比例增加
		清扫工具	9 800	10 000	12 000	考虑物价上涨因素
		差旅费	5 600	5 000	4 000	去年外出考察次数多
		培训费	3 200	3 000	5 000	今年技能培训增加
		通讯费	2 500	2 400	2 500	—
	第三优先项目	办公费用	8 000	7 000	8 000	—
		工会费	3 200	3 000	4 000	增加病假三天以上探望费
		奖金	293 200	280 000	320 000	业绩增长
		劳保用品	10 080	10 000	13 440	—
		……				
总计						

说明：清洁用品和清洁剂须在年前准备好；夏装工作服须在 4 月底之前解决，冬装需要在 10 月底前添置；床单需在年前添置完成。共需资金××××××××××元整，当否，请审批。

制定出客房费用预算表有利于客房部管理者在经营管理活动中有章可循。但这只是管理活动的开始，下一步的工作是执行和控制预算。

（四）客房经营预算分析

酒店客房经营预算一般由财务部来制定，客房部事先上交预算总表，由领导审批后，客房部根据酒店的预算指标进行经营，在经营期内客房效益如何，则是通过客房营业收入总额和营业利润来反映。

1. 客房收入

客房收入主要是指在一定经营期内，酒店通过客源市场获得的回报。例如：散客、旅行团、旅行社散客、会议会展、公司客户、商务客、在线分销、长包房、政策性散客等市场带给酒店的收益，另外还加上服务费收入。其计算公式如下：

客房部营业收入＝$\sum$各类客房价格×各类客房出租间天数×预算期营业天数＋服务费收入

2. 客房成本

客房成本包括固定成本和变动成本两种类型，其中固定成本是指一定经营周期和业务量范围内，不随业务量的变化而变化的各项费用开支，如管理人员的工资福利费用、固定资产折旧费等；变动成本则是在一定的经营周期和业务量范围内，随着业务量的变化而变化的各项费用，这种变化可以是正比例、反比例或者无规则的变化，例如：低值易耗品、水电费、办公费等。具体来说客房成本一般包括营业税金、工资及人事成本、物料消耗成本、客房管理费用、应摊入客房成本的财务费用等。其计算公式如下：

客房成本费用合计＝营业税金＋工资及福利＋营业费用＋应摊入客房成本的管理费用＋应摊入客房成本的财务费用

应摊入客房成本的管理费用＝应摊入客房成本的折旧＋应摊入客房成本的"其他"管理费用

应摊入客房成本的财务费用＝应摊入客房成本的长期贷款利息＋应摊入客房成本的其他财务费用

3. 营业利润

通过对营业收入和营业成本的计算，就可以得出酒店客房部在某一经营期内的营业利润，其计算公式如下：

客房部经营毛利＝客房营业收入－客房营业成本

当客房部希望获得一定的利润时：

年目标利润＝年营业收入－年营业成本＝年营业收入－年固定成本－年变动成本＝平均房价×年出租间天数－年固定成本－单位变动成本×年客房出租间天数

达到目标利润时的年客房出租间天数$=\dfrac{\text{年固定成本总额}+\text{年目标利润}}{\text{平均房价}-\text{单位变动成本}}$

二、客房预算控制

预算一旦制定必须严格执行，管理人员应对预算的执行实况进行检查，按照计划要求和经济指标，组织计划任务的实现，并填写预算执行情况控制表。客房部经营预算的检查和控制主要在客房营业收入和客房营业费用两方面，一般客房营业收入是由销售部和前厅部两个部门来完成，客房部只是生产和加工产品，所以客房预算控制最主要是对客房营业费用的检查和控制。

（一）控制内容

1. 设备用品耗费的控制

客房部管理者可以通过制定严格的设施设备使用、管理制度，确保每一位服务员都能做到爱护酒店设备、正确使用和管理酒店设备。遇到设备出现故障，及时报修，及时维护。

2. 水、电、燃料等费用的控制

水、电、燃料等能源的耗费在酒店费用分摊中，客房分摊比例较大。这些费用一般较难控制，所以应该引起管理者的高度重视，一旦发现问题，及时找出原因并采取有效措施进行补救。

3. 人力成本控制

人员成本也是客房费用中较大的一项开支，如何做好人员成本控制在前面的“客房人员管理”中已经提到，这里就不再赘述。

（二）预算执行和控制的步骤

1. 按预算总表分解每月指标

客房工作的随机性大，内容复杂，一年中每月的经营活动都随客情变化而变化，在分解指标时要将具体情况，例如淡、旺季，设备维修更新等情况结合起来分解，做好每月科目预算，以利于控制工作的开展。如表7－7所示。

表7－7 某酒店2010年客房预算分解表

编制人：________ 日期：________

项目	1月			2月			……	12月		
	去年实际数	本年预算数	差异率（%）	去年实际数	本年预算数	差异率（%）		去年实际数	本年预算数	差异率（%）
预算资金										
工资										
工作服										
清洁用品										
……										
合计										

2. 按期检查

预算确定后，要落实到部门内部的各个环节，依靠各级员工来认真执行。各级人员应严格按照计划规程办事，这可通过制定相应的工作规程来保证实现。管理人员应定期进行检查，部门经理最好能根据预算分解表每月检查一次，并填写预算监控执行表（如表7－8所示）。财务总监需要对各部门的预算进行合并汇总，并每个季度检查一次，酒店高层至少需要对酒店预算一年检查一到两次。

表 7－8　某酒店客房预算执行情况控制表

填表人：________　　　　　　　　　　　　　日期：________

项目	本月						本年					
	本年			去年			本年			去年		
	实际数	预算数	差异率(%)	实际数	预算数	差异率(%)	实际数	预算数	差异率(%)	实际数	预算数	差异率(%)
工资												
客房用品												
工作服												
清洁用品												
……												
合计												

3. 及时调整

在按预算所开展的客房部经营活动中，会出现各种各样的情况，如突发事件对酒店客源的影响、物价变化等，管理人员应根据实际情况对预算做出及时的调整。预算制定出来也不可能准确无误，如果在实际运行中发现偏差一定要及时纠正，并对误差产生的原因进行及时分析处理，采取补救措施，保证经营的正常运行。

【任务拓展】

以 3～5 人为一个小组，调查一家五星级酒店一位客人住店一天的消耗，或者调查计算酒店为一位住店客人一天的支出项目有哪些，具体支出费用是多少？并列出详细的支出项目和支出数额。

【任务反馈】

成本管理是客房管理人员应该掌握的一项技能，成本控制的原则是以保证客房正常运转和客房服务质量不下降为前提，通过对工作任务、工作岗位、设施设备、人员素质、工作环境等方面的分析，从而使客房人尽其才、物尽其用。

客房预算制定出来后如果误差过大，该如何应对？

释疑：如误差过大，客房部经理应召集所有管理人员开会商讨，寻找切实可行的办法，消除因开支过大造成的赤字，例如可严格压缩剩余月份的开支，使全年累计开支不超过预算太多或基本持平。

◆项目评价

【知识/技能评价】

①简述客房设备的配置要求。

②简述客房设备和用品的控制方法。

③分组讨论客房设备和用品的设计及其发展趋势，以小组为单位拟定出设计方案。

④客房编制定员应考虑哪些因素？

⑤简单介绍客房人员编制的方法。

⑥客房费用预算包括哪几项主要内容？

⑦某酒店客房部拥有可出租的客房

480间，分别在酒店的5到26层，客房清扫员的定额为：早班12间，中班45间，夜班服务员每层1名；领班的工作定额为早班60间，中班120间，假定酒店的客房年平均出租率为75%，员工每天工作8小时，每周工作5天，享受国家法定假日和年休假人均10天(未休的法定假期按国家规定支付加班费)，一年中人均病事假7天，设部门经理、经理助理和主管三级管理人员，主管与领班按1∶5比例来确定，经理和经理助理各一名，试问为什么客房清扫员一天工作定额为12间，打扫一间客房需要多长时间？领班查一间房需要多长时间？计算客房部人员总数。

【实训演练】

序号	项目名称	实训内容及要求	实训操作步骤
1	客用品调查分析表	调查全面，具有针对性，分析合理，文字表述清晰，排版符合规范	分组、调查、讨论 实地调查 撰写调查分析表
2	客房员工排班表	能结合实例正确安排员工工作，表格制作清晰、一目了然	分组、调查、讨论 实地调查 制定出员工排班表
3	客房一日费用预算表	内容准确合理，条目清晰，表格制作规范符合要求	分组、调查、讨论 实地调查 制定出费用预算表
4	计算某四星级酒店一个月内客房部营业成本费用	客房成本构成全面 成本费用核算方法正确	安排：以5～7人为一组，每组选择一名组长，由组长安排每个人的任务，要求每个学生都参与，发挥各自的长处，最后形成预算总表 各组汇报，小组互评，教师总评

【项目链接】

酒店客房智能管理系统，酒店客房智能服务，酒店自动化服务

1. 酒店客房系统自带人性化、全方位、隐私化的客房服务功能

客人仅仅需要一个触摸屏或遥控器，无论是门房服务、前台服务、水疗SPA、高尔夫还是订餐服务，系统都能轻松做到，这样既避免了服务人员对顾客的打扰，又减少了酒店的人员配备。

2. 酒店客房系统具有整合一切客房电器的功能

一个遥控器或者触摸屏，轻松控制所有电器的工作状态，例如电视开关、热水器烧水设置、室内温度控制、灯光控制等。当客人离开客房，系统自动设定所有电器的关闭时间，真正做到节能环保。

3. 酒店客房系统自带功能强大的场景模式唤醒功能

所有模式都由客人自己选择设定。

客人可以在自己喜爱的起床场景中醒来:遮光窗帘向两边缓缓拉开,晨曦轻射,让人丝毫没有从睡梦中惊醒的不快,同时饮水机、热水器开始工作,轻柔的背景音乐或收音新闻定时开始播报,为客人开启美好的一天。

4. 酒店客房系统安装多种红外感应探头

当客人进入浴室或者打开衣柜,相应的灯光自动打开,延迟一段时间后灯光自动关闭,既满足客人贴身的照明需求,又节约能源。

5. 酒店客房系统配备多功能房卡

客人入房后插入房卡,同时打开设定的“欢迎模式”,室内灯光、空调、窗帘等各项用电设备有序启动。在客人取走房卡后,所有电器将自动关闭,节能又省事。

6. 客房系统自带独特的历史记录查询功能

对于客人入住酒店的日程、消费等内容,系统可自行记录并保存,方便酒店对客户资料管理和查询的同时,又保障酒店的安全,一举两得。

7. 客房系统可以设置多种入住模式

如果“休息模式”或“请勿打扰”开启,则门铃无效,须解除开启后门铃才能恢复正常,切实给客人提供一个轻松、免打扰的休息环境。

酒店客房部减员增效的几种途径

目前,酒店业已进入微利时代,如何开源节流,如何以最少的成本获得最大的效益,便成了酒店中、高层管理者首先要面对的问题。在酒店运行的过程中,人力成本在酒店成本构成中占有较大的比例,员工的工资、福利、保险都会影响酒店的纯利润。所以,减员增效便是减少人力成本的有效途径之一。根据酒店客房部的工作运转,我们从以下几个方面来探讨减员增效的途径:

1. 撤楼层值台服务员,设客房服务中心

在不降低服务标准的情况下,撤楼层值台服务员,采取客房服务中心形式为客人提供服务,减少人员配置。

2. 撤客房服务中心,将其职能进行分流,大部分并入总台

客房服务中心的工作职能可以进行分流:房态控制与信息处理可分流到总台,楼层管理人员同总台沟通做好房态控制;对客服务可直接由楼层清洁员进行,总台员工直接调度楼层服务员;钥匙管理、失物处理、档案管理可由楼层当值管理人员或秘书进行。

3. 夜间总机职能并入总台,不再设置总机夜间值班员

根据房务工作经验,酒店夜间电话服务(22 点至次日早上 7 点)几乎很少有电话接入,而酒店总台在这个时间往往业务也不是很繁忙,经过交叉培训后的总台员工是完全能够胜任总机话务员职能的。

4. 对楼层卫生清洁员实行计件工资,量化管理

对楼层员工实行“计件制”工资,对不同房间类型、房态设不同价格,员工所负责的公共卫生区域也进行量化,这样,员工工资的多少,就由自己的工作量来决定。这样能充分调动员工工作积极性,减少工作中推诿现象的发生,提高劳动效率,从而减少了冗员。

5. 店内实行跨部门交叉培训，建立内部“一专多能”制度

人员“一专多能”是减少部门人员编制的有效途径之一。在酒店内部进行组织，对工程、保安等一些后台员工进行交叉培训。只有员工具备了多种技能，才能及时进行补位、换位，便于调度。这样可缓解酒店减员后遇到较大的接待活动时人员不足的压力；同时，又给其他部门的员工提供了一个增收的机会；更便于不同部门之间员工的沟通、交流；还为酒店培养、储备了多种类型的复合型人才。

拓展路径

①查阅《旅游饭店星级的划分与评定》(GB/T14308—2010)，了解和掌握其中有关客房客用品质量和配备要求的相关规定。

②实地调查地方星级酒店，了解客房部用品管理的具体措施和人员排班技巧。

主要参考文献

[1] 刘伟.现代饭店房务运营与管理[M].北京:中国旅游出版社,2009.

[2] 王伟.客房服务与管理创新[M].北京:旅游教育出版社,2008.

[3] 魏洁文.客房服务与管理实训教程[M].北京:科学出版社,2008.

[4] 朱承强编.饭店客房管理[M].北京:旅游教育出版社,2004.

[5] 叶秀霜,沈忠红.客房运行与管理[M].杭州:浙江大学出版社,2009.

[6] 陈平.客房服务与管理[M].北京:机械工业出版社,2011.

[7] 贺湘辉.饭店客房管理与服务[M].北京:清华大学出版社,2005.

[8] 赵忠奇.前厅及客房服务与管理[M].北京:冶金工业出版社,2008.

[9] 黄英,林红梅.饭店客房管理实务[M].北京:清华大学出版社,2008.

[10] 周雪,马柯.饭店前厅客房服务与管理[M].大连:大连理工大学出版社,2005.

[11] 旅游饭店星级的划分与评定(GB/T14308—2010)[Z].国家旅游局,2010.

[12]《旅游饭店星级的划分与评定释义》编写组.旅游饭店星级的划分与评定释义[M].北京:中国旅游出版社,2010.